Arbeitsrechtliche Kündigungsschutzsysteme und ihre Sanktionen

Europäische Hochschulschriften
European University Studies
Publications Universitaires Européennes

Reihe II
Rechtswissenschaft

Series II Série II
Law
Droit

Vol./Band 4210

PETER LANG
Bern · Berlin · Bruxelles · Frankfurt am Main · New York · Oxford · Wien

Anna-Naomi Lang

Arbeitsrechtliche Kündigungsschutzsysteme und ihre Sanktionen

Ein Vergleich des englischen, deutschen und schweizerischen Rechts

PETER LANG
Bern · Berlin · Bruxelles · Frankfurt am Main · New York · Oxford · Wien

Die Deutsche Bibliothek – CIP-Einheitsaufnahme

Bibliografische Information Der Deutschen Bibliothek
Die Deutsche Bibliothek verzeichnet diese Publikation in der Deutschen Nationalbibliografie; detaillierte bibliografische Daten sind im Internet über ‹http://dnb.ddb.de› abrufbar.

Basler Dissertation 2004

ISBN 3-03910-678-3
ISSN 0531-7312

Hochfeldstrasse 32, Postfach 746, CH-3000 Bern 9
info@peterlang.com, www.peterlang.com, www.peterlang.net

Meiner Familie

Die vorliegende Arbeit wurde von der juristischen Fakultät der Universität Basel im Wintersemester 2004/2005 als Dissertation angenommen. Rechtsprechung und Literatur sind bis Ende November 2004 berücksichtigt.

Bedanken möchte ich mich an erster Stelle bei meiner Doktormutter, Frau Prof. Dr. Ingeborg Schwenzer, LL.M., die nicht nur zu diesem Thema angeregt sondern die Arbeit auch umfassend und intensiv betreut hat.

Allen, die mich bei der Gewinnung der Daten für meine empirische Umfrage unterstützt haben, bin ich zu grossem Dank verpflichtet. Auch der Basler Studienstiftung, dem Dissertationsfonds der Universität Basel und der Juristischen Fakultät der Universität Basel danke ich für ihre Druckkostenbeiträge.

Herzlich danke ich Herrn Richter am Arbeitsgericht Rainer Dicke, Mannheim, der mich während der Anfertigung der Arbeit mit vielen weiterführenden Gesprächen sowie mit wohlwollender Motivation immer wieder unterstützt hat.

Ein besonderer Dank gilt meinem Grossonkel Dr. Albert Barth für die Lektüre der Arbeit und die fachkundigen Verbesserungsvorschläge, welche die Arbeit erheblich bereichert haben.

Bedanken möchte ich mich auch bei Frau Stella Schlehofer M.A., die auf akkurateste Weise das Manuskript lektorierte. Herrn Igor Kuzmic bin ich für die ausdauernde Unterstützung bei der Textverarbeitung sehr verbunden.

Danken möchte ich vor allem auch meinem Freund Dipl. Chem. Nikolas Epp, der mich während der Bearbeitungszeit immer wieder neu motivierte und jeden einzelnen meiner Schritte unterstützte.

Schließlich gilt mein herzlichster Dank meinen Eltern, die mich während meiner gesamten Ausbildung mit großer Anteilnahme und stetem Interesse begleitet sowie gefördert haben. Insbesondere bin ich ihnen ausserordentlich dankbar für die vielfältigen Unterstützungen in der Endphase dieser Arbeit.

Heidelberg im Juni 2005 Anna-Naomi Lang

Inhaltsübersicht

INHALTSVERZEICHNIS ... **11**

LITERATURVERZEICHNIS ... **21**

ABKÜRZUNGSVERZEICHNIS ... **53**

A. EINLEITUNG ... **59**

I. GESELLSCHAFTLICHE BEDEUTUNG DES KÜNDIGUNGSSCHUTZES ... 59

II. WIRTSCHAFTSGESCHICHTLICHER RAHMEN DER ENTWICKLUNG DES KÜNDIGUNGSSCHUTZES ... 60

III. VORGEHENSWEISE ... 61

IV. BEGRIFFSBESTIMMUNG ... 62

V. GANG DER ARBEIT ... 64

B. SYSTEMATIK DER GERECHTFERTIGTEN KÜNDIGUNG ... **67**

I. HISTORISCHE ECKDATEN UND GRUNDSÄTZE DES KÜNDIGUNGSSCHUTZES ... 67

II. FORMALIEN DER KÜNDIGUNG ... 74

III. MATERIELLE KRITERIEN FÜR EINE GERECHTFERTIGTE ORDENTLICHE KÜNDIGUNG ... 99

IV. Sonderkündigungsschutz 142

V. Schwellenwerte im Kündigungsschutz 143

VI. Zusammenfassende rechtsvergleichende Bemerkungen 172

C. SANKTIONEN BEI UNGERECHTFERTIGTER KÜNDIGUNG 177

I. Schutz während des Verfahrens 177

II. Schutz nach Abschluss des Verfahrens 232

III. Zusammenfassende rechtsvergleichende Bemerkungen 286

D. FOLGERUNGEN FÜR DIE SCHWEIZ 299

ANHANG 305

Inhaltsverzeichnis

INHALTSVERZEICHNIS 11

LITERATURVERZEICHNIS 21

ABKÜRZUNGSVERZEICHNIS 53

A. EINLEITUNG 59

I. GESELLSCHAFTLICHE BEDEUTUNG DES KÜNDIGUNGSSCHUTZES 59

II. WIRTSCHAFTSGESCHICHTLICHER RAHMEN DER ENTWICKLUNG DES KÜNDIGUNGSSCHUTZES 60

III. VORGEHENSWEISE 61

IV. BEGRIFFSBESTIMMUNG 62

V. GANG DER ARBEIT 64

B. SYSTEMATIK DER GERECHTFERTIGTEN KÜNDIGUNG 67

I. HISTORISCHE ECKDATEN UND GRUNDSÄTZE DES KÜNDIGUNGSSCHUTZES 67

1. England 67

2. Deutschland 68

3. Schweiz 70

4. Vergleichende Würdigung 72

II. FORMALIEN DER KÜNDIGUNG 74
1. Inhalt und Form *74*
a) England 74
b) Deutschland 76
c) Schweiz 77
d) Vergleichende Würdigung 79
(1) Übereilungsschutz 79
(2) Wahrung der Würde 80
(3) Klarstellung 81
2. Verfahrensvorschriften *82*
a) England 82
(1) Betriebliche Vertretung der Arbeitnehmerinteressen 83
(2) Massenentlassungen 84
b) Deutschland 85
(1) Betriebliche Vertretung der Arbeitnehmerinteressen 86
(2) Massenentlassungen 86
(3) Sonstige Verfahrensvorschriften 88
(a) Zustimmung des Integrationsamtes 89
(b) Behördliche Zustimmung nach § 9 Abs. 3 MuSchG 89
c) Schweiz 90
(1) Betriebliche Vertretung der Arbeitnehmerinteressen 90
(2) Massenentlassungen 91
d) Vergleichende Würdigung 92
(1) Massenentlassungen 92
(a) Konsultation der Arbeitnehmervertretung 93
(b) Anzeige an die Arbeitsverwaltung 94
(c) Rechtsfolgen 95

(2) Weitere Verfahrensvorschriften im Rahmen der Kündigung ... 96
(a) Generelle Anhörungspflicht der Arbeitnehmervertretung ... 96
(b) Besondere Verfahrensvorschriften als Sonderkündigungsschutz ... 98

III. Materielle Kriterien für eine gerechtfertigte ordentliche Kündigung ... 99

1. Liegt eine Kündigung vor? ... *100*
2. Kündigungsbestände ... *102*
a) England ... 102
(1) System der unfair dismissal ... 102
(2) Kündigungsgründe ... 103
(a) Verhaltensbezogene Gründe ... 103
(b) Krankheits-, leistungs- und eignungsbezogene Gründe ... 104
(c) Überzähligkeit von Arbeitskräften ... 105
(d) Weiterbeschäftigung unter Gesetzesverletzung. 106
(e) Anderer wesentlicher Grund ... 107
(3) Angemessenheit ... 107
b) Deutschland ... 111
(1) Soziale Rechtfertigung der Kündigung ... 111
(2) Kündigungsgründe ... 113
(a) Personenbedingte Gründe ... 113
(b) Verhaltensbedingte Gründe ... 114
(c) Betriebsbedingte Gründe ... 115
(i) Unternehmerische Entscheidung ... 116
(ii) Dringlichkeit des betrieblichen Erfordernisses ... 117
(iii) Sozialauswahl ... 117
(3) Überprüfung der Sozialverträglichkeit ... 119

(a) Prognoseprinzip ... 119
(b) Ultima-Ratio-Prinzip ... 120
(c) Interessenabwägung ... 122
c) Schweiz ... 122
(1) Konzept der Missbräuchlichkeit der Kündigung .. 122
(2) Tatbestände missbräuchlicher Kündigung ... 124
(a) Nach dem OR ... 124
(i) Persönliche Eigenschaft ... 125
(ii) Ausübung verfassungsmässiger Rechte ... 126
(iii) Vereitelung von Ansprüchen ... 126
(iv) Geltendmachung arbeitsvertraglicher Ansprüche ... 127
(v) Dienstleistung im Landesinteresse ... 128
(vi) Koalitionsfreiheit ... 128
(vii) Arbeitnehmervertretung ... 129
(b) Nach dem GlG ... 129
(i) Diskriminierende Kündigung ... 130
(ii) Rachekündigung ... 131
d) Vergleichende Würdigung ... 132
(1) Kündigungssituationen ... 134
(a) Kündigung aus Gründen, die auf den Arbeitnehmer bezogen sind ... 134
(b) Kündigung aus wirtschaftlichen Gründen ... 137
(2) Abwägung der kollidierenden Interessen ... 140
IV. SONDERKÜNDIGUNGSSCHUTZ ... 142
V. SCHWELLENWERTE IM KÜNDIGUNGSSCHUTZ ... 143
1. Kündigungsfristen ... 144
a) England ... 144
b) Deutschland ... 145
c) Schweiz ... 146

d) Vergleichende Würdigung ... 147
(1) Erleichterte Kündigungsmöglichkeit zu Beginn des Arbeitsverhältnisses ... 147
(2) Dispositivität und Beschäftigungspflicht ... 148
2. Ansprüche des Arbeitnehmers auf finanzielle Leistungen bei gerechtfertigter Kündigung ... 149
a) England – redundancy payment ... 150
(1) Voraussetzungen ... 150
(a) Mindestbeschäftigungsdauer ... 150
(b) Redundancy situation ... 151
(2) Ausschlusstatbestände ... 152
(a) Objektive Ausschlusstatbestände ... 152
(b) Verhaltensbedingte Ausschlusstatbestände ... 152
(3) Höhe des Anspruchs ... 154
b) Deutschland – Sozialplanleistungen ... 154
(1) Inhalt des Sozialplans ... 155
(2) Verfahren und Erzwingbarkeit des Sozialplans ... 156
(3) Ausschluss von Sozialplanleistungen ... 157
(a) Unterschiedliche Berücksichtigung im Rahmen von Recht und Billigkeit ... 158
(b) Verhaltensbedingter Ausschluss ... 158
(4) Höhe der Sozialplanleistung ... 159
c) Schweiz ... 159
d) Vergleichende Würdigung ... 161
(1) Funktion ... 161
(2) Schwellen unterschiedlicher Art ... 162
(3) Berechnungsmodus und Höhe der Ansprüche ... 163
3. Sonstiger Beschäftigungsschutz im Verhältnis zur Dauer der Betriebszugehörigkeit und Betriebsgrösse ... 164
a) England ... 164
(1) Mindestbeschäftigungsdauer ... 164

(2) Betriebsgrösse 166
b) Deutschland 166
(1) Mindestbeschäftigungsdauer 166
(2) Sog. „Kleinbetriebsklausel" 168
c) Schweiz 169
d) Vergleichende Würdigung 170
(1) Wartezeit 170
(2) Mindestbetriebsgrösse 171

VI. ZUSAMMENFASSENDE RECHTSVERGLEICHENDE BEMERKUNGEN 172

C. SANKTIONEN BEI UNGERECHTFERTIGTER KÜNDIGUNG 177

I. SCHUTZ WÄHREND DES VERFAHRENS 177
1. England 178
a) Voraussetzungen für den vorläufigen Rechtsschutz 180
(1) Innerbetriebliche Arbeitnehmeraktivitäten 180
(2) Mitgliedschaft bei einer Gewerkschaft 181
b) Gerichtliche Geltendmachung und Durchsetzbarkeit 181
c) Tatsächliche Inanspruchnahme 182
2. Deutschland 183
a) Exkurs: Beschäftigungsanspruch 184
b) Gesetzlicher Weiterbeschäftigungsanspruch 186
(1) Ordentliche Arbeitgeberkündigung 188
(2) Widerspruch des Betriebsrats 189
(3) Erhebung der Kündigungsschutzklage 190
(4) Verlangen nach Weiterbeschäftigung 191
(5) Entbindungsmöglichkeit für den Arbeitgeber 191
c) Sog. Allgemeiner Weiterbeschäftigungsanspruch ... 192

(1) Kündigung ... 193
(2) Gerichtliche Geltendmachung der Unwirksamkeit der Kündigung ... 194
(3) Interessenabwägung ... 195
(a) Überwiegen der Arbeitgeberinteressen ... 195
(b) Überwiegen der Arbeitnehmerinteressen ... 196
(4) Kritik am allgemeinen Weiterbeschäftigungsanspruch ... 198
d) Gerichtliche Geltendmachung und Durchsetzbarkeit ... 200
(1) Antrag auf einstweilige Verfügung ... 200
(a) Gesetzlicher Weiterbeschäftigungsanspruch ... 200
(b) Allgemeiner Weiterbeschäftigungsanspruch ... 200
(2) Klage ... 201
(3) Vollstreckung ... 202
e) Tatsächliche Inanspruchnahme ... 204
3. Schweiz ... 208
a) Voraussetzungen der Anordnung der provisorischen Weiterbeschäftigung ... 210
(1) Anfechtung der Kündigung ... 210
(2) Wahrscheinlichkeitsprognose ... 213
(3) Ermessen des Gerichts ... 214
(4) Verhältnis zur Diskriminierungskündigung ... 215
b) Gerichtliche Geltendmachung und Durchsetzbarkeit ... 215
c) Tatsächliche Inanspruchnahme ... 217
4. Vergleichende Würdigung ... 219
a) Zweck des Instituts ... 219
b) Gesetzliche Bereiche und Herleitung des Anspruchs ... 221
c) Gerichtliche Geltendmachung und Durchsetzbarkeit ... 224

d) Dringlichkeit ... 228
e) Tatsächliche Inanspruchnahme ... 229

II. SCHUTZ NACH ABSCHLUSS DES VERFAHRENS ... 232
1. Fortsetzung des Arbeitsverhältnisses ... 232
a) England ... 232
(1) Voraussetzungen ... 234
(a) Reinstatement ... 235
(b) Reengagement ... 235
(2) Auslegungskriterien ... 236
(a) Praktikabilität ... 237
(b) Angemessenheit ... 238
(3) Gerichtliche Geltendmachung und Durchsetzbarkeit ... 239
(a) Klage ... 239
(b) Durchsetzbarkeit ... 239
(4) Tatsächliche Weiterbeschäftigungsrate ... 241
b) Deutschland ... 244
(1) Unwirksamkeit der Kündigung ... 245
(2) Gerichtliche Geltendmachung und Durchsetzbarkeit ... 246
(a) Kündigungsschutzklage ... 246
(b) Antrag auf (Weiter-)Beschäftigung ... 247
(3) Tatsächliche Inanspruchnahme ... 248
c) Schweiz ... 249
d) Vergleichende Würdigung ... 251
2. Entschädigung ... 254
a) England ... 254
(1) Basic award ... 255
(2) Compensatory award ... 256
b) Deutschland ... 257
(1) Auflösungsantrag ... 258

(2) Abfindungsanspruch bei Kündigungsverzicht...... 261
(3) Abfindungsvergleich.. 264
(4) Diskussion der rechtstatsächlichen Situation der Häufigkeit einer Abfindung........................... 265
(a) Darstellung der Reformbefürworter 266
(b) Darstellung der Reformgegner 267
(c) Anmerkungen 269
(5) Beurteilung 273
c) Schweiz 274
d) Vergleichende Würdigung 276
(1) Anspruch... 276
(2) Funktionen der Entschädigung 278
(a) Pönalfunktion für den Arbeitgeber 279
(b) Abgeltung für den Verlust des Arbeitsplatzes für den Arbeitnehmer... 279
(c) Entgelt- oder Schadenersatz 281
(3) Höhe der Entschädigung....................................... 282
(a) Höhe im Verhältnis zur Betriebszugehörigkeitsdauer 282
(b) Begrenzung der Höhe 283
(c) Rechtstatsächliche Höhe 284
III. Zusammenfassende rechtsvergleichende Bemerkungen 286
1. Gesetzliche Sanktion der ungerechtfertigten Kündigung: Fortsetzung oder Entschädigung? 286
2. Praxis 293
3. Diskussion 296
D. FOLGERUNGEN FÜR DIE SCHWEIZ 299
ANHANG 305

Literaturverzeichnis

ASCHEID, Reiner PREIS, Ulrich SCHMIDT, Ingrid	Großkommentar zum Kündigungsrecht München 2000. Zitiert: APS/Bearbeiter
ASCHEID, Reiner	Beweislastfragen im Kündigungsschutzprozeß, Diss. Giessen 1989. Zitiert: Ascheid, Beweislastfragen
BACKMEISTER, Thomas TRITTIN, Wolfgang MAYER, Udo	Kündigungsschutzgesetz mit Nebengesetzten, 2. Auflage, München 2002.
BADER, Peter ETZEL, Gerhard FISCHERMEIER, Ernst FRIEDRICH, Hans-Wolf LIPKE, Gert-Albert PFEIFFER, Thomas ROST, Friedhelm SPILGER, Andreas Michael VOGT, Norbert WEIGAND, Horst WOLFF, Ingeborg	Gemeinschaftskommentar zum Kündigungsschutzgesetz und zu sonstigen kündigungsschutzrechtlichen Vorschriften, 6. Auflage, Neuwied/Kriftel 2002. Zitiert: KR/Bearbeiter

BADER, Peter — Zur möglichen Flexibilisierung des Schwellenwertes im Kündigungsschutzrecht. NZA 2003, 249 ff.

BADER, Peter — Das Gesetz zu Reformen am Arbeitsmarkt: Neues im Kündigungsschutzgesetz und im Befristungsrecht. NZA 2004, 65 ff.

BARROW, Charles; DUDDINGTON, John — Briefcase on Employment Law, 2. Auflage, London/Sydney 2000.

BAUER, Jobst-Hubertus — Ein Vorschlag für ein modernes und soziales Kündigungsschutzrecht. NZA 2002, 529 ff.

BAUER, Jobst-Hubertus; KRIEGER, Steffen — Neuer Abfindungsanspruch – 1a daneben! NZA 2004, 77 ff.

BAUMBACH, Adolf; LAUTERBACH, Wolfgang; ALBERS, Jan; HARTMANN, Peter — Zivilprozessordnung, 62. Auflage, München 2004.

BENGELSDORF, Peter — Gemeinsame Anmerkung zu den Entscheidungen des BAG vom 04.09.1986 und 10.03.1987. SAE 1987, 254 ff.

Berkowsky, Wilfried — Die betriebsbedingte Kündigung, 5. Auflage, München 2002.
Zitiert: Berkowsky, betriebsbedingte Kündigung

BERKOWSKY, Wilfried — Die personenbedingte Kündigung – Teil 2. NZA-RR 2001, 494 ff.

BERKOWSKY, Wilfried — Die personenbedingte Kündigung – Teil 1. NZA-RR 2001, 393 ff.

BIELENSKI, Harald
HARTMANN, Josef
PFARR, Heide
SEIFERT, Hartmut — Die Beendigung von Arbeitsverhältnissen: Wahrnehmung und Wirklichkeit. Neue empirische Befunde über Formen, Ablauf und soziale Folgewirkungen.
AuR 2003, 81 ff.

BIGLER-EGGENBERGER, Margrith
KAUFMANN, Claudia — Kommentar zum Gleichstellungsgesetz, Basel/Frankfurt a.M. 1997.
Zitiert: Bigler-Eggenberger/Kaufmann/Bearbeiterin

BONE, Alison
SUFF, Marnah — Essential Employment Law, 2. Auflage, London/Sydney 1999.

BOWERS, John — Employment Law, 5. Auflage, Hampshire 2000.
Zitiert: Bowers, Employment Law

BRILL, Werner | Die Durchsetzung des allgemeinen Weiterbeschäftigungsanspruchs – Verfahrens- und vollstreckungsrechtliche Probleme.
BB 1980, 621 ff.

BROX, Hans
RÜTHERS, Bernd | Arbeitsrecht, 15. Auflage, Stuttgart/Berlin/Köln 2002.

BRÜHWILER, Jürg | Kommentar zum Einzelarbeitsvertrag, 2. Auflage, Bern/Stuttgart/Wien 1996.
Zitiert: Brühwiler, Einzelarbeitsvertrag

BRUNNER, Christiane
BÜHLER, Jean-Michel
WAEBER, Jean-Bernhard | Kommentar zum Arbeitsvertrag, 2. Auflage, Basel/Frankfurt a. M. 1997.

BUCHNER, Herbert | Notwendigkeit und Möglichkeiten einer Deregulierung des Kündigungsschutzrechts.
NZA 2002, 533 ff.

BÜRING, Ralf | Die Rechtsfolgen des allgemeinen Weiterbeschäftigungsanspruchs, Diss. Münster 1995.

BUSEMANN, Andreas
SCHÄFER, Horst | Kündigung und Kündigungsschutz im Arbeitsverhältnis, 4. Auflage, Berlin 2002.

COLLINS, Hugh | Justice in Dismissal, Oxford 1993.

CREIFELDS, Carl | Rechtswörterbuch, 17. Auflage, München 2002.
Zitiert: Creifelds, Rechtswörterbuch

DÄUBLER, Wolfgang KITTNER, Michael KLEBE, Thomas	BetrVG Betriebsverfassungsgesetz, Kommentar für die Praxis, 7. Auflage, Frankfurt 1999.
DÄUBLER, Wolfgang	Das Arbeitsrecht 2, 11. Auflage, Hamburg 1998. Zitiert: Däubler, Arbeitsrecht
DEAKIN, Simon MORRIS, Gillian S.	Labour Law, 2. Auflage, London/Edinburgh/Dublin 1998.
DECOPPET, Pierre	Das Gleichstellungsgesetz in der Anwendung, Reihe SGB – Dokumentation Nr. 33, Bern 1995.
DEINERT, Olaf	Kollektive Regelungsinstrumente des englischen Arbeitsrechts im europäischen Vergleich. ZfA 1999, 361 ff.
DICKENS, Linda HART, Moira JONES, Michael WEEKES, Brian	Re-employment of Unfairly Dismissed Workers: The Lost Remedy. The Industrial Law Journal 1981, 160 ff.

DICKENS, Linda HART, Moira JONES, Michael WEEKES, Brian	Kündigungsschutz, gerichtliche und außergerichtliche Streitschlichtung in Großbritannien und den USA, in Rolf Ellermann-Witt / Hubert Rottleuthner / Harald Russsig (Hrsg.), Kündigungspraxis, Kündigungsschutz und Probleme der Arbeitsgerichtsbarkeit, Opladen 1983. Zitiert: Dickens/Hart/Jones/Weekes, Kündigungsschutz, gerichtliche und außergerichtliche Konfliktschlichtung
DIETRICH, Thomas MÜLLER-GLÖGE, Rudi PREIS, Ulrich SCHAUB, Günter (Hrsg.)	Erfurter Kommentar zum Arbeitsrecht, 4. Auflage, München 2004. Zitiert: Erfurter Kommentar / Bearbeiter
DORNDORF, Eberhard	Abfindung statt Kündigungsschutz? BB 2000, 1938 ff.
DORNDORF, Eberhard HAUCK, Friedrich HÖLAND, Armin KRIEBEL, Volkhart NEEF, Klaus PRINZ, Ingolf WELLER, Bernhard	Heidelberger Kommentar zu Kündigungsschutzgesetz, 4. Auflage, Heidelberg 2001. Zitiert: HK-KSchG/Bearbeiter
DÖRNER, Klemens Maria LUCZAK, Stefan WILDSSCHÜTZ, Martin	Handbuch Arbeitsrecht, 3. Auflage, Neuwied/Kriftel 2002. Zitiert: DLW/Bearbeiter

DÖSE-DIGENOPOULOS, Annegret	Der arbeitsrechtliche Kündigungsschutz in England, Tübingen 1982.
DÜTZ, Wilhelm	Die Weiterbeschäftigungs-Entscheidung des Großen Senats des Bundesarbeitsgerichts und ihre Folgen für die Praxis. NZA 1986, 209 ff.
EBERT, Hans	Die Anhörung des Betriebsrates bei der Umdeutung einer fristlosen in eine fristgemäße Kündigung. BB 1976, 1132 ff.
EGER, Thomas WEISE, Peter	Die Entstehung des Arbeitsrechts aus der Sicht der evolutorischen Ökonomik, in Hans G. Nutzinger (Hrsg.), Die Entstehung des Arbeitsrechts in Deutschland, Marburg 1998. Zitiert: Eger/Weise, Entstehung Arbeitsrecht
EGER, Thomas	Opportunistic Termination of Employment Contract and Legal Protection Against Dismissal in Germany and the USA. International Review of Law and Economics 2004, 383 ff.
EGGLER, Josef	Auch ohne Kündigungsschutz nicht schutzlos. Gesetz und Praxis bei Entlassungen. NZZ, 14.April 2004, 63.

ENDRUWEIT, Günter GAUGLER, Eduard STAEHLE, Wolfgang H. WILPERT, Bernhard (Hrsg.)	Handbuch der Arbeitsbeziehungen; Deutschland, Österreich, Schweiz. Berlin/New York 1985. Zitiert: Handbuch der Arbeitsbeziehungen/Bearbeiter
ENGELMANN, Gabriele	62. Deutscher Juristentag: Abteilung Arbeits- und Sozialrecht. NZA 1998, 1218 ff.
ETZEL, Gerhard	Betriebsverfassungsrecht, Systematische Darstellung, 8. Auflage, Neuwied, Kriftel 2002. Zitiert: Etzel, Betriebsverfassungsrecht
FÄBER, Peter KAPPES, Karl-Heinz	Die Entscheidung des Großen Senats zum Weiterbeschäftigungsanspruch während des Kündigungsschutzprozesses. NZA 1986, 215 ff.
FALKE, Josef HÖLAND, Armin RHODE, Barbara ZIMMERMANN, Gabriele	Kündigungspraxis und Kündigungsschutz in der Bundesrepublik Deutschland, Bände I und II, Bonn 1981.
FISCHER, Ulrich	Kündigungsschutz – Non plus ultra oder Auslaufmodell. NJW 2002, Editorial Heft 12.

FRANCKEN, Johannes Peter HARTMANN, Rainer BUBECK, Thomas	Die Abfindung, Freiburg/Berlin/München 1999. Zitiert: Francken/Hartmann/Bubeck, Die Abfindung
FREEDLAND, M.R.	Employment, in Chitty on Contracts Vol. I, II, 28. Auflage, London 1999. Zitiert: Bearbeiter in Chitty on Contracts
FREEDLAND, M.R.	Der Kündigungsschutz im Vereinigten Königreich. ZIAS 1991, 440 ff.
FRERICH, Johannes FREY, Martin	Handbuch der Geschichte der Sozialpolitik in Deutschland, Band 1, München/Wien 1993. Zitiert: Frerich/Frey, Geschichte Sozialpolitik
GAMILLSCHEG, Franz	Zur Abfindung bei Verlust des Arbeitsplatzes. Festschrift für Friedrich Wilhelm Bosch zum 65. Geburtstag. Bielefeld 1976. Zitiert: Gamillscheg in FS Bosch
GAMILLSCHEG, Franz	Betriebsrat und Kündigung, in Festschrift 25 Jahre Bundesarbeitsgericht, München 1979. Zitiert: Gamillscheg in FS 25 Jahre BAG
GAUCH, Peter SCHMID, Jörg (Hrsg.)	Zürcher Kommentar, Obligationenrecht, Teilband V 2c, Art. 333–362 OR, 3. Auflage, Zürich 1996. Zitiert: Zürcher Kommentar / Bearbeiter

GEISER, Thomas	Der neue Kündigungsschutz im Arbeitsrecht BJM 1994, 169.
GEISER, Thomas	Massenentlassungen, in Thomas Geiser / Peter Münch (Hrsg.), Stellenwechsel und Entlassung, Basel/Frankfurt a.M. 1997. Zitiert: Geiser, Massenentlassung
GIESEN, Richard BESGEN, Nicolai	Fallstricke des neuen gesetzlichen Abfindungsanspruchs. NJW 2004, 185 ff.
GOEBEL, Frank-Michael	Zivilprozessrecht, Bonn 2003. Zitiert: Goebel ZPO / Bearbeiter
GRAGERT, Nicola KREUTZFELDT, Heiko	Sturm auf die Gerichte? Die Konsequenzen aus dem Beschluß des BVerfG zur Kleinbetriebsklausel in § 23 I 2 KSchG. NZA 1998, 587 ff.
GRAGERT, Nicola	Kündigungsschutz in Kleinbetrieben, NZA 2000, 961 ff.
GREMELMANN, Claas-Hinrich MATTHES, Hans-Christoph MÜLLER-GLÖGE, Rudi PRÜTTING, Hanns	Kommentar zum ArbGG, 4 Auflage, München 2002.
GREMPER, Philipp	Arbeitsrechtliche Aspekte der Ausübung verfassungsmäßiger Rechte, Diss. Basel 1992.

GROWE, Dietrich — Anträge zur Effektivierung des Weiterbeschäftigungsanspruchs – Rechtlich und taktische Überlegungen.
NZA 1996, 567 ff.

GRUNSKY, Wolfgang — Arbeitsgerichtsgesetz Kommentar, 7. Auflage, München 1995.
Zitiert: Grunsky, ArbGG

HAUCK, Friedrich
HELML, Ewald — Arbeitsgerichtsgesetz Kommentar, 2. Auflage, München 2003.
Zitiert: Hauck/Helml, ArbGG

HAUSHEER, Heinz (Hrsg.) — Berner Kommentar, 2. Abteilung – Die einzelnen Vertragsverhältnisse, 2. Teilband – Der Arbeitsvertrag, Kommentar zu den Art. 331–335 OR, Bern 1992.
Zitiert: Berner Kommentar / Bearbeiter

HEBERER, Nadja — Einführung in das englische Rechtssystem,
ZfRV 2002, 57 ff.

HEFTI, Andreas — Der Schutz vor ordentlichen Kündigungen bei gesetzlichen Dauerschuldverhältnissen insbesondere beim Arbeitsvertrag, Diss. St. Gallen 1992.
Zitiert: Hefti, Schutz vor ordentlichen Kündigungen

HESS, Harald
SCHLOCHAUER, Ursula
WORZALLA, Michael
GLOCK, Dirk
Kommentar zum Betriebsverfassungsgesetz, 6. Auflage, Mainz 2003.
Zitiert: HSWG BetrVG / Bearbeiter

HOECHST, Otto
Das Widerspruchsrecht des Betriebsrats bei der Kündigung.
AuR 1973, 328 ff.

HÖLAND, Armin
„Muss der Kündigungsschutz reformiert werden?“ Kündigungspraxis und Kündigungsschutz im deutschen Arbeitsrecht – Überlegungen zur Kritik am Kündigungsschutzgesetz–. 10. Arbeitsrechtliches Gespräch der Otto Brenner Stiftung, Frankfurt a.M. 2002
Zitiert: Höland, Arbeitsrechtliches Gespräch

HONSELL, Heinrich
VOGT, Nedim Peter
WIEGAND, Wolfgang
Kommentar zum Schweizerischen Obligationenrecht, Obligationenrecht I, Art. 1–529 OR, 2. Auflage, Basel/Frankfurt a. M. 1996.
Zitiert: OR/Bearbeiter

HOß, Axel
Die betriebsbedingte Kündigung.
MDR 2000, 305 ff.

HOYNINGEN-HUENE, Gerrick von
Rechtsfolgen des richterrechtlichen Weiterbeschäftigungsanspruches.
BB 1988, 264 ff.

HOYNINGEN-HUENE, Gerrick von	Betriebsverfassungsrecht, 5. Auflage, München 2002. Zitiert: Hoyningen-Huene, Betriebsverfassungsrecht
HOYNINGEN-HUENE, Gerrick von LINCK, Rüdiger	Kündigungsschutzgesetz, Kommentar, 13. Auflage, München 2002. Zitiert: Hoyningen-Huene/Linck, KSchG
HROMADKA, Wolfgang MASCHMANN, Frank	Arbeitsrecht Band I, Individualarbeitsrecht, 2. Auflage, Berlin/Heidelberg 2002. Zitiert: Hromadka/Maschmann, Band I
HROMADKA, Wolfgang	Unternehmerische Freiheit – ein Problem der betriebsbedingten Kündigung. ZfA 2002, 383 ff.
HUMBERT, Denis	Der neue Kündigungsschutz im Arbeitsrecht, Diss. Zürich, 1991.
HÜMMERICH, Klaus	Die arbeitsgerichtliche Abfindung – ein Beitrag zur Abfindungspraxis und zur gesetzlichen Neuregelung. NZA 1999, 342.
JAEGER, Georg RÖDER, Gerhard HECKELMANN, Günther (Hrsg.)	Praxishandbuch Betriebsverfassungsrecht, München 2003. Zitiert: Jaeger/Röder/Heckelmann/Bearbeiter

JAHN, Elke J. Zur ökonomischen Theorie des Kündigungsschutzes, Berlin 2002.
Zitiert: Jahn, Ökonomische Theorie

JAMETTI GREINER, Monique Grundsätzliche Probleme des vorsorglichen Rechtschutzes aus internationaler Sicht, in Karl Spühler (Hrsg.), Vorsorgliche Massnahmen aus internationaler Sicht, Zürich 2000.
Zitiert: Greiner, Grundsätzliche Probleme des vorsorglichen Rechtschutzes

JEFFERSON, Michael Principles of Employment Law, 4. Auflage, London/Sydney 2000.
Zitiert: Jefferson, Principles

JEWELL, Michael An Introduction to English Contract Law, 2. Auflage, Oxford/London/Frankfurt 2002.
Zitiert: Jewell, English Contract Law

KEßLER, Ulrich G. Der Auflösungsauftrag nach § 9 KSchG im Spiegel der Judikatur.
NZA-RR 2002, 1 ff.

KILIAN, Matthias Arbeitnehmerkündigung und „Right to Work" im englischen Arbeitsrecht.
RIW 1999, 186 ff.

KITTNER, Michael
DÄUBLER, Wolfgang
ZWANZIGER, Bertram

Kündigungsschutzrecht: KSchR, Kommentar für die Praxis zu Kündigungen und anderen Formen der Beendigung des Arbeitsverhältnisses, 5. Auflage, Frankfurt a.M. 2001.

Zitiert: KSchR/Bearbeiter

KLETT, Kathrin

Schutz vor Rachekündigungen, in Ivo Schwander / René Schaffhauser (Hrsg.), Das Bundesgesetz über die Gleichstellung von Frau und Mann, St. Gallen 1996, S. 161 ff.

Zitiert: Klett, Schutz

KLETT, Kathrin

Rachekündigung, in Thomas Geiser / Peter Münch (Hrsg.), Stellenwechsel und Entlassung, Basel/Frankfurt a.M. 1997.

Zitiert: Klett, Rachekündigung

KLIEMT, Michael

Das neue Befristungsrecht.

NZA 2001, 296 ff.

KLINGENBERG, Stephan

Die Betriebsschliessung, Diss. Basel 1986.

Zitiert: Klingenberg, Betriebsschliessung

KÖBLER, Gerhard

Juristisches Wörterbuch, 12. Auflage, München 2003.

Zitiert: Köbler, Juristisches Wörterbuch

KÖBLER, Gerhard

Rechtsgeschichte, 3. Auflage, München 1982.

Zitiert: Köbler, Rechtsgeschichte

KRABBENHÖFT, Maike — Stolpersteine – Schriftformerfordernisse aufgrund des Nachweis- und des Arbeitsgerichtsbeschleunigungsgesetztes.
DB 2000, 1562 ff.

KRAFT, Alfons
WIESE, Günther
KREUTZ, Peter
OETKER, Hartmut
RAAB, Thomas
WEBER, Christoph — Gemeinschaftskommentar zu Betriebsverfassungsrecht, Band II, 7. Auflage, Neuwied/Kriftel 2002.
Zitiert: GK-BetrVG/Bearbeiter

KRAMER, Karin — Die Kündigung im Arbeitsrecht, 9. Auflage, Stuttgart/München/Hannover 2002.
Zitiert: Kramer, Die Kündigung

KRAMER, Michael — Rechtsfolgen unzulässig kurzer Kündigungs- und Ausschlußfristen.
BB 1997, 731 ff.

KREßEL, Eckhard — Derzeitige und künftige Bedeutung der Abfindung.
NZA 1997, 1138 ff.

KRONKE, Herbert — Regulierungen auf dem Arbeitsmarkt, Kernbereiche des Arbeitsrechts im internationalen Vergleich, Baden-Baden 1990.
Zitiert: Kronke, Regulierungen auf dem Arbeitsmarkt

KULISCHER, Josef	Allgemeine Wirtschaftsgeschichte des Mittelalters und der Neuzeit, Band I, 3. Auflage, München 1965. Zitiert: Kulischer Wirtschaftsgeschichte I
KÜTTNER, Wolfdieter	Personalhandbuch 2001, Arbeitsrecht, Lohnsteuerrecht, Sozialversicherungsrecht, 8. Auflage, München 2001. Zitiert: Küttner/Bearbeiter
LAKIES, Thomas	Neu ab 1. Mai 2000: Verbessertes Arbeitsgerichtsverfahren und Schriftform für die Beendigung von Arbeitsverhältnissen. BB 2000, 667.
LANGE, Thomas A.	Die betrieblichen Arbeitsbeziehungen in der englischen Privatwirtschaft, Diss. Kiel 1991. Zitiert: Lange, Die betrieblichen Arbeitsbeziehungen
LEWIS, Paul	Interpretation of „practicable" and „just" in relation to „re-employment" in unfair dismissal cases. MLR 1982, 384 ff.
LOCKTON, Deborah J.	Employment Law, 3. Auflage, Wales 1999. Zitiert: Lockton, Employment Law
LÖWISCH, Manfred	Arbeitsrecht, 6. Auflage, Düsseldorf 2002. Zitiert: Löwisch, Arbeitsrecht

LÖWISCH, Manfred | Die besondere Verantwortung der „Arbeitnehmer“ für die Vermeidung von Arbeitslosigkeit.
NZA 1998, 729 ff.

LÖWISCH, Manfred | Die Verknüpfung von Kündigungsschutz und Betriebsverfassung nach dem BetrVG 1972.
DB 1975, 349 ff.

LÖWISCH, Manfred | Neuregelung des Kündigungs- und Befristungsrechts durch das Gesetz zu Reformen am Arbeitsmarkt.
BB 2004, 154 ff.

MADER, Luzius | Das Gleichstellungsgesetz – Entstehung, Ziele und Instrumente, in: Ivo Schwander / René Schaffhauser (Hrsg.), Das Bundesgesetz über die Gleichstellung von Frau und Mann, St. Gallen 1996, S. 9 ff.
Zitiert: Mader, Gleichstellungsgesetz

MARCUS, Erwin | Die einstweilige Verfügung auf Weiterbeschäftigung während des Kündigungsschutzprozesses.
RdA 1975, 340 ff.

MASCHMANN, Frank | Arbeitsrecht im werdenden Europa – 16. Arbeitsrechtsymposium an der Universität Passau.
NZA 2003, 206 ff.

MATTHES, Hans-Christoph — Der betriebsverfassungsrechtliche Weiterbeschäftigungsanspruch, in Arbeit und Recht, Festschrift für Albert Gnade zum 65. Geburtstag, Bonn 1992.
Zitiert: Matthes, FS Gnade

MAURER, Helmut — Die Auflösung des Arbeitsverhältnisses wegen „Redundancy" in England unter besonderer Berücksichtigung der Abfindung, Diss. Trier 1989.

MAYER-MALY, Theo — Über die der Rechtswissenschaft und der richterlichen Rechtsfortbildung gezogenen Grenzen.
JZ 1986, 557 ff.

MAYR, Klaus
MOZET, Peter — Der Kündigungsschutz in den Mitgliedstaaten der Europäischen Union, WISO – Sonderband Nr. 9, Linz 1996.

MEYER, Lienhard — Die Massenentlassung, Diss Basel 1999.

MOZET, Peter — Beendigung des Arbeitsverhältnisses Harmonisierung auf europäischer Ebene?
ZEuP 1998, 296 ff

MÜLLER, Roland A. — Die Arbeitnehmervertretung, Bern 1999.
Zitiert: Müller, Die Arbeitnehmervertretung

MÜNCH, Peter — Von der Kündigung und ihrer Wirkung, in Thomas Geiser / Peter Münch (Hrsg.), Stellenwechsel und Entlassung Basel/Frankfurt a.M. 1997.
Zitiert: Münch, Von der Kündigung

MUSIELAK, Hans-Joachim — Kommentar zur Zivilprozessordnung, 3. Auflage, München 2002.
Zitiert: Musielak ZPO

NEAL, Alan C. — Recent Developments in Unfair Dismissal Law.
NewLJ 1980, 443 ff.

NORDMANN, Philippe — Die missbräuchliche Kündigung im schweizerischen Arbeitsvertragsrecht unter besonderer Berücksichtigung des Gleichstellungsgesetzes, Diss. Basel 1998.

OECD — Employment Outlook 1999, Paris.
Zitiert: OECD Employment Outlook 1999

OPOLNY, Bernhard — Die anzeigepflichtige Entlassung nach § 17 KSchG.
NZA 1999, 791 ff.

OTTO, Hansjörg — Der vorläufige Bestandschutz des Arbeitsverhältnisses.
RdA 1975, 68 ff.

PALLASCH, Ulrich	Noch einmal: Das Weiterbeschäftigungsverhältnis und seine Rückabwicklung. BB 1993, 2225 ff.
PALLASCH, Ulrich	Der Beschäftigungsanspruch des Arbeitnehmers, Diss. Regensburg 1993. Zitiert: Pallasch, Beschäftigungsanspruch
PFARR, Heide ULLMANN, Karen	Kündigungsschutz unter Reformdruck. WSI Mitteilungen 2003, 207 ff.
PFARR, Heide BOTHFELD, Silke KAISER, Lutz KIMMICH, Martin PEUKER, Andreas ULLMANN, Karen	Hat der Kündigungsschutz eine prohibitive Wirkung auf das Einstellungsverhalten der kleinen Betriebe? BB 2003, 2286 ff. Zitiert: Pfarr et al., Einstellungsverhalten, BB 2003
PITT, Gwyneth	Employment Law, London 2000. Zitiert: Pitt, Employment Law
PREIS, Ulrich	Prinzipien des Kündigungsrechts bei Arbeitsverhältnissen, München 1987.
PREIS, Ulrich	Arbeitsrecht, Praxis-Lehrbuch zum Individualarbeitsrecht, 2. Auflage, Köln 2003. Zitiert: Preis, Arbeitsrecht
PREIS, Ulrich	Autonome Unternehmerentscheidung und „dringendes betriebliches Erfordernis". NZA 1995, 241 ff.

PREIS, Ulrich — Aktuelle Tendenzen im Kündigungsschutzrecht.
NZA 1997, 1073 ff.

QUECKE, Martin — Die Änderung des Kündigungsschutzgesetzes zum 1.1.2004.
RdA 2004, 86 ff.

REBHAHN, Robert — Abfindung statt Kündigungsschutz? Rechtsvergleich und Regelungsmodelle.
RdA 2002, 272 ff.

REBHAHN, Robert — Der Kündigungsschutz des Arbeitnehmers in den Staaten der EU.
ZfA 2003, 163 ff.

REBMANN, Kurt
SÄCKER, Jürgen
RIXECKER, Roland
(Hrsg.) — Münchner Kommentar zum Bürgerlichen Gesetzbuch, Band 4, Schuldrecht Besonderer Teil II, (§§ 607–704), 3. Auflage, München 1997.
Zitiert: MüKo/Bearbeiter

REHBINDER, Manfred — Schweizerisches Arbeitsrecht, 15. Auflage, Bern 2002.
Zitiert: Rehbinder, Arbeitsrecht

REIDEL, Katharina — Die einstweilige Verfügung auf (Weiter-) Beschäftigung – eine vom Verschwinden bedrohte Rechtsschutzform?
NZA 2000, 454 ff.

RHODE, Barbara — Wie wirksam ist der rechtliche Kündigungsschutz in England und in der Bundesrepublik Deutschland? Ein Verglich von zwei empirischen Studien, in Rolf Ellermann-Witt / Hubert Rottleuthner / Harald Russsig (Hrsg.), Kündigungspraxis, Kündigungsschutz und Probleme der Arbeitsgerichtsbarkeit, Opladen 1983.
Zitiert: Rhode, Wirksamkeit des rechtlichen Kündigungsschutzes

RICHARDI, Reinhard
ANNUß, Georg — Der neue § 623 BGB – Eine Falle im Arbeitsrecht?
NJW 2000, 1231.

RICHARDI, Reinhard — Die neue Betriebsverfassung, Ein Grundriss, München 2001.
Zitiert: Richardi, Betriebsverfassung

RICHARDI, Reinhard
WLOTZKE, Otfried — Münchner Handbuch zum Arbeitsrecht, Band II, Individualarbeitsrecht II, 2. Auflage, München 2000.
Zitiert: MünchArbR/Bearbeiter

RIEPENHAUSEN, Bernhard — Das Arbeitsrecht der Bühne, 2. Auflage, Berlin 1956.

RÖSLER, Hannes
TÜNGLER, Grit — Der praktische Fall – Privatrechtsvergleichung: Modalitäten der Ersatzleistung im englischen und deutschen Vertragsrecht.
JuS 2002, 782 ff.

RUHL, Marion
KASSEBOHM, Kristian | Der Beschäftigungsanspruch des Arbeitnehmers.
NZA 1995, 497 ff.

RÜTHERS, Bernd | Arbeitsrecht und ideologische Kontinuität? Am Beispiel des Kündigungsschutzrechts.
NJW 1998, 1433 ff.

RÜTHERS, Bernd
HENSSLER, Martin | Die Kündigung bei kumulativ vorliegenden und gemischten Kündigungssachverhalten.
ZfA 1988, 31 ff.

RÜTHERS, Bernd | Vom Sinn und Unsinn des geltenden Kündigungsschutzrechts.
NJW 2002, 1601 ff.

SANDMANN, Bernd | Die Euro-Betriebsrats-Richtlinie 94/45/EG – Europäischer Betriebsrat und alternative Verfahren zur Unterrichtung und Anhörung der Arbeitnehmer in transnationalen Unternehmen, Diss. Augsburg 1996.

SCHAUB, Günter
KOCH, Ulrich
LINCK, Rüdiger | Arbeitsrechts-Handbuch, Systematische Darstellung und Nachschlagewerk für die Praxis, 10. Auflage, München 2002.
Zitiert: ArbR-Handbuch/Bearbeiter

SCHAUB, Günter | Die arbeitsrechtliche Abmahnung.
NJW 1990, 872 ff.

SCHAUB, Günter
Vorläufiger Rechtsschutz bei der Kündigung von Arbeitsverhältnissen.
NJW 1981, 1807 ff.

SCHELLHAAß, Horst-Manfred
Ein ökonomischer Vergleich finanzieller und rechtlicher Kündigungserschwernisse.
ZfA 1984, 139 ff.

SCHIEFER, Bernd
Kündigungsschutz und Unternehmerfreiheit – Auswirkungen des Kündigungsschutzes auf die betriebliche Praxis.
NZA 2002, 770 ff.

SCHLACHTER, Monika
Arbeitsrecht und Rechtsvergleichung.
RdA 1999, 118 ff.

SCHUBERT, Michael
Der Anwalt im Arbeitsrecht, Handbuch für die Beratung und Vertretung von Arbeitnehmern, Frankfurt a.M. 2000.
Zitiert: Schubert, Der Anwalt im Arbeitsrecht

SCHULZ, Patricia
Die Anstellung, insbesondere Schutz vor Diskriminierung, in: Ivo Schwander/René Schaffhauser (Hrsg.), Das Bundesgesetz über die Gleichstellung von Frau und Mann, St. Gallen 1996, S. 45 ff.
Zitiert: Schulz, Anstellung

SCHUMACHER, Robert
Das englische Insolvenzarbeitsrecht, Diss. Freiburg i. Br. 2001.

SCHWENZER, Ingeborg
MÜLLER-CHEN, Markus
Rechtsvergleichung, Fälle und Materialien, Tübingen 1996.

SENTI, Christoph
Der Schutz vor Kündigungen aus wirtschaftlichen Gründen im schweizerischen Arbeitsrecht, Diss. St. Gallen 1998.

SHERMAN, JR., Herbert L.
Reinstatement as a Remedy for Unfair Dismissal in Common Market Countries.
The American Journal of Comparative Law 1981, 467 ff.

SMITH, I. T.
THOMAS, Gareth
Industrial Law, 6. Auflage, London 1996.
Zitiert: Smith/Thomas, Industrial Law

SPÜHLER, Karl
Die vorsorgliche Massnahme als Weichenstellung für den Hauptprozess, in Karl Spühler (Hrsg.), Vorsorgliche Massnahmen aus internationaler Sicht, Zürich 2000.
Zitiert: Spühler, Vorsorgliche Massnahme als Weichenstellung

STAEHELIN, Rudolf
Mitbestimmung in Europa, Die Beteiligung der Arbeitnehmer an Entscheidungen in Betrieb und Unternehmen in Deutschland, Frankreich und Großbritannien, Harmonisierungsbestrebungen im europäischen Rahmen, Perspektiven für die Schweiz, Eine rechts- und praxisvergleichende Studie, Basel, 1979.
Zitiert: Staehelin, Mitbestimmung in Europa

STAHLHACKE, Eugen
PREIS, Ulrich
VOSSEN, Reinhard

Kündigung und Kündigungsschutz im Arbeitsverhältnis, 8. Auflage, München 2002.

STEIN, Peter

Bestandschutz und Agenda 2010, 2003.

URL: www.aus-portal.de; besucht am 27.06.2005.

Zitiert: Stein, Bestandschutz und Agenda 2010

STEIN, Rolf
VON PAPPENHEIM, Henning Rabe

Arbeitsrecht in Großbritannien, 2. Auflage, München/Berlin 2000.

STÖCKLI, Jean-Fritz

Arbeitsrecht in kleineren und mittelgrossen Unternehmen, in Recht im Wandel seines sozialen und technologischen Umfeldes, Festschrift für Manfred Rehbinder, Bern/München 2002.

Zitiert: Stöckli in FS Rehbinder 2002

STÖCKLI, Jean-Fritz

Der Inhalt des Gesamtarbeitsvertrages, Bern 1990.

Zitiert: Stöckli, Gesamtarbeitsvertrag

STÖCKLI, Jean-Fritz

Gleichstellung im Arbeitsrecht.

AJP 1993, 1380 ff.

STÖCKLI, Jean-Fritz

Betriebliche Arbeitnehmervertretung im schweizerischen und im europäischen Recht.

RdA 2001, Sonderbeilage zu Heft 5, 5 ff.

STÖCKLI, Jean-Fritz — Arbeitsrecht im Zeichen der Globalisierung
ArbR 1997, 9 ff.

STREIFF, Ullin
VON KAENEL, Adrian — Leitfaden zum Arbeitsvertragsrecht, Der Arbeitsvertrag OR 319–362 mit Kommentaren für Lehre und Praxis, 5. Auflage, Zürich 1993.

SÜß, Ulrich — Zur Problematik der Vollstreckbarkeit von Weiterbeschäftigungsurteilen zugunsten gekündigter Arbeitnehmer.
NZA 1988, 719 ff.

TARNUTZER-MÜNCH, Andrea — Kündigungsschutz, in Thomas Geiser / Peter Münch (Hrsg.), Stellenwechsel und Entlassung, Basel/Frankfurt 1997.
Zitiert: Tarnutzer-Münch, Kündigungsschutz

TORCASSO, Rita — 5 Jahre Gleichstellungsgesetz, Bilanz und Perspektiven – Reihe SGB – Dokumentation Nr. 76, Bern 2001.
Zitiert: Torcasso, 5 Jahre Gleichstellungsgesetz

TREIBMANN, Beate — Die Vollstreckung von Handlungen und Unterlassungen im europäischen Zivilrechtsverkehr, Diss. Bielefeld 1994.
Zitiert: Treibmann, Vollstreckung von Handlungen und Unterlassungen

TREVOR, Kelly — Introduction to UK employment law, Freshfields, Bruckhaus, Deringer, 2002.

TROXLER, Dieter M. — Der sachliche Kündigungsschutz nach Schweizer Arbeitsvertragsrecht, Diss. Basel 1993.

TSCHÖPE, Ulrich — Der allgemeine Kündigungsschutz – Stiefkind europäischer Rechtsanpassung.
NZA-RR 2003, 393 ff.

TSCHUDI, Hans Peter — Beiträge des Arbeitsrechts zur Sozialpartnerschaft.
ArbR 1997, 29 ff.

TSCHUDI, Hans Peter — Deregulierung oder Ausbau des Arbeitsrechts?
ArbR 1999, 9 ff.

ULRICH, Christoph — Das Weiterbeschäftigungsverhältnis nach § 102 Abs. 5 BetrVG und vereinbarte Weiterbeschäftigung, Diss. Köln 1996.

VISCHER, Frank — Der Arbeitsvertrag, Schweizerisches Privatrecht VII/1, III, Basel 1994.
Zitiert: Vischer, Arbeitsvertrag

VISCHER, Frank — Kündigung und kollektives Arbeitsrecht, in Thomas Geiser / Peter Münch (Hrsg.), Stellenwechsel und Entlassung Basel/Frankfurt a.M. 1997.
Zitiert: Vischer, Kündigung und kollektives Arbeitsrecht

VOGEL, Oscar
SPÜHLER, Karl

Grundriss des Zivilprozessrechts und des internationalen Prozessrechts der Schweiz, 7. Auflage, Bern 2001.

Zitiert: Vogel/Spühler, ZPO

VOGT, Aloys

Sozialpläne–Schutzmaßnahmen bei Betriebsänderungen gemäß § 111 ff. BetrVG.

DB 1974, 237 ff.

VONPLON, Martin

Kündigungsschutz im Arbeitsrecht: Rechtsvergleich (Schweiz, BRD, Frankreich, IAO), Diss. Bern 1985.

WALKER, Wolf-Dietrich

Der einstweilige Rechtsschutz im Zivilprozess und im arbeitsgerichtlichen Verfahren, Münster 1993.

WALTHER, Gerd

Die Entwicklung des Kündigungsschutzes im Arbeitsrecht unter rechtsvergleichender Betrachtung, Diss. Königsberg 1937, in Kleine Schriften zum Arbeitsvertragsrecht, Band 15.

Zitiert: Walther, Entwicklung Kündigungsschutz

WEBER, Hansjörg

Die Verpflichtung zur Weiterbeschäftigung eines gekündigten Arbeitnehmers gemäß § 102 Abs. 5 BetrVG.

BB 1974, 698 ff.

WEISS, Manfred

Arbeitnehmermitwirkung in Europa.

NZA 2003, 177 ff.

WILLEMSEN, Heinz Josef ANNUß, Georg	Kündigungsschutz nach der Reform. NJW 2004, 177 ff.
WILLEMSEN, Heinz Josef	Kündigungsschutz – vom Ritual zur Rationalität – Gedanken zu einer grundlegenden Reform. NJW 2000, 2779 ff.
WILLIAMS, Kevin	Job Security and Unfair Dismissal. MLR 1975, 292 ff.
WLOTZKE, Otfried LORENZ, Martin	Weiterbeschäftigung während des Kündigungsschutzprozesses – Eine Regelungsaufgabe für den Gesetzgeber –. AuR 1980, 1 ff.
WOLTER, Henner	Reformbedarf beim Kündigungsrecht aus Arbeitnehmersicht – Praxiserfahrungen und Schlussfolgerungen. NZA 2003, 1068 ff.
ZACHERT, Ulrich	Kündigungsschutz, Befristung und Leiharbeit in Europa. WSI Mitteilungen 2004, 132 ff.
ZWEIGERT, Konrad KÖTZ, Hein	Einführung in die Rechtsvergleichung, 3. Auflage, Tübingen 1996.

Abkürzungsverzeichnis

Abs.	Absatz
A.A.	Andere Ansicht
AC	Appeal Cases Reports (GB)
ACAS	Advisory Conciliation and Arbitration Service (GB)
AJP	Aktuelle Juristische Praxis (CH)
All ER	All England Law Reports (GB)
Allg.	allgemein/allgemeine
AmtlBull NR	Amtliches Bulletin der Bundesversammlung, Nationalrat (CH)
Anm.	Anmerkung
AP	Arbeitsrechtliche Praxis (Entscheidungssammlung) (D)
ArbG	Arbeitsgericht (D)
ArbGG	Arbeitsgerichtsgesetz (D)
AR-Blattei	Arbeitsrecht-Blattei (Loseblattsammlung) (D)
ArbR	Mitteilungen des Instituts für Schweizerisches Arbeitsrecht (CH)
ARS	Arbeitsrechtssammlung mit Entscheidungen des Reichsarbeitsgerichts, der Landesarbeitsgerichte und Arbeitsgerichte (D)
Art.	Artikel
AuR	Arbeit und Recht (D)
AVG	Bundesgesetz über die Arbeitsvermittlung und den Personalverleih (D)
AZ	Aktenzeichen
BAG	Bundesarbeitsgericht (D)
BAGE	Sammlung der Entscheidungen des Bundesarbeitsgerichts (D)

BB	Betriebs-Berater (D)
BBiG	Berufsbildungsgesetz (D)
BBl	Bundesblatt der schweizerischen Eidgenossenschaft (CH)
BeschFG	Beschäftigungsförderungsgesetz (D)
betr.	betreffend
BetrVG	Betriebsverfassungsgesetz (D)
BGB	Bürgerliches Gesetzbuch (D)
BGBl	Bundesgesetzblatt (D)
BGE	Entscheidung des Schweizerischen Bundesgerichts. Amtliche Sammlung (Lausanne) (CH)
BGer	Bundesgericht (CH)
BGH	Bundesgerichtshof (D)
BJM	Basler Juristische Mitteilungen (CH)
BPersVG	Bundespersonalvertretungsgesetz (D)
BT	Bundestag (D)
BV	Bundesverfassung (CH)
BVerfG	Bundesverfassungsgericht (D)
BVerwG	Bundesverwaltungsgericht (D)
bzw.	beziehungsweise
ca.	circa
d.h.	das heisst
DB	Der Betrieb (D)
Diss.	Dissertation
ERA 1996	Employment Rights Act 1996 (GB)
etc.	et cetera
EU	Europäische Union
EzA	Entscheidungssammlung zum Arbeitsrecht (D)
FN	Fussnote
FraktE	Fraktionsentwurf
FS	Festschrift
GG	Grundgesetz (D)

GlG	Gleichstellungsgesetz (CH)
h.M.	herrschende Meinung
Hrsg.	Herausgeber
i.V.m.	in Verbindung mit
ICR	Industrial Cases Report (GB)
ILO	International Labour Organization
IRA	Industrial Relations Act (GB)
IRLR	Industrial Relations Law Report (GB)
JAR	Jahrbuch Arbeitsrecht (CH)
JZ	Juristen Zeitung (D)
KB	The Law Reports, King's Bench Division (GB)
KGer	Kantonsgericht (CH)
KSchG	Kündigungsschutzgesetz (D)
KSchR	Kündigungsschutzrecht (D)
LAG	Landesarbeitsgericht (D)
lit.	litera
Ltd.	Limited
m.w.N.	mit weiteren Nachweisen
MDR	Monatsschrift für Deutsches Recht (D)
MitwirkungsG	Mitwirkungsgesetz (CH)
MPI	Max Planck Institut
MuSchG	Mutterschutzgesetz (D)
N	Randnummer
NewLJ	New Law Journal (GB)
NF	Neue Fassung
NJW	Neue Juristische Wochenschrift (D)
NJW – RR	Neue Juristische Wochenschrift – Rechtsprechungsreport (D)
Nr.	Nummer
NZA	Neue Zeitschrift für Arbeitsrecht (D)

NZA – RR	Neue Zeitschrift für Arbeitsrecht – Rechtsprechungsreport (D)
NZZ	Neue Zürcher Zeitung (CH)
OGer	Obergericht (CH)
OR	Bundesgesetz über das Obligationenrecht (CH)
Pt.	Part
QB	The Law Reports, Queen's Bench Division (GB)
RAG	Reichsarbeitsgericht (D)
RdA	Recht der Arbeit (D)
RIW	Recht der Internationalen Wirtschaft (D)
RzK	Rechtsprechung zum Kündigungsrecht (D)
SAE	Sammlung arbeitsrechtlicher Entscheidungen (D)
SBG	Sozialgesetzbuch (D)
Sched.	Schedule
Sec.	Section
sog.	sogenannt
SprAuG	Sprecherausschussgesetz (D)
StenBull	Stenographisches Bulletin (CH)
TULR(C)A 1992	Trade Union and Labour Relations (Consolidation) Act 1992 (GB)
TULRA	Trade Union and Labour Relations Act (GB)
TzBfG	Teilzeit- und Befristungsgesetz (D)
v.	Versus
vgl.	vergleiche
VO	Verordnung
Vol.	Volume
WISO	Wirtschafts- und Sozialpolitische Zeitschrift (D)
WSI	Wirtschafts- und Sozialwissenschaftliches Institut (D)
ZEuP	Zeitschrift für Europäisches Privatrecht (D)
ZfA	Zeitschrift für Arbeitsrecht (D)

ZfRV	Zeitschrift für Rechtsvergleichung, Int. Privatrecht und Europarecht (A)
ZGB	Schweizerisches Zivilgesetzbuch (CH)
ZPO	Zivilprozessordnung
ZR	Blätter der Zürcherischen Rechtsprechung (CH)

A. Einleitung

I. Gesellschaftliche Bedeutung des Kündigungsschutzes

Seit der industriellen Revolution stehen sich Arbeitnehmer und Arbeitgeber auf dem Arbeitsmarkt als formell gleichberechtigte Vertragspartner gegenüber[1]. Der Arbeitnehmer ist jedoch bisher trotz formaler Gleichstellung und trotz aller gewerkschaftlicher Organisationsversuche der Schwächere geblieben, dessen Anspruch auf soziale Gerechtigkeit gesetzlich geschützt werden soll.

Dies betrifft vor allem die Kündigung, die für den Arbeitnehmer mit lebenseinschneidendem Zwang und grossen Verlusten verbunden sein kann. Wenn er gleichberechtigt sein soll, muss er auch hier effektiv vor Willkür, das heisst vor ungerechtfertigter Kündigung, geschützt werden.

Demgegenüber steht der Arbeitgeber unter dem Zwang, den Einsatz des Produktionsfaktors Arbeit an die Marktgegebenheiten, respektive an die Antizipation derselben, anzupassen. Wenn er konkurrierender Unternehmer sein soll, muss er über die Produktionsfaktoren verfügen können.

Es ist offensichtlich, dass das, was dem Arbeitnehmer an Kündigungsschutz zugeht, dem Arbeitgeber an Verfügbarkeit abgeht. Wie weit soll also dieser Schutz gehen? Wie weit soll der Arbeitgeber an Kündigungen durch Sanktionen gehindert werden? Darüber wurde immer wieder in den verschiedenen Stufen des evolutiven Reformwerkes[2], welches der Kündigungsschutz der europäischen Industrie-

---

1 Vgl. Walther, Entwicklung Kündigungsschutz, S. 2.

2 Vgl. Eger/Weise, Entstehung Arbeitsrecht, S. 302.

nationen darstellt, gestritten und wird es auch heute wieder, wenn es darum geht, diese Reformen entweder zurückzunehmen oder fortzuentwickeln.

II. Wirtschaftsgeschichtlicher Rahmen der Entwicklung des Kündigungsschutzes

Die Geschichte der Entwicklung der europäischen Arbeitsgesetze der Neuzeit bis zum Ende des 18. Jahrhunderts ist geprägt von Arbeitsgesetzen der ständischen Ordnung[3]. Die arbeitsrechtliche Normengewalt geht von den Zünften aus und zielt auf die Bewahrung stabiler Verhältnisse[4]. Die Idee des sorgenden feudalen Landesvaters ist eine der historischen Quellen des Bestandsschutzgedankens.

Die bürgerlichen Revolutionen bringen die Ablösung von diesen ständischen Normen; es entstehen freie Arbeitsmärkte, die dem Bedürfnis der neuen Industrien nach Flexibilität und Verfügbarkeit nachkommen. Die formale Vertragsfreiheit der Parteien auf dem Arbeitsmarkt wird zur Norm der europäischen Nationalstaaten, deren Wirtschaften in konjunkturellen Wellenbewegungen expandieren[5]. Der formalen Gleichstellung der Vertragspartner steht jedoch in der Praxis ein starker Verhandlungsvorteil der Arbeitgeber gegenüber den einzeln auftretenden Arbeitnehmern entgegen[6]. Die sich dadurch verbreitende soziale Schlechterstellung der Massen wird bekämpft durch Arbeitnehmerorganisationen und durch den bürgerlichen Staat

---

3 Vgl. Frerich/Frey, Geschichte Sozialpolitik, S. 9 ff.; Köbler, Rechtsgeschichte, S. 134 ff.

4 Vgl. Kulischer, Wirtschaftsgeschichte I, S. 192; Eger/Weise, Entstehung Arbeitsrecht, S. 284.

5 Vgl. Frerich/Frey, Geschichte Sozialpolitik, S. 35.

6 Vgl. Eger/Weise, Entstehung Arbeitsrecht, S. 295.

selbst[7]. Daraus entwickelt sich in der zweiten Hälfte des 19. Jahrhunderts die Arbeitsgesetzgebung und damit der Kündigungsschutz, eine nationalstaatliche Reformarbeit, die mit Unterbrüchen bis in die achtziger Jahre des 20. Jahrhunderts reicht.

Die achtziger und neunziger Jahre des 20. Jahrhunderts und das beginnende 21. Jahrhundert sind geprägt von der Öffnung der Arbeitsmärkte der europäischen Industriegesellschaften sowie der gleichzeitigen Verlagerung industrieller Produktion in Niedriglohnländer. Mit dieser doppelten Belastung der Arbeitsmärkte geht eine Intensivierung der Diskussion um die Opportunität der oben erwähnten Reformen des Kündigungsschutzes einher.

Im Rahmen dieser historischen Entwicklung haben sich im 19. und 20. Jahrhundert in den untersuchten Ländern England, Deutschland und Schweiz früher oder später unterschiedliche Systeme des Kündigungsschutzes entwickelt, auf die in den einzelnen Abschnitten eingegangen wird.

III. Vorgehensweise

Die Notwendigkeit der Kündigungsmöglichkeit und ihrer Beschränkung besteht unabhängig von nationalen Entwicklungen, die letztlich nur Realisierungsvarianten desselben Bedürfnisses darstellen. Sinn des Rechtsvergleichs ist deshalb nicht die Auflistung und Gegenüberstellung einzelner privatrechtlicher Normen, sondern die Klärung der Frage, wie sich bestimmte Bedürfnisse in der Praxis verwirklichen und die in ihnen angelegten Interessengegensätze zu einem akzeptablen Ausgleich gebracht werden.

---

7 Vgl. Köbler, Rechtsgeschichte, S. 134 ff.; Walther, Entwicklung Kündigungsschutz, S. 4.

Beispielsweise ist im schweizerischen Gesetz die ungerechtfertigte Kündigung wirksam, wird aber mit Entschädigung sanktioniert, während im deutschen Gesetz die ungerechtfertigte Kündigung unwirksam ist und man deshalb eine Entschädigungspflicht des Arbeitgebers mit einer unbedeutenden Ausnahme vergeblich sucht. Bei genauerer Betrachtung des Sachverhaltes in der Praxis wird jedoch deutlich, dass sich das Bedürfnis, das Arbeitsverhältnis auch durch ungerechtfertigte Kündigung aber gegen Entschädigung auflösen zu können, als Kompromiss ebenfalls in Deutschland durchgesetzt hat.

Der Rechtsvergleich soll die Rückbesinnung auf die dem Recht zugrunde liegenden Bedürfnisse bereichern, und durch die Betrachtung der Gesamtheit der Varianten soll ein frischer Blick für neue Lösungen ermöglicht werden. Ziel des vorliegenden Rechtsvergleichs ist die Erarbeitung von Ideen, die zum gesamtgesellschaftlich überzeugenden und effektiven Schutz des Arbeitnehmers gegen und bei ungerechtfertigter Kündigung beitragen sollen.

IV. Begriffsbestimmung

Beim Gebrauch der Begriffe *Kündigungsschutz* und *Bestandsschutz* herrscht in der wissenschaftlichen Diskussion eine verwirrende Vielfalt[8]. Deshalb seien diese Begriffe für die vorliegende Arbeit definiert: Der Begriff *Kündigungsschutz* kann dem Wortlaut gemäss auf zwei Arten verstanden werden: Entweder als Schutz *gegen* Kündigung im Sinne der Verhinderung derselben oder als Schutz *bei* Kündigung im Sinne einer Abfederung der Folgen. Hier wird Kündigungsschutz als die Summe dieser beiden Bedeutungen als Unterbegriffe verstanden. *Kündigungsschutz* ist also: Summe der gesetzlichen und vertraglichen

8 Vgl. beispielsweise Vonplon, S. 21 ff.; Köbler, Juristisches Wörterbuch, zu den Begriffen; Senti, S. 8 ff.

Bestimmungen zum Schutz gegen Kündigung und zum Schutz bei Kündigung. Man kann diesen Begriff auch mit einer der obigen Definition deckungsgleichen beleuchten als: Summe der Einschränkungen der Rechte des Arbeitgebers und des Arbeitnehmers auf Kündigung. In den nachfolgenden Ausführungen werden nur die den Arbeitgeber betreffenden Einschränkungen des Kündigungsrechts betrachtet. Also ist *Kündigungsschutz* hier: Die Summe der rechtlichen und vertraglichen Bestimmungen zum Schutz des Arbeitnehmers gegen Kündigung und bei Kündigung.

Der Begriff *Bestandsschutz* sei folgendermassen definiert: „Sicherung der Fortdauer eines Zustandes"[9]. Bestandsschutz im Kündigungsschutzrecht bedeutet demgemäss: Sicherung der Fortdauer des Arbeitsverhältnisses; also ist *Bestandsschutz* deckungsgleich mit dem Schutz des Arbeitnehmers *gegen* Kündigung und ist damit eine Teilmenge des Kündigungsschutzes[10].

Der Begriff *Sanktion* wird in der allgemeinen Rechtslehre als Rechtsfolge einer rechtlichen Regelung, die der letzteren zur effektiven Geltung verhelfen soll, definiert[11]. Bei ungerechtfertiger Kündigung gibt es zwei Sanktionen: Fortsetzung des Arbeitsverhältnisses und Entschädigung. Die Fortsetzung des Arbeitsverhältnisses ist im deutschsprachigen Rechtskreis im Gesetz nicht ausdrücklich als Sanktion erwähnt, vielmehr werden dort Unwirksamkeit, Nichtigkeit oder Anfechtbarkeit der Kündigung als Sanktionen genannt. Da diese jedoch die Fortsetzung des Arbeitsverhältnisses notwendigerweise zur Folge haben, muss aus funktionaler Sicht die Fortsetzung als Sanktion bezeichnet werden, denn sie verhilft der mit ihr verbundenen rechtlichen Regelung zur effektiven Geltung.

Beide Sanktionsarten haben präventive Bestandsschutzfunktion (zeitlich) vor der Kündigung. Die Sanktion Fortsetzung hat zudem die Funktion des Bestandsschutzes (zeitlich) nach erfolgter Kündi-

---

9 Köbler, Juristisches Wörterbuch, zum Begriff.

10 A.A. Vonplon, S. 22.

11 Vgl. Creifelds, Rechtswörterbuch, zum Begriff.

gung, welche die Sanktion Entschädigung nicht hat. Letztere hat dafür eine geldwerte Kompensationsfunktion, welche erstere nicht hat. Ein Bestandsschutzsystem ist ein Kündigungsschutzsystem, das eine ungerechtfertigte Kündigung mit der Fortsetzung des Arbeitsverhältnisses sanktioniert. Wenn von Bestandsschutz oder Fortsetzung ohne nähere Bezeichnung die Rede ist, so ist nur die Sanktionsfunktion der Unterdrückung der ungerechtfertigten Kündigung (zeitlich) nach erfolgter Kündigung gemeint. Wenn es um die präventive Funktion der Sanktionen geht, wird dies immer besonders hervorgehoben.

V. Gang der Arbeit

Der erste Teil der folgenden Ausführungen (Teil B) widmet sich den Mechanismen, welche die Kündigungsfreiheit des Arbeitgebers einschränken und so gleichzeitig die ungerechtfertigte und als kongruente Menge die gerechtfertigte Kündigung festlegen. Es werden die Grundprinzipien der Kündigungsschutzsysteme erläutert und es wird untersucht, inwiefern und inwieweit diese Systeme die einzelnen Funktionen des Kündigungsschutzes erfüllen. Eingehend werden die materiellen Voraussetzungen einer gerechtfertigten Kündigung untersucht. Die Darstellung erfolgt nicht anhand von Länderberichten mit anschliessendem Rechtsvergleich; vielmehr werden die Regelungen der betrachteten Länder mit dem daran anknüpfenden Rechtsvergleich jeweils bei der Abhandlung der einzelnen Mechanismen des Kündigungsschutzes vorgestellt.

Der zweite Teil (Teil C) widmet sich der Frage, auf welche Weise der Entlassene rechtlich geschützt ist, nachdem es zu einer ungerechtfertigten Kündigung gekommen ist. Hierbei wird der Schutz des Arbeitnehmers während und nach einem allfälligen Rechtsstreit beleuchtet. Die Sanktionierungsmethoden Fortsetzung des Arbeitsverhältnisses und Entschädigung werden auf ihre Wirkungsweise hin unter Miteinbeziehung ihrer praktischen Relevanz untersucht. Anhand der Ergebnisse des Rechtsvergleichs wird schliesslich ein Vorschlag zur effektiven und praxisnahen Sanktionierung der ungerechtfertigten Kündigung gemacht.

Die Untersuchung befasst sich im Wesentlichen mit der individualrechtlichen Seite des allgemeinen Kündigungsschutzes unter Ausschluss der fristlosen Kündigung.

Für den Anachronismus, der darin besteht, dass in den Ausführungen dieser Arbeit dort, wo auf die Angehörigen beider Geschlechter abgehoben wird, grammatikalisch das männliche Geschlecht verwendet wird, sei hiermit Abbitte geleistet.

B. Systematik der gerechtfertigten Kündigung

I. Historische Eckdaten und Grundsätze des Kündigungsschutzes

1. *England*

Im Vergleich zu den meisten kontinental-europäischen Staaten führte England erst spät eine arbeitsrechtliche Gesetzgebung ein. Bis in die sechziger Jahre des 20. Jahrhunderts existierten im englischen Recht keinerlei gesetzliche Vorschriften zur Kündigung eines Arbeitsverhältnisses. Das richterrechtliche Common Law sah nur wenige die Kündigung beschränkende Regeln vor[12]. Nach diesen war der Kündigende verpflichtet, eine „angemessene" Kündigungsfrist einzuhalten oder stattdessen eine Entschädigung zu leisten. Diese Regelungen galten gleichermassen für beide Parteien eines Arbeitsvertrages.

1963 führte der Gesetzgeber strikte Mindestkündigungsfristen ein[13], und zwei Jahre später wurde der Redundancy Payments Act 1965 verabschiedet, wonach im Falle einer Kündigung aus wirtschaftlichen Zwängen dem Arbeitnehmer eine Entschädigung zusteht.

Im Jahre 1971 wurde durch den Industrial Relations Act der kündigungsrechtliche Schutz des Arbeitnehmers als in der Regel schwächeren Vertragspartners gesetzlich fixiert. Dieses Gesetz sollte den Arbeitnehmer unter anderem vor ungerechtfertigten Kündigungen schützen. Die einschlägigen Bestimmungen wurden im Laufe der folgenden Zeit mehrfach durch Umformulierungen oder neue Geset-

---

12 Vgl. Freedland, ZIAS 1991, 440.

13 Durch den Contracts of Employment Act 1963.

ze leicht verändert. Die Inhalte der Bestimmungen von 1971 sind jedoch im Wesentlichen bis zum geltenden ERA 1996 nahezu gleich geblieben[14]. Dem Arbeitnehmer darf demgemäss nicht ungerechtfertigt gekündigt werden[15]. Das englische Gesetz bedient sich dabei des eher unspezifischen Konzepts der „fairness" einer Kündigung[16].

Das Gesetz, welches – für das englische Recht ganz untypisch – im Arbeitsrecht gegenüber dem Einzelfallrecht (case law) vorherrscht[17], möchte in erster Linie präventiven Beschäftigungsschutz bewirken[18]. Dies zeigt sich darin, dass der Kündigungsschutz eher auf ein insgesamt rationales und faires Verhalten des Arbeitgebers als auf inhaltliche Beschränkung der Kündigungsmöglichkeiten zielt[19].

2. *Deutschland*

Den Weg der inhaltlichen Überprüfung einer Kündigung hat man in Deutschland partiell bereits 1920 im Rahmen des Betriebsrätegesetzes eingeschlagen[20]. Ziel dieser Regelungen war einerseits der Erhalt des Arbeitsplatzes für den Arbeitnehmer und andererseits die Bindung des Arbeitnehmers an den Betrieb, um stabile Sozialverhältnisse zu fördern[21].

---

14 Vgl. Bowers, Employment Law, S. 241; Deakin/Morris, S. 387.

15 Vgl. Sec. 94 ERA 1996.

16 Vgl. Freedland, ZIAS 1991, 440, (442).

17 Vgl. Heberer, ZfRV 2002, 57, (58).

18 Vgl. Stein / von Pappenheim, S. 56.

19 Vgl. Deakin/Morris, S. 535; Collins, S. 272; Rebhahn, RdA 2002, 272, (280).

20 Vgl. KSchR/Kittner, Einleitung, N 951. Auch mit der Demobilmachungs-VO und der StilllegungsVO wurden etwa zeitgleich einzelne materielle Vorschriften über den Kündigungsschutz eingeführt. Die Grundgedanken dieser Regelungen spielen teilweise bis zur heutigen Zeit eine Rolle im Kündigungsschutz; vgl. APS/Preis, A, N 7.

21 Vgl. KR/Etzel, § 1 KSchG, N 3.

In der Zeit des Nationalsozialismus erfuhren die den Arbeitnehmer schützenden Gesetze insofern eine Einschränkung, als unbestimmte Rechtsbegriffe des Kündigungsschutzes nach nationalsozialistischer Anschauung ausgelegt und missbraucht wurden[22]. Der Kündigungsschutz wurde in dieser Zeit verstärkt individualrechtlich gestaltet, um die zuvor in der Weimarer Republik legitimierte Macht der Betriebsräte einzuschränken[23]. Grundlegend für diese Änderungen war das Gesetz zur Ordnung der nationalen Arbeit aus dem Jahre 1934. Insbesondere das Führerprinzip wurde auf den Betrieb übertragen[24].

In den ersten Jahren nach dem zweiten Weltkrieg entwickelten sich in den einzelnen Besatzungszonen unterschiedliche Übergangsregelungen. Erst das KSchG von 1951[25] beseitigte die durch diese Rechtszersplitterung entstandene Rechtsunsicherheit durch eine umfassende Regelung des Kündigungsschutzes. Zum ersten Mal wurde hier der Begrifft der „sozial ungerechtfertigten" Kündigung in das deutsche Recht eingeführt[26]. Das KSchG 1951 ist ein Meilenstein der Entwicklung des deutschen Arbeitsrechts, da der allgemeine Kündigungsschutz erstmalig auf der Grundlage der sozialen Marktwirtschaft konstituiert wurde[27]. Bis in die Gegenwart bildet das KSchG das Kernstück des deutschen Kündigungsschutzrechts[28].

---

22 Rechtsbegriffe wie „Treu und Glauben", „gute Sitten", „wichtiger Grund", „Zumutbarkeit", „unbillige Härte" und weitere Generalklauseln des Arbeitsrechts wurden nach nationalsozialistischer Anschauung ausgelegt. Vgl. LAG Düsseldorf 20.11.1933, ARS 19, 211; RAG 28.10.1933, ARS 19, 207; RAG 25.11.1933, ARS 19, 214/216; LAG Frankfurt 05.03.1935, ARS 24, 26.

23 Vgl. APS/Preis, A, N 14.

24 Vgl. Preis, Arbeitsrecht, S. 12.

25 Vgl. BGBl. I, 499.

26 Vgl. APS/Dörner, § 1 KSchG, N 58.

27 Vgl. APS/Preis, A, N 17.

28 Vgl. KSchR/Kittner, § 1 KSchG, N 1.

Der Gesetzgeber hat durch die Verabschiedung des KSchG 1951 eine prinzipielle Kündigungsbeschränkung eingeführt[29] und zwar in Form der nachträglichen Kontrolle der Rechtswirksamkeit[30], was einen repressiven Kündigungsschutz bewirkt. Repressiv ist der Kündigungsschutz insofern, als es von der Einreichung einer Klage abhängt, ob die zunächst ausgesprochene Kündigung vor der Rechtsordnung Bestand hat[31]. Auch ausserhalb des Anwendungsbereichs des KSchG hat die Rechtsprechung in Deutschland schon frühzeitig festgelegt, dass das Prinzip der Kündigungsfreiheit nur sehr eingeschränkt gelte und das Gericht immer den Kündigungsgrund prüfen müsse[32]. In Anbetracht der Tatsache, dass das deutsche Kündigungsschutzrecht wegen seiner vielfach verwendeten, unbestimmten Rechtsbegriffe überwiegend aus Richterrecht besteht[33], müssen bei der gerichtlichen Überprüfung der sozialen Rechtfertigung einer Kündigung allerdings zusätzlich zu den Voraussetzungen des KSchG einige vom BAG entwickelte Grundsätze beachtet werden[34].

3. Schweiz

Die schweizerische Gesetzgebung führte im Vergleich zu den meisten anderen europäischen Staaten die Beschränkungen des Kündigungsrechts im Arbeitsvertragsrecht relativ spät, zurückhaltend und punktuell ein[35].

---

29 Vgl. Preis, S. 52 ff.; APS/Preis, Grundlagen G, N 9.

30 Vgl. Preis, S. 56.

31 Vgl. § 4 KSchG; Stahlhacke/Preis/Vossen, N 594; APS/Ascheid, § 4 KSchG, N 4.

32 Vgl. BAG 30.11.1960 AP Nr.2 zu § 242 BGB; BAGE 24, 438.

33 Vgl. Rüthers, NJW 1998, 1433.

34 Vgl. Brox/Rüthers, S. 156.

35 Vgl. Klett, Schutz, S. 165; Vischer, Arbeitsvertrag, S. 159.

Zwar sah bereits das Fabrikgesetz von 1914[36] vereinzelt einen zeitlichen Kündigungsschutz vor[37]. Ende der vierziger Jahre kam die Diskussion über die Revision des Fabrikgesetzes auf. Es wurde damals der Entwurf zu einem Gesetz ausgearbeitet, der bezüglich des Kündigungsschutzes dem Inhalt des gegenwärtig geltenden Gesetzes sehr nahe kam[38]. Die Umsetzung dieses Entwurfes scheiterte jedoch.

Erst anlässlich der Revision des Arbeitsvertragsrechts von 1971 kam es erstmalig zu zunächst noch sehr eingeschränkten[39] gesetzlichen Kündigungsschutzbestimmungen im OR[40]. Diese wurden durch erneute Revisionen in den Jahren 1988 und 1993 erweitert[41].

Seit dem 1. Januar 1989 existiert in der Schweiz eine umfassendere Regelung der sachlichen Kündigungsbeschränkung[42]. Wie allerdings schon der Bundesrat in der Botschaft von 1988 hervorgehoben hat, sollte auch durch diese Revision der Grundsatz der Kündigungsfreiheit nicht in Frage gestellt werden[43]. Es bedarf nach schweizerischem Recht in der Regel[44] nach wie vor keines besonderen Grundes,

---

36 Infolge des Ausbruchs des ersten Weltkrieges trat das Fabrikgesetz erst 1920 in Kraft.

37 Beispielsweise bei Krankheit und Militärdienst, Art. 3 Fabrikgesetz.

38 Der Entwurf wurde von Oskar A. Germann und Walther Hug 1948 vorgelegt; vgl. Nordmann, S. 11 ff.

39 Die Kündigung konnte beispielsweise ohne Angabe eines Grundes ausgesprochen werden. Als missbräuchlich wurde gemäss Art. 336g OR 1971 lediglich die Kündigung wegen Militärdienstes qualifiziert; vgl. hierzu Humbert, S. 2; Zürcher Kommentar / Staehelin, Art. 336, N 1.

40 Vgl. Geiser, BJM 1994, 169, (170); Klett, Schutz, S. 165; Nordmann, S. 14 ff.

41 Vgl. dazu im einzelnen Humbert, S. 5 ff.; Nordmann, S. 16 ff.; Vischer, Arbeitsvertrag, S. 159.

42 Vgl. Vischer Arbeitsvertrag, S. 159; Zürcher Kommentar / Staehelin, Art. 334 OR, N 1; Art. 336 OR, N 1.

43 Vgl. Botschaft betr. Kündigungsschutz BBl 1984 II 551; AmtlBull NR 1985, 1117; Klett, Schutz, S. 165.

44 Hiervon ausgenommen: Art. 336 Abs. 2b OR.

um wirksam kündigen zu können[45]. Im Gesetz[46] sind jedoch Gründe festgehalten, derentwegen – trotz prinzipiell geltender Kündigungsfreiheit[47] – nicht gekündigt werden darf[48], bzw. die Kündigung als missbräuchlich zu qualifizieren ist. Da die Missbrauchstatbestände im schweizerischen Recht relativ detailliert aufgezählt sind[49], spielt die Ausformung durch die Rechtsprechung, gerade im Vergleich zur Situation in Deutschland, wo der Kündigungsschutz auf generellen Rechtsbegriffen basiert, eine geringere Rolle.

4. *Vergleichende Würdigung*

In allen drei betrachteten Ländern ist im Verlauf des 20. Jahrhunderts das Recht der freien Kündigung rechtlich immer weiter eingeschränkt worden. Am frühesten kam es in Deutschland zu rechtlichen Beschränkungen des freien Kündigungsrechts. Mit zeitlichem Abstand und anderer Struktur folgten England und die Schweiz. Diese zeitliche Abfolge lässt sich damit begründen, dass in England die Gegenwehr gegen eine Kündigung traditionellerweise durch eine direkte gewerkschaftliche Aktion[50] erfolgte. Die individuelle gerichtliche Durchsetzung kündigungsschutzrechtlicher Ansprüche war gemäss dieser englischen Tradition mangels einer entsprechenden Institution bis in die sechziger Jahre nicht möglich, während Deutschland bereits

45 Vgl. Geiser, BJM 1994, 169, (174); Brühwiler, Einzelarbeitsvertrag, S. 329.

46 Vgl. Art. 336 OR.

47 Indem sich die sachlichen Kündigungsbeschränkungen im Verbot der missbräuchlichen Kündigung erschöpfen, bleibt der Grundsatz der Kündigungsfreiheit gewahrt; vgl. Botschaft betr. Kündigungsschutz in BBl 1984 II 586 ff.; Zürcher Kommentar / Staehelin, Art. 336, N 3; Vischer Arbeitsvertrag, S. 159.

48 Vgl. Brühwiler, Einzelarbeitsvertrag, S. 329.

49 Vgl. Art. 336 OR.

50 Beispielsweise Streikandrohung, kollektive Verhandlungen oder Streik.

1926 die Institution des Arbeitsgerichtes eingeführt hatte[51]. Diese frühe Einführung der Arbeitsgerichtsbarkeit wird unter anderem mit dem ersten Weltkrieg begründet, in dessen Folge eine grosse Anzahl von Arbeitnehmern aufgrund ihrer Kriegsverletzungen benachteiligt war und deshalb besseren Schutz zur Verteidigung ihres Arbeitsplatzes benötigte. Im Gegensatz zur englischen Arbeitnehmerseite akzeptierten und unterstützten die deutschen Gewerkschaften die Verrechtlichung der Arbeitsbeziehungen[52].

Das gleiche Phänomen der Solidarität mit den von Kündigung bedrohten Arbeitnehmern zeigt sich somit in Deutschland und England in unterschiedlicher Ausprägung: In England erfolgt eine intensive Gewerkschaftsaktivität mit Streik und Streikandrohung; demgegenüber verwirklicht sich in Deutschland der Solidarisierungsgedanke vermehrt durch das Gesetz.

Dass in der Schweiz die Kündigungsfreiheit vergleichsweise spät eingeschränkt worden ist, hängt mit dem Primat der unternehmerischen Freiheit zusammen, welcher der Einführung des Begriffs des Missbrauchs im Zusammenhang mit der Kündigung entgegen stand[53]. In den sechziger Jahren war das Hauptargument gegen die Einführung von generellen Kündigungsschutzbestimmungen, in der Praxis fehle das entsprechende Bedürfnis und die Einführung solcher Bestimmungen sei deshalb überflüssig oder wenigstens verfrüht[54].

Den drei verglichenen Ländern liegen unterschiedliche Grundzüge der Kündigungsschutzsysteme zugrunde: Einerseits in Deutschland die notwendige soziale Rechtfertigung der Kündigung unter

51 Vgl. Döse-Digenopoulos, S. 7.

52 Vgl. Döse-Digenopoulos, S. 10.

53 Im Jahre 1963 gab es den Vorentwurf einer Expertenkommission zum Dienstvertragrecht. Die Einführung einer umfassenden Regelung des sachlichen Kündigungsschutzes stiess jedoch auf so starken Widerstand, dass sich der Bundesrat gezwungen sah, von der gesetzlichen Umsetzung der Entwürfe abzusehen; vgl. Nordmann, S. 15; Vonplon, S. 65.

54 Vgl. BBl 1967 II, 384 ff.

Aufgabe der Kündigungsfreiheit, andererseits in der Schweiz die Aufzählung von Missbrauchstatbeständen unter Erhaltung der prinzipiellen Kündigungsfreiheit und schliesslich das in England gesetzlich festgelegte Recht des Arbeitnehmers, nicht unfair gekündigt zu werden; das letztere ist wohl in abgeschwächter Form auch eine Abkehr von der Kündigungsfreiheit. In der Schweiz wurde demnach der Weg der Kündigungsfreiheit mit „Verbotsvorbehalt“ eingeschlagen, während in Deutschland und England das Prinzip des Kündigungsverbotes mit Erlaubnisvorbehalt herrscht[55].

Die drei Staaten gehen infolge unterschiedlicher historischer und soziologischer Voraussetzungen verschieden an den Kündigungsschutz heran, wobei sich inhaltliche Verwandtschaften ergeben; dies zeigt sich darin, dass alle schweizerischen Missbrauchstatbestände von den allgemeineren Kündigungsverboten Englands und Deutschlands erfasst sind.

II. Formalien der Kündigung

1. *Inhalt und Form*

a) England

Nach englischem Gesetz ist für die Kündigung keine Form vorgesehen. Die Kündigung kann folglich ausdrücklich oder konkludent erfolgen. Die Kündigungserklärung muss für den Erklärungsempfänger jedoch deutlich und zweifelsfrei wahrzunehmen sein[56].

---

55 Vgl. Troxler, S. 159.

56 Vgl. Davy v. Collins Builders Ltd. [1974] IRLR 324; Tanner v. Kean [1978] IRLR 110; J. & J. Stern v. Simpson [1983] IRLR 52; Martin v. Yeomen Aggregates Ltd. [1983] IRLR 49; Freedland in Chitty on Contracts Vol. II, S. 872.

Gleichzeitig muss das Datum des Endes der Beschäftigung erwähnt werden oder sich zumindest aus der Kündigungserklärung erschliessen lassen[57].

Soweit die Schriftform der Kündigung arbeitsvertraglich vereinbart worden ist, stellt ein Verstoss hiergegen eine Vertragsverletzung dar, der jedoch nicht zur Unwirksamkeit der Kündigung führt[58].

Nach einem Jahr ununterbrochener Beschäftigung kann der Arbeitnehmer nach ausgesprochener Kündigung deren schriftliche Begründung durch den Arbeitgeber verlangen, welche dann innerhalb einer Frist von 14 Tagen abgegeben werden muss[59]. In dieser Begründung sollen alle[60] wirklichen Kündigungsgründe erwähnt werden[61]. Sollte der Arbeitgeber innerhalb der – unter bestimmten Voraussetzungen erstreckbaren – Frist von 14 Tagen[62] die von ihm geltend gemachten Gründe nicht nennen oder ist seine Erklärung unzulänglich, so muss das Gericht auf Antrag[63] des Arbeitnehmers diesem eine Entschädigung in Höhe von zwei Wochengehältern zusprechen[64]. Die Wirksamkeit der Kündigung ist jedoch nicht von der Begründung abhängig.

57 Vgl. Bowers, Employment Law, S. 242.

58 Vgl. Stein / von Pappenheim, S. 59.

59 Vgl. Sec. 92 ERA 1996.

60 Vgl. Horsley Smith and Sherry Ltd. v. Dutton [1977] IRLR 172; Kent CC v. Gilham [1985] IRLR 16; Sec. 92 Abs. 2 ERA 1996.

61 Vgl. Harvard Securities plc. v. Younghusband [1990] IRLR 17.

62 Vgl. einerseits: Daynecourt Insurance Brokers Ltd. v. Iles [1978] IRLR 335, andererseits: Brown v. Stuart Scott & Co. [1981] ICR 166.

63 Dieser Antrag muss innerhalb der Kündigungsfrist oder spätestens drei Monate nach dem effektiven Kündigungsdatum erfolgen.

64 Vgl. Bowers, Employment Law, S. 271; Stein / von Pappenheim, S. 73.

b) *Deutschland*

Nach deutschem Recht bedarf die Kündigung eines Arbeitsverhältnisses der Schriftform[65]. Wie sich aus dem Wortlaut des Gesetzes[66] ergibt, ist die Schriftform konstitutiver Art[67] und gilt für alle Arten der Kündigung[68] für beide Seiten des Arbeitsvertrages (paritätische Ausgestaltung)[69]. Eine Kündigung, die der Kündigende[70] nicht eigenhändig unterschrieben hat, ist nichtig[71]. Eine mündliche Kündigung führt nicht zur Beendigung des Arbeitsverhältnisses[72]. Die Kündigung per Telefax oder in Form einer Fotokopie wird dem Erfordernis der Schriftform[73] nicht gerecht[74]. Auch ist jegliche andere elektronische Form, so z.B. die digitale Signatur, aufgrund der mangelnden Eigenhändigkeit als Ausnahme zu § 126 Abs. 3 BGB im Rahmen des § 623 BGB nicht schriftformgerecht[75].

---

65 § 623 BGB, eingeführt durch das „Gesetz zur Vereinfachung und Beschleunigung des arbeitsgerichtlichen Verfahrens" vom 30.03.2000 (BGBl I, 333) mit Wirkung zum 01.05.2000.

66 Vgl. § 623 BGB „zu ihrer Wirksamkeit".

67 Vgl. Krabbenhöft, DB 2000, 1566; Erfurter Kommentar / Müller-Glöge, § 623 BGB, N 19; APS/Preis, § 623 BGB, N 20; Richardi/Annuß, NJW 2000, 1231.

68 D.h. für die ordentliche und ausserordentliche Kündigung, für die Beendigungskündigung ebenso wie für die Änderungskündigung.

69 Vgl. KR/Spilger, § 623 BGB, N 64; Hromadka/Maschmann, Band I, § 10, N 45.

70 Oder sein Vertreter.

71 Vgl. Hromadka/Maschmann, Band I, § 10, N 45; Erfurter Kommentar / Müller-Glöge, § 623 BGB, N 24.

72 Vgl. Lakies, BB 2000, 667; KR/Spilger, § 623 BGB, N 181.

73 Des § 126 BGB.

74 Vgl. BGH 22.04.1996, NJW-RR 1996, 866; KR/Spilger, § 623 BGB, N 122, 121, 120.

75 Dies ergibt sich aus dem Wortlaut des § 623 2. Halbsatz BGB.

Eine Heilung ist nicht möglich[76]. Bei Missachtung der Schriftform kommt nur die formgerechte Wiederholung der Kündigung mit Wirkung ab deren Zugang in Betracht[77]. Dagegen muss der Kündigungsgrund in der schriftlichen Kündigungserklärung nicht aufgeführt sein[78]. Die Kündigungserklärung ist generell[79] auch ohne Angabe von Gründen wirksam[80].

Eine schriftliche Begründungspflicht besteht nach deutschen Recht jedoch bei ausserordentlicher, d.h. fristloser Kündigung, wobei der Mangel der Begründung nicht die Unwirksamkeit der ausserordentlichen Kündigung zur Folge hat, sondern nur zu Schadenersatzansprüchen[81] führt[82]. Die Begründung soll unverzüglich[83] nach Aufforderung erfolgen, ohne dass eine gesetzliche Frist vorgesehen wäre.

c) Schweiz

Nach schweizerischem Gesetz ist für die Kündigung keine Form vorgeschrieben. Inhaltlich erfordert die Kündigungserklärung – wie in England und Deutschland auch – Klarheit und Bestimmtheit, was bedeutet, dass der Wille des Kündigenden, das Arbeitsverhältnis beenden zu wollen und der Beendigungszeitpunkt hinreichend klar und

---

76 Vgl. § 125 Satz 1 BGB.

77 Vgl. Erfurter Kommentar / Müller-Glöge, § 623 BGB, N 24.

78 Allg. Ansicht, vgl. APS/Preis, § 623 BGB, N 28; Erfurter Kommentar / Müller-Glöge, § 623 BGB, N 26 m.w.N.

79 Anderes gilt für das Berufsausbildungsverhältnis, § 15 Abs. 3 BBiG und die Kündigung einer Schwangeren, § 9 Abs. 2 Satz 3 MuSchG.

80 Vgl. BAG 15.12.1955, AP Nr. 1 zu § 67 HGB; BAG 30.01.1963, AP Nr. 50 zu § 626 BGB.

81 Nach §§ 280 Abs. 2, 286 BGB.

82 Vgl. Löwisch Arbeitsrecht, § 24, N 1239; Erfurter Kommentar / Müller-Glöge, § 626 BGB, N 298.

83 Gemäss § 626 Abs. 2 Satz 3 BGB.

unmissverständlich sein müssen[84]. Die Kündigung kann also auch durch eindeutiges, konkludentes Verhalten zum Ausdruck gebracht werden[85]. Möglich ist auch ein Anschlag am „schwarzen Brett“[86]. Hierbei muss jedoch beachtet werden, dass die Kündigung dann gegenüber erkrankten oder beurlaubten Arbeitnehmern keine Wirksamkeit erlangt[87].

Die Kündigung bedarf nur dann einer besonderen Form[88], wenn eine solche durch Abrede, Normal- oder Gesamtarbeitsvertrag vorgeschrieben wird[89]. Immerhin 17% aller Gesamtarbeitsverträge verlangen die Schriftlichkeit der Kündigung[90]. Eine solcherart vereinbarte Kündigungsform ist im Zweifel in analoger Anwendung des Art. 16 Abs. 1 OR ein Gültigkeitserfordernis und erfüllt nicht lediglich Beweisfunktion[91].

Wie in England gibt es auch in der Schweiz eine gesetzlich festgelegte Pflicht zur schriftlichen Begründung der Kündigung[92]. Im Unterschied zu der in England geltenden Regelung[93] setzt die

84 Vgl. KGer Zug 26.01.1987, JAR 1988, 206 (212); Zürcher Kommentar / Staehelin, Art. 335, N 4.

85 Ausnahmsweise ist nach einer zweijährigen Freistellung von einer Kündigung auszugehen, selbst wenn diese weder ausdrücklich noch schriftlich erfolgte; vgl. zum Ganzen: OR/Rehbinder, Art. 335, N 2; Nordmann, S. 28.

86 Vgl. BGE 47 II 296 ff.; Zürcher Kommentar / Staehelin, Art. 335 OR, N 9.

87 Entscheidend ist allein die tatsächliche Möglichkeit der Kenntnisnahme; Rehbinder, Arbeitsrecht, S. 149.

88 Beispielsweise der Schriftform mit der Unterschrift des Kündigenden (Art. 13 Abs. 1 OR).

89 Vgl. Streiff / von Kaenel, Art. 335 OR, N 8; Zürcher Kommentar / Staehelin, Art. 335 OR, N 9.

90 Vgl. Stöckli, Gesamtarbeitsvertrag, S. 152.

91 Vgl. Zürcher Kommentar / Staehelin, Art. 335 OR, N 9; Brunner/Bühler/Waeber, Art. 335 OR, N 8; Nordmann, S. 29.

92 Bei der ordentlichen Kündigung: Art. 335 Abs. 2 OR; bei der fristlosen Kündigung: Art. 337 Abs. 1 Satz 2 OR.

93 Vgl. Sec. 92 ERA 1996.

Begründungspflicht des schweizerischen Rechts jedoch keine Mindestbeschäftigungsdauer voraus. Die Verletzung der Begründungspflicht hat[94] keine Auswirkungen auf die Wirksamkeit der Kündigung. Es handelt sich um eine reine Ordnungsvorschrift, die vom Richter lediglich bei der Auferlegung der Prozesskosten und im Rahmen der Beweiswürdigung beachtet werden darf[95].

d) Vergleichende Würdigung

Formvorschrift und Begründungspflicht haben in allen drei betrachteten Rechtsordnungen beim Kündigungsschutz die drei hiernach behandelten Funktionen: Schutz des Kündigenden vor Übereilung, Wahrung der Würde des Kündigungsempfängers und erweiterte Klarstellung im Rahmen der Kündigungssituation.

(1) Übereilungsschutz

Das Schriftformerfordernis[96] soll den Kündigenden vor Übereilung schützen[97]. Die Pflicht zur Begründung der Kündigung[98] dient dem gleichen Zweck und soll den Arbeitgeber dazu bringen, nur aus Gründen der betriebswirtschaftlichen Rationalität zu kündigen. Er soll gezwungen werden, die Kündigungsgründe nochmals genau zu überdenken und zu formulieren.

---

94 Wie im englischen und deutschen Recht.

95 Vgl. BGE 121 III 60; Rehbinder, Arbeitsrecht, S. 150.

96 Das von den drei verglichenen Ländern nur in Deutschland im Rahmen einer Kündigung konstitutiv ist.

97 Vgl. KR/Spilger, § 623 BGB, N 17,18; Erfurter Kommentar / Müller-Glöge, § 623 BGB, N 3; nicht zu unterschätzen sind jedoch auch die weiteren Ziele des Formerfordernisses: Stärkung der Rechtssicherheit und Entlastung der Gerichte.

98 Die in der Schweiz und England generell, in Deutschland nur im Rahmen der ausserordentlichen Kündigung besteht.

Im Hinblick darauf, dass der Anspruch auf Begründung erst dann entsteht, wenn der Arbeitgeber eine solche nicht bereits mit der Kündigung gegeben hat, ist der tatsächliche Übereilungsschutz einer nachträglichen Begründung fragwürdig. Dennoch wird der Arbeitgeber durch die Begründungspflicht vom Gesetzgeber dazu angehalten, die Rationalität der Kündigung zu überdenken. Die Schriftform schützt den Arbeitgeber wohl besser als die Begründungspflicht vor Übereilung, da die unverzichtbare Schriftlichkeit eine in emotionaler, kurzfristiger Erregung ausgesprochene Kündigung zu verhindern vermag[99]. Bei Verletzung der Begründungspflicht ist die Kündigung im Gegensatz dazu trotzdem wirksam.

(2) Wahrung der Würde

Schriftform und Begründungspflicht haben im Zusammenhang mit der Kündigung auch den Zweck, die Würde des Gekündigten zu wahren. Das Schriftformerfordernis trägt insofern zur Wahrung der Würde des Gekündigten bei, als spontane Kündigungen nicht mehr die Regel sind und das Recht und die Möglichkeit der Parteien, ein Dauerschuldverhältnis zu kündigen, eingeschränkt wird. Die Kündigung ist in geringerem Mass von Launen des Kündigenden abhängig, was einem respektvolleren Umgang mit dem Gekündigten gleich kommt.

Auch die Begründungspflicht verstärkt die Wahrung der Würde des Gekündigten, da der Kündigende zumindest die Gründe mitzuteilen hat, warum eine (Arbeits-)Beziehung gelöst wird. Es gehört heute zu den elementaren Grundsätzen menschlichen und wirtschaftlichen Zusammenlebens, dass wenigstens durch Begründung die Würde des Betroffenen gewahrt wird, wenn ein weiteres Zusammenwirken von der anderen Partei nicht mehr gewünscht wird[100].

---

99 Eine nicht der Schriftform entsprechende Kündigung ist gemäss § 623 BGB nach deutschem Recht unwirksam.

100 Vgl. StenBull StR 1987, 338; Humbert, S. 54.

Wenn man die Abnahme von Willkür des Kündigenden als Fortschritt in der Wahrung der Würde des Gekündigten definiert, so bedeutet die Begründungspflicht der Kündigung einen solchen Fortschritt.

Insofern erfüllen das Schriftformerfordernis und die Begründungspflicht beide das Bedürfnis, die Würde des Gekündigten zu wahren, wobei das Schriftformerfordernis zeitlich ein wenig früher ansetzt, die angestrebte Funktion dadurch jedoch nicht schlechter erfüllt.

(3) Klarstellung

Die schriftliche Begründung der Kündigung erleichtert es in der englischen und der schweizerischen Rechtsordnung dem Gekündigten zu ersehen, ob die Kündigung auf einem missbräuchlichen[101] oder unfairen[102] Grund beruht. Dies ist wiederum sehr hilfreich für die Abschätzung der Prozesschancen des Gekündigten. Auch ist nach schriftlicher Bekanntgabe der Kündigungsgründe die Geltendmachung weiterer Gründe im Prozess nur noch beschränkt möglich[103].

Umgekehrt gilt, dass die Kündigung, die zwar – wie nach deutschem Recht zwingend – schriftlich erfolgt ist, die Kündigungsgründe aber nicht offen legt, die Abschätzung des Prozessrisikos für den Gekündigten nicht erleichtert. Jedoch erfüllt auch das Schriftformerfordernis der Kündigung[104] eine Klarstellungsfunktion bezüglich der Kündigung selbst sowie des Zeitpunkts ihrer Abgabe und des Eintritts ihrer Wirkung.

101 Im schweizerischen Recht, Art. 336 OR.

102 Im englischen Recht, Sec. 94 ff. ERA 1996.

103 Das BGer lässt ein Nachschieben von Gründen nur in Ausnahmen zu. Bei einer ausserordentlichen Kündigung ist ein Nachschieben von Gründen, die zeitlich vor dem Zugang der Kündigungserklärung gelegen haben, möglich; vgl. BGE 124 III 25.

104 Wie jede andere Formvorschrift auch.

Die Klarstellungsfunktion der Begründungspflicht geht weiter als diejenige des Schriftformerfordernisses, wobei angemerkt werden muss, dass nach deutschem Kündigungsschutzrecht arbeitgeberseitig grundsätzlich[105] nur aus drei ausgewählten Gründen gekündigt werden kann[106], deren Vorliegen durch den Arbeitgeber vor Gericht bewiesen werden muss[107], so dass die Angabe des Grundes in der Kündigungserklärung nicht zwingend notwendig erscheint, um die erforderliche Klarheit zu erlangen.

Die Funktionen der Vorschrift der Schriftform und der Pflicht zur Begründung der Kündigung sind in den einzelnen Ländern unterschiedlich ausgestaltet und gewichtet worden, wobei dennoch die gleichen Bedürfnisse befriedigt werden sollen.

2. *Verfahrensvorschriften*

a) *England*

Das geschriebene Recht Englands kennt im Kündigungsverfahren nur einzelne ausdrückliche und zwingende Verfahrensvorschriften, die sich in der grossen Mehrheit auf Massenentlassungen beschränken.

Ein Äquivalent dazu stellt in gewissem Masse die formale Seite des aus dem Kern des englischen Sozialcodex stammenden Begriffs der Fairness dar, der sowohl in die englische Rechtsprechung als auch in die arbeitsrechtlichen Gesetzestexte[108] Eingang gefunden hat[109]. Der Arbeitgeber hat sich demnach generell bei der Durchfüh-

---

105 Unter der Voraussetzung, dass das KSchG anwendbar ist.

106 Personenbedingt, verhaltensbedingt oder betriebsbedingt; vgl. § 1Abs. 1 i.V.m. Abs. 2 KSchG.

107 Vgl. hierzu unten: B, III, 2, b, (1).

108 Vgl. z.B. Sec. 98 Abs. 4–6 ERA 1996.

109 Vgl. Bone/Suff, S. 138.

rung einer Kündigung fair zu verhalten[110]. Die aus diesem Grundsatz entwickelten Verfahrensschritte im Rahmen einer Kündigung gehören von ihrer Funktion her zu den materiellen Kriterien einer Kündigung und werden deshalb dort behandelt[111].

(1) Betriebliche Vertretung der Arbeitnehmerinteressen

Die betriebliche Interessenvertretung in Form der Mitbestimmung der Arbeitnehmer ist in England generell durch Gesetz nur teilweise geregelt, weshalb im Speziellen auch die einzuhaltenden Verfahrensvorschriften betreffend Konsultierung der Arbeitnehmervertretung bei Kündigungen uneinheitlich geregelt sind. Die mangelnde gesetzliche Institutionalisierung der betrieblichen Mitbestimmung in England ist vor allem auf die traditionelle Ablehnung vorgeschriebener betrieblicher Vertretungsorgane zurückzuführen[112]. Nur für die durch EG-Recht geregelten Sachverhalte, wie zum Beispiel Betriebsübergänge oder betriebsbedingte Kündigungen ab einer bestimmten Anzahl der Entlassenen, ist die Beteiligung von Arbeitnehmervertretern gesetzlich vorgeschrieben[113]. Im Übrigen werden die Arbeitnehmerinteressen (auch) innerbetrieblich durch eine Gewerkschaft vertreten, deren Aufgaben und Stellungen kollektivvertraglich geregelt werden[114]

110 Vgl. Sec. 98 Abs. 4–6 ERA 1996; Haddon v. Van Den Bergh Ltd. [1999] IRLR 672.

111 Vgl. unten: B, III, 2, a.

112 Vgl. Deinert, ZfA 1999, 361, (391); Sandmann, S. 55.

113 Vgl. Mozet, ZEuP 1998, 300; Sandmann, S. 60.

114 Vgl. Lange, Die betrieblichen Arbeitsbeziehungen, S. 90 ff.; Deinert, ZfA 1999, 361, (392). In England herrscht ein monistisches System der Interessenvertretung, was im Gegensatz zur dualistischen Interessensvertretung (Betriebsrat und Gewerkschaft) steht, die z.B. in Deutschland vorherrscht.

(2) Massenentlassungen

Wegen der gravierenden Belastung des Arbeitsmarktes durch Massenentlassungen ist durch Umsetzung der EG-Richtlinie 75/129/EWG[115] auch in England gesetzlich detailliert festgelegt worden, welchen Konsultationspflichten der Arbeitgeber in welchem Zeitraum nachkommen muss. In Anbetracht der Wichtigkeit dieser gesetzlichen Regelung werden die einschlägigen durch den Arbeitgeber einzuhaltenden Verfahrensvorschriften und Konsultationspflichten hier in einem gesonderten Unterkapitel behandelt.

Das englische Gesetz verwendet das Wort Massenentlassungen nicht, kennt aber den Begriff, wie dies aus der Verschärfung der Verfahrensvorschriften bei Entlassungen von mehr als 20 Arbeitnehmern innerhalb von 90 Tagen hervorgeht[116]. Denn bei solchen Entlassungen muss der Arbeitgeber die von ihm anerkannte Gewerkschaft[117] informieren und konsultieren[118], wobei eine Gewerkschaft gegenüber jedem Unternehmen mit mindestens 21 Arbeitnehmern ihre Anerkennung als Vertretung der Arbeitnehmerinteressen dann erzwingen kann, wenn die Mehrheit der Arbeitnehmer sich in diesem Sinne ausspricht[119].

Die Konsultation muss der ersten Kündigung um mindestens 30 Tage vorausgehen[120]. Hält sich der Arbeitgeber nicht an seine Kon-

115 Die Massenentlassungsrichtlinie 75/129/EWG ist zusammen mit der Richtlinie 92/56/EWG in der konsolidierenden Massenentlassungsrichtlinie 98/59/EG vom 10.07.1998 aufgegangen.

116 Vgl. Sec. 188 TULR(C)A 1992; Stein/ von Pappenheim, S. 81.

117 Oder diejenige Gewerkschaft, die gewisse Arbeitnehmer vertritt, bzw. die Arbeitnehmer selbst.

118 Vgl. Sec. 188 TULR(C)A 1992.

119 Vgl. Schedule A1 TULR(C)A 1992, eingeführt durch den Employment Relations Act 1999.

120 30 Tage, wenn zwischen 30 und 99 Arbeitnehmer entlassen werden; 90 Tage, wenn 100 oder mehr Arbeitnehmer entlassen werden; Sec. 188, 1A TULR(C)A 1992.

sultationspflichten, so ist die Kündigung dennoch wirksam. Das Gericht kann jedoch dann den betroffenen Arbeitnehmern auf Antrag der Gewerkschaft[121] eine sog. schützende Entschädigung (protective award) zusprechen[122]. Die Einhaltung des Konsultationsverfahrens durch den Arbeitgeber entbindet ihn jedoch nicht von der Pflicht zur Fairness im Kündigungsverfahren gegenüber jedem einzelnen Arbeitnehmer[123].

Darüber hinaus besteht die Pflicht des Arbeitgebers, bei Massenentlassungen im oben erwähnten Sinne die staatliche Verwaltung zu informieren[124]. Die Unterlassung dieser Information der staatlichen Verwaltung ist gemäss Sec. 194 iVm 193 TULR(C)A 1992 strafbar.

Weitere Verfahrensvorschriften müssen nach englischem Recht im Rahmen einer Kündigung nicht beachtet werden.

b) *Deutschland*

Im deutschen Recht ist die Kündigung durch den Arbeitgeber mittels einiger gesetzlicher Verfahrensbestimmungen erschwert. In den meisten Fällen führt die Missachtung dieser Vorschriften zur Unwirksamkeit der Kündigung[125].

---

121 Der einzelne Arbeitnehmer ist nicht klagebefugt.

122 Vgl. Sec. 189 TULR(C)A 1992.

123 Vgl. Stein / von Pappenheim, S. 81.

124 Vgl. Jefferson, Principles, S. 290; Bowers, Employment Law, S. 373.

125 So z.B. im Falle der Missachtung des § 102 Abs. 1 BetrVG oder § 17 KSchG.

(1) Betriebliche Vertretung der Arbeitnehmerinteressen

Nach deutschem Recht ist vor jeder Kündigung der Betriebsrat – soweit vorhanden – durch den Arbeitgeber anzuhören[126]. Anhörung bedeutet mehr als Information, jedoch weniger als Beratung[127]. Der Arbeitgeber ist verpflichtet, etwaige Bedenken des Betriebsrates, die dieser rechtzeitig[128] vorträgt, zur Kenntnis zu nehmen, auf sie einzugehen, sie zu erwägen, auf ihre Begründetheit zu überprüfen und ernsthaft in seine Kündigungsüberlegungen einzubeziehen[129]. Eine ohne Anhörung der vorhandenen Betriebsvertretung ausgesprochene Kündigung ist schlechthin unwirksam[130]. § 102 Abs. 1 BetrVG gewährt insofern „Kündigungsschutz durch Verfahren"[131].

(2) Massenentlassungen

Trotz der grossen sozialen Bedeutung von Massenentlassungen ist dieses Wort dem KSchG – wie auch dem englischen Gesetz – unbekannt[132]; auch die Regelungen der Massenentlassungen im deutschen KSchG[133] entstammen in ihrer jetzigen Form der Richtlinie

126 Im Sinne des § 102 BetrVG, bzw. entsprechend § 79 BPersVG oder § 31 SprAuG.

127 Vgl. Stahlhacke/Preis/Vossen, N 379/380.

128 Innerhalb einer gesetzlich bestimmten Frist: Eine Woche bei ordentlicher Kündigung (§ 102 Abs. 2 Satz 1 BetrVG), drei Tage bei ausserordentlicher Kündigung (§ 102 Abs. 2 Satz 3). Für die Frage, ob eine Kündigung vor Ablauf der Frist ausgesprochen worden ist, kommt es darauf an, wann sie den Machtbereich des Arbeitgebers verlassen hat; vgl. BAGE 27, 331, 335; NZA 89, 755.

129 Vgl. DLW/Dörner, D, N 185; BAGE 27, 209; EZA BetrVG 1972 § 102 Nr. 28.

130 Vgl. ArbR-Handbuch/Schaub, § 133, N 1, 2; DLW/Dörner, D, N 182.

131 Vgl. Berkowsky, Betriebsbedingte Kündigung, S. 426.

132 Vgl. Berkowsky, Betriebsbedingte Kündigung, S. 313.

133 Vgl. §§ 17 bis 22 KSchG.

75/129/EWG[134]. Daher sind die deutschen Regelungen den englischen Regelungen sehr ähnlich.

Die Konsultations- und Anzeigepflicht des Arbeitgebers entsteht nach deutschem Recht bei Entlassungen von mehr als fünf Personen in einem Zeitraum von 30 Tagen. Im Unterschied zum englischen Recht ist die Mindestzahl der Personen gleichzeitig noch von der Betriebsgrösse abhängig[135].

Auch hat sich der Arbeitgeber bei Massenentlassungen mit der Arbeitnehmervertretung, dem Betriebsrat, zu beraten[136] und ein Anzeigeverfahren gegenüber dem Arbeitsamt durchzuführen[137]. Die Unterrichtung des Betriebsrats muss schriftlich im Sinne des § 126 BGB[138] erfolgen, worauf dieser eine schriftliche Stellungnahme

---

134 Diese wurde durch die Richtlinien 52/56 EWG und 98/59 EG aktualisiert.

135 Vgl. § 17 Abs. 1 Satz 1 KSchG: Eine Massenentlassung liegt vor, wenn
- in Betrieben mit in der Regel mehr als 20 und weniger als 60 Arbeitnehmern mehr als fünf Arbeitnehmer,
- in Betrieben mit in der Regel mindestens 60 und weniger als 500 Arbeitnehmern 10 Prozent der im Betrieb regelmässig beschäftigten Arbeitnehmer oder aber mehr als 25 Arbeitnehmer und schliesslich
- in Betrieben mit in der Regel mindestens 500 Arbeitnehmern mindestens 30 Arbeitnehmer

innerhalb von 30 Kalendertagen entlassen werden.

136 Vgl. Opolny, NZA 1999, 791 (794).

137 Gesetzlich zwingend vorgeschriebene Angaben sind hierbei: Name des Arbeitgebers, Sitz und Art des Betriebes, Zahl der in der Regel beschäftigten Arbeitnehmer, Zahl der zu entlassenden Arbeitnehmer, die Gründe der Entlassungen, der Zeitraum, in dem die Entlassungen vorgenommen werden und die vorgesehenen Kriterien für die Auswahl der zu entlassenden Arbeitnehmer (§ 17 Abs. 3 Satz 4 KSchG). Gesetzlich empfohlen sind weiterhin die Angaben über Geschlecht, Alter, Beruf und Staatsangehörigkeit der zu entlassenden Arbeitnehmer (§ 17 Abs. 3 Satz 5 KSchG).

138 Sie muss also vom Arbeitgeber oder seinem bevollmächtigten Vertreter eigenhändig unterzeichnet sein.

zu den geplanten Entlassungen abzugeben hat. Ein Duplikat dieser Stellungnahme muss der Arbeitgeber, soweit diese vorliegt[139], dem Arbeitsamt zukommen lassen[140].

Unmittelbare gesetzliche Konsequenz einer unterbliebenen oder unwirksamen Anzeige ist die Unwirksamkeit der Entlassungen[141]. Somit ist die Sanktion bei Verletzung der Konsultationspflicht mit der Arbeitnehmervertretung nach deutschem Recht mit der Sanktion bei nicht ordnungsgemässer Anzeige bei der Arbeitsverwaltung verbunden, bzw. die Anzeige bei der Arbeitsverwaltung ist nicht ordnungsgemäss, wenn der Nachweis der Anhörung des Betriebsrats nicht mitgeliefert wird. Die Einhaltung beider Verpflichtungen ist notwendige Bedingung für die Wirksamkeit der Kündigungen. Jedoch liegt es am Arbeitnehmer, die Unwirksamkeit der Kündigung wegen fehlender Anzeige geltend zu machen[142].

(3) Sonstige Verfahrensvorschriften

Nach deutschem Recht ist die Kündigung besonders schutzbedürftiger Personen mit zusätzlichen Verfahrensvorschriften erschwert. Es geht hier nicht um die Darstellung des Systems des deutschen Sonderkündigungsschutzes, sondern lediglich um eine kurze, vervollständigende Beschreibung der Verfahrensvorschriften.

139 Die Pflicht der Zustellung eines Duplikats der Stellungnahme des Betriebsrates an das Arbeitsamt entfällt, wenn in dem betreffenden Betrieb entweder kein Betriebsrat besteht oder der Betriebsrat keine Stellungnahme abgegeben hat; solche Tatsachen hat der Arbeitgeber gegenüber dem Arbeitsamt glaubhaft zu machen.

140 Vgl. KSchR/Kittner, § 17, N 48; Busemann/Schäfer, S. 459.

141 Vgl. BAG 10.03.1982, BAGE 38, 106.

142 Vgl. Berkowsky, S. 337.

Teilweise sind diese Vorschriften Wirksamkeitsvoraussetzungen, weil das deutsche Kündigungsschutzsystem als Folge einer mangelhaften Kündigung lediglich deren Unwirksamkeit oder Nichtigkeit kennt, nicht aber die blosse Schadensersatzpflicht des Arbeitgebers als Folge mangelhafter Kündigung.

(a) Zustimmung des Integrationsamtes

Die Kündigung eines schwer behinderten Arbeitnehmers durch den Arbeitgeber bedarf nach deutschem Recht der vorherigen Zustimmung durch das Integrationsamt[143]. Dies gilt auch für den Fall, dass der Arbeitgeber von der Schwerbehinderung des Arbeitnehmers keine Kenntnis hat[144]. Kündigt der Arbeitgeber ohne die erforderliche Zustimmung, so ist die Kündigung von vornherein nichtig[145].

(b) Behördliche Zustimmung nach § 9 Abs. 3 MuSchG

Grundsätzlich kann nach deutschem Recht das Arbeitsverhältnis einer Schwangeren nicht wirksam gekündigt werden[146]. Von diesem Grundsatz gibt es jedoch gemäss § 9 Abs. 3 MuSchG eine Ausnahme bei Einhaltung eines besonderen Verfahrens. Hiernach kann die zuständige Behörde auf formlosen[147] Antrag des Arbeitgebers ausnahmsweise die Kündigung gegenüber einer Schwangeren zulassen, wenn der besondere Fall der Zumutbarkeit vorliegt[148]. Wird die durch

143 § 85 ff. SBG IX.

144 Vgl. APS/Vossen, § 15, N 12 ff.; Backmeister/Trittin/Mayer, § 85 SGB IX, N 9.

145 Nach 134 BGB; vgl. BAG 15.12.1988, NZA 1989, 554.

146 Die Kündigung ist gemäss § 9 MuSchG bis vier Monate nach der Entbindung unzulässig.

147 Vgl. Busemann/Schäfer, S. 442; KR/Etzel, § 9 MuSchG, N 103, 110.

148 Ein besonderer Fall liegt vor, wenn der Schwangeren die materiellen und immateriellen Belastungen der Kündigung in der Schutzfrist zugemutet werden können; vgl. BVerwG 18.08.1977, AP Nr. 5 zu § 9 MuSchG 1968.

den Arbeitgeber beantragte Kündigung durch die zuständige Behörde für zulässig erklärt, so muss der Arbeitgeber die Kündigung unverzüglich nach der Zustellung des zustimmenden Bescheides erklären[149]. Die Kündigung muss schriftlich und unter Angabe des Kündigungsgrundes erfolgen[150]. Eine unter Missachtung dieser Kriterien ausgesprochene Kündigung[151] ist gemäss § 125 BGB i.V.m. § 9 Abs. 3 Satz 2 MuSchG nichtig.

c) Schweiz

Wie auch im englischen Recht, existieren nach schweizerischem Recht nur vereinzelte gesetzlich vorgesehene Kündigungsverfahrensvorschriften.

(1) Betriebliche Vertretung der Arbeitnehmerinteressen

Die schweizerische betriebliche Interessenvertretung, die Betriebskommission, ist im Vergleich zu den anderen europäischen Ländern schwach ausgebildet[152]. Eine Verfassungsinitiative zur gesetzlichen Regelung der Mitwirkung durch Arbeitnehmer im Betrieb scheiterte im Jahr 1976[153]. 1993 wurde im Zuge der Angleichung an das Europarecht das sog. Mitwirkungsgesetz eingeführt, welches jedoch als Rahmengesetz ausgestaltet ist und nach dem Willen des Gesetzgebers den Betriebsparteien weite Spielräume lässt[154]. Die gesetzlichen Regelungen zur Mitwirkung der Arbeitnehmer im Betrieb beschränken

149 Vgl. BAG 11.09.1979, EzA § 9 MuSchG 1968 Nr. 8.

150 Vgl. § 9 Abs. 3 Satz 2 MuSchG.

151 Die an sich lediglich als Ausnahmetatbestand zu § 9 Abs. 1 MuSchG in Verbindung mit einer behördlichen Genehmigung möglich ist.

152 Vgl. Handbuch der Arbeitsbeziehungen / Kotthoff, S. 86.

153 Vgl. Stöckli, RdA 2001, Sonderbeilage zu Heft 5, 5.

154 Vgl. Botschaft II des Bundesrates über die Anpassung des Bundesrechtes an das EWR-Recht 1992, S. 118.

sich im Wesentlichen auf die europäischen Mindesterfordernisse[155]. Gesetzlich ist dem Arbeitgeber bei einer einzelnen Kündigung kein bestimmtes Verfahren vorgeschrieben, durch welches eine Arbeitnehmervertretung einbezogen würde.

(2) Massenentlassungen

Wegen ihrer gravierenden arbeitsmarkt- und sozialpolitischen Bedeutung hat auch nach schweizerischem Recht der Arbeitgeber bei Massenentlassungen besondere Verfahrensvorschriften einzuhalten, insbesondere muss er einerseits die Arbeitnehmer[156], bzw. deren Vertretung[157] konsultieren und andererseits muss er die Massenentlassung dem Arbeitsamt mitteilen[158].

Diese Vorschriften orientieren sich, wie in England und Deutschland, im Wesentlichen an der Richtlinie 75/129 EWG[159]. Eine Massenentlassung im Sinne des OR liegt vor, wenn mindestens 10 Arbeitnehmer in Betrieben mit in der Regel mehr als 20 und weniger als 100 beschäftigten Arbeitnehmern gekündigt werden, wenn in Betrieben mit mindestens 100 und weniger als 300 Beschäftigten 10%, oder in Betrieben mit mehr als 299 Beschäftigten mindestens 30 Arbeitnehmer gekündigt werden[160].

---

155 Bei dieser Nachvollziehung stehen vor allem Regelungen zur Mitwirkung im Bereich der Massenentlassungen, Betriebsübergang und Gesundheitsschutz im Mittelpunkt; vgl. Stöckli, RdA 2001, Sonderbeilage zu Heft 5, 5, 12.

156 Vgl. BBl 1992 V, 410; OR/Rehbinder, Art. 335f OR, N 1; Vischer, Arbeitsvertrag, S. 65.

157 Ein Anspruch auf eine Arbeitnehmervertretung besteht gemäss Art. 3 MitwirkungsG erst ab einer Betriebsgrösse von mindestens 50 Arbeitnehmern.

158 Vgl. Art. 335f OR i.V.m 335d OR bzw. Art. 335g OR; in der schriftlichen Anzeige gegenüber dem Arbeitsamt müssen die Angaben, die bereits gegenüber den Arbeitnehmern gemacht worden sind sowie das Ergebnis der Konsultation enthalten sein.

159 Vgl. Meyer, S. 5; Geiser, Massenentlassungen, S. 86.

160 Vgl. Art. 335d OR.

Das Gesetz sieht für den Fall der Verletzung der Verfahrensvorschriften zwei von einander unabhängige Sanktionen vor. Wird das Verfahren gegenüber den Arbeitnehmern bzw. ihrer Vertretung nicht eingehalten, so ist die Kündigung im Sinne des Art. 336 OR missbräuchlich[161] und führt zu einer Entschädigungspflicht des Arbeitgebers, welche jedoch auf zwei Monatsgehälter beschränkt ist[162]. Andererseits bleibt das Arbeitverhältnis bis 30 Tage nach der Anzeige an das Arbeitsamt bestehen, so dass bei Verletzung der Anzeigepflicht gegenüber dem Arbeitsamt das Arbeitsverhältnis weiter besteht[163]. Die Unterlassung der Anzeige kann überdies verwaltungsstrafrechtliche Folgen haben[164].

d) *Vergleichende Würdigung*

Verbindliche verfahrensrechtliche Vorschriften können Kündigungen nicht verhindern, sie können die Kündigungen aber entscheidend verzögern[165].

(1) Massenentlassungen

In allen verglichenen Ländern sind aufgrund der Umsetzung beziehungsweise aufgrund der Orientierung an einer EG-Richtlinie gesetzliche Verfahrensbestimmungen bei Massenentlassungen erlassen worden, da solche einschneidende Wirkungen auf ganze Regionen haben können. Ausserdem gebietet auch der Respekt vor jedem

---

161 Vgl. Art. 336 Abs. 2 c OR.

162 Vgl. Art. 336a Abs. 3 OR.

163 Vgl. Art. 335f Abs. 4 OR.

164 Vgl. Art. 29 Abs. 1 i.V.m. Art. 39 Abs. 2 b AVG.

165 Vgl. Senti, S. 13.

einzelnen Arbeitnehmer im Falle einer Kündigung, die nichts mit seiner Person zu tun hat, zumindest die Einhaltung von Anzeige- und Konsultationspflichten. Diese Überlegungen liegen auch den einschlägigen EG-Richtlinien zugrunde[166].

(a) Konsultation der Arbeitnehmervertretung

Die obligatorische Konsultation und die Beteiligung der Arbeitnehmervertretung bei Massenentlassungen ist sowohl im englischen als auch im schweizerischen Arbeitsrecht ein Fremdkörper[167]. Dem gegenüber kann die deutsche Regelung bezüglich Entlassung einer grösseren Anzahl von Arbeitnehmern in einem bestimmten Zeitraum vom Ansatz her auf eine ca. 80-jährige Tradition zurückblicken[168]. Im Vordergrund stand bei den ursprünglichen Regelungen zunächst jedoch die Konsultation der Arbeitsverwaltung, die dadurch die Möglichkeit erlangen sollte, sich auf Entlassungswellen vorzubereiten und entsprechende Gegenmassnahmen zu ergreifen[169].

Im Zuge der Umsetzung der EG-Richtlinien zu Massenentlassungen ist auch nach deutschem Recht die obligatorische Konsultierung des Betriebsrates eingeführt worden, was jedoch nicht eine vollkommen neue gesetzliche Situation herbeiführte, da dem allgemeinen, gesellschaftlichen Problem der Massenentlassungen im deutschen Gesetz schon vor der Umsetzung der EG-Richtlinien begegnet wurde. Auch stellt die Konsultation der betrieblichen Arbeitnehmervertretung generell innerhalb des deutschen Rechts kein gesetzliches Novum dar.

166 Vgl. Erwägungsgründe der Richtlinie 98/59 EG.

167 Vgl. Schumacher, S. 69.

168 Die Pflicht des Arbeitgebers zur Anzeige geplanter Massenentlassungen wurde in den zwanziger Jahren des 20. Jahrhunderts bei Betriebsstillegungen, in den dreissiger Jahren des 20. Jahrhunderts auch ohne Betriebsstilllegung eingeführt; vgl. Opolny, NZA 1999, 791, (792).

169 Vgl. Schumacher, S. 95; KR/Weigand, § 17 KSchG, N 7.

Da Deutschland wesentlich früher als England und die Schweiz Vorschriften betreffend Massenentlassungen eingeführt hat, könnte man auf die Idee kommen, die entsprechenden deutschen Vorschriften hätten im Prozess der europäischen Rechtsvereinheitlichung Vorbildfunktion. Doch die EG-Richtlinien setzten im Gegensatz zur bereits existierenden deutschen Regelung durch die Einführung der innerbetrieblichen Konsultationspflicht vermehrt auf die Verantwortung der Arbeitsvertrags- und Betriebsparteien. Mit dem Appell an die Verantwortung der Vertragsparteien mag der weitgehenden Machtlosigkeit der Arbeitsverwaltungen gegenüber Massenentlassungen Rechnung getragen worden sein[170]. Man könnte hier folglich von einer Rückwirkung in das deutsche Recht bezüglich der innerbetrieblichen Konsultation der Arbeitnehmervertretung sprechen, indem gewisse rechtliche Vorgänge und Grundprinzipien, die im deutschen Recht selbst teilweise entwickelt worden sind, durch den Einigungsprozess wieder auf deutsches Recht übergehen und es so vervollständigen.

(b) Anzeige an die Arbeitsverwaltung

In allen drei verglichenen Rechtsordnungen besteht die gesetzliche Pflicht des Arbeitgebers, im Falle von Massenentlassungen die staatliche Arbeitsverwaltung zu informieren. Hier spiegelt sich das gesamteuropäische Bedürfnis wieder, dass die Arbeitsverwaltung durch die Benachrichtigung in die Lage versetzt werden soll, sich rechtzeitig auf zu erwartende Entlassungen grösseren Umfangs einzustellen und diesen eventuell entgegen zu wirken. Angesichts der heute zumindest teilweise in Europa herrschenden Massenarbeitslosigkeit ist die Effizienz solcher Regelungen allerdings fraglich, da die Arbeitsverwaltungen nicht in der Lage sind, durch vorbereitende Massnahmen längere flächendeckende Arbeitslosigkeit zu vermeiden. Man könnte den eigentlichen Grund dieser Regelungen eher darin sehen, die

170 Vgl. Opolny, NZA 1999, 791, (792); vgl. hierzu weitgehender ArbG Gelsenkirchen, NZA 1998, 944; Löwisch, NZA 1998, 729.

Scharnierfunktion der Arbeitsverwaltungen im Sinne eines Informationsaustausches zwischen dem Privatsektor und der staatlichen Verwaltung zu stärken, um einer sozialen Stabilität Vorschub zu leisten.

(c) Rechtsfolgen

In allen drei verglichenen Rechtssystemen knüpfen die Verfahrensvorschriften Sanktionen an den Fall, dass der Arbeitgeber die ihm obliegenden Konsultationen und Informationen im Rahmen der Massenentlassung unterlässt. In England und der Schweiz ist es möglich, durch Inkaufnahme eines finanziellen Aufwandes (protective award in England und eine Entschädigungszahlung wegen missbräuchlicher Kündigung in Höhe von maximal zwei Monatsgehältern in der Schweiz) sich von der Konsultationspflicht „frei zu kaufen". Die Sanktion bei Verletzung der Anzeigepflicht gegenüber der staatlichen Verwaltung bleibt hiervon unberührt. Die Möglichkeit des „Freikaufens" existiert nach deutschem Recht nicht, da die Kündigungen ohne die entsprechende Konsultation und deren Nachweis beim Arbeitsamt unwirksam sind.

In Deutschland hat der Prozess der Vereinheitlichung des europäischen Rechts dem traditionell starken Gedanken der betrieblichen Mitbestimmung zu einer grösseren Stringenz und Konsequenz verholfen. Auch England und die Schweiz haben den für ihre Rechtsgeschichte relativ neuen Gedanken der Konsultations- und Anzeigepflicht bei Massenentlassung übernommen. Jedoch zeigen die im Vergleich zu Deutschland unterschiedlichen Rechtsfolgen bei Missachtung der Pflichten eine gewisse Zurückhaltung der beiden anderen Länder.

(2) Weitere Verfahrensvorschriften im Rahmen der Kündigung

(a) Generelle Anhörungspflicht der Arbeitnehmervertretung

Nach deutschem Recht sind im Rahmen einer Kündigung noch weitere Verfahrensrechte einzuhalten. Der entscheidende Unterschied zu den Kündigungsverfahren in England und der Schweiz liegt in der nach deutschem Recht bei jeder Kündigung zwingend vorgeschriebenen Anhörung des Betriebsrates, soweit ein solcher in dem betroffenen Betrieb besteht.

In England und der Schweiz ist eine innerbetriebliche Mitbestimmung durch Arbeitnehmervertreter nicht einheitlich gesetzlich vorgesehen, so dass das Fehlen einer generellen Anhörungs- bzw. Konsultationsverpflichtung im Rahmen von Individualkündigungen in diesen Ländern nicht verwundern kann.

Kausal für die unterschiedliche Grundstruktur ist einerseits die angelsächsische Rechtsethik, nach welcher die Idee der Freiheit und der Schutz des Einzelnen[171] sehr präsent und ausgeprägt sind, und andererseits der nach deutscher Rechtstradition vorherrschende Ordnungsgedanke[172]. Die Tatsache, dass keine einheitliche Gesetzgebung zu einzuhaltenden Verfahrensvorschriften im Falle einer Kündigung besteht, heisst jedoch nicht, dass die betriebliche Interessensvertretung – auch im Zusammenhang mit Kündigungen – in England keine Rolle spielt. Die Gewerkschaften spielen bei Verhandlungen um eine Kündigung eine wichtige Rolle. Auch Solidaritätsstreiks als Reaktion auf Kündigungen existieren. Eine rechtliche Möglichkeit zur Verhinderung der Kündigung durch die betriebliche Interessensvertretung besteht jedoch nicht[173].

---

171 Vgl. Habeas Corpus Act 1679.

172 Vgl. Lange, Die betrieblichen Arbeitsbeziehungen, S. 38.

173 Vgl. Döse-Digenopoulos, S. 99 ff.

Auch in der Schweiz gibt es keine gesetzliche Tradition der Arbeitnehmermitbestimmung, wobei verschiedene Initiativen, die Mitbestimmung niederzuschreiben, vor allem daran scheiterten, dass eine Mitwirkung im Bereich der Unternehmensentscheide vermieden werden sollte[174]. Einer solchen ist in der Schweiz bis in die jüngste Vergangenheit nur sehr selten zu begegnen[175].

Zunächst erscheint die Verpflichtung, dass der deutsche Betriebsrat vor jeder Kündigung angehört werden muss, einen sehr weitgehenden Arbeitnehmerschutz zu gewähren. Tatsächlich jedoch können durch die Anhörungspflicht keine Kündigungen verhindert werden, und ebenso wenig haben Bedenken des Betriebsrats bezüglich einer Kündigung in der Regel einen Einfluss auf die Entscheidung des Arbeitgebers[176]. Andererseits ist auch bemerkenswert, dass Betriebsräte nur sehr selten den Kündigungen widersprechen, zu

174 Vgl. zum Ganzen Stöckli, RdA 2001, Sonderbeilage zu Heft 5, 5; Staehelin, Mitbestimmung in Europa, S. 439 ff., insb. S. 446.

175 In 4% der Unternehmen kommt eine Teilnahme an Unternehmentscheidungen vor. Dabei handelt es sich meistens um kleinere Unternehmen; vgl. Müller, Die Arbeitnehmervertretung, S. 353.

176 Gemäss eigener Angaben deutscher Unternehmen. Diese Daten wurden durch eine rechtstatsächliche Untersuchung aus den Jahren 1978/1981 des MPI zu „Kündigungspraxis und Kündigungsschutz in der Bundesrepublik Deutschland" im Auftrag des Bundesministeriums für Arbeit und Sozialordnung ermittelt; vgl. Falke/Höland/Rhode/Zimmermann, Band II, S. 964; Döse-Digenopoulos, S. 102.

denen sie angehört werden[177]. Was in diesem Fall eher als Ritual erscheint, ist ein Ausdruck des in Deutschland vorherrschen Kooperationsmodells der Mitbestimmung[178], welches in der europäischen Rechtsangleichung massgebliche Akzente setzt[179].

(b) Besondere Verfahrensvorschriften als Sonderkündigungsschutz

Im Vergleich zu den beiden anderen Ländern ist der nach deutschem Recht teilweise verstärkte Kündigungsschutz besonders schützenswerter Personen durch zusätzlich einzuhaltende Verfahrensvorschriften[180] singulär. Aufgrund der Fülle der für eine wirksame Kündigung nach deutschem Recht möglicherweise einzuhaltenden Verfahrensvorschriften ergibt sich der Schluss, dass sich ein beträchtlicher Teil des deutschen Kündigungsschutzes im formellen Bereich abspielt bzw. das Verfahren und die materiellen Voraussetzungen eng miteinander zusammenhängen. Ähnlich stark und häufig auftretende Verfahrensvorschriften im Zusammenhang mit einer Kündigung sind

177 Nach einer empirischen Studie aus dem Jahre 2001 haben die Betriebsräte in maximal ¼ der ausgesprochenen Arbeitgeberkündigungen opponiert; vgl. Bielenski/Hartmann/Pfarr/Seifert, AuR 2003, 81, (86). Nach einer älteren bereits erwähnten empirischen Studie beanstandeten die Betriebsräte sogar nur ca. 8% der Kündigungen; vgl. Falke/Höland/Rhode/Zimmermann, Band II, S. 964; Döse-Digenopoulos, S. 101.

178 Das Kooperationsmodell steht im Gegensatz zu einem Modell der Mitbestimmung, das eher auf Antagonismen und Konflikt gestützt wird. Dieses Grundprinzip ist in England wegweisend; vgl. Weiss, NZA 2003, 177, (184).

179 Vgl. Maschmann, NZA 2003, 206; Weiss, NZA 2003, 177, (184).

180 Vgl. z.B. die notwendige Zustimmung des Integrationsamtes im Falle der Kündigung eines schwer behinderten Arbeitnehmers, § 85 ff. SGB IX.

innerhalb Europas lediglich noch in den Niederlanden anzutreffen[181]. In Anbetracht der Tatsache, dass in einem Kündigungsschutzprozess die soziale Rechtfertigung durch den Richter erneut eingehend geprüft wird, kann im Allgemeinen an der Effizienz solcher Verknüpfungen von Verfahren und Wirksamkeit gezweifelt werden.

III. Materielle Kriterien für eine gerechtfertigte ordentliche Kündigung

Wie oben[182] festgestellt ist in allen drei betrachteten Ländern das Recht der freien Kündigung eingeschränkt. Fraglich ist, welche Kündigungsmotive in den unterschiedlichen Ländern gesetzlich toleriert bzw. sanktioniert sind. In allen drei Ländern gibt es auch zeitliche Beschränkungen der Kündigungsfreiheit, welche die Kündigung während einer bestimmten Zeitspanne verbieten. In dieser Arbeit sollen jedoch vornehmlich die generellen materiellen Schranken der Kündigungsfreiheit rechtsvergleichend betrachtet werden.

Auch das Institut der fristlosen Kündigung existiert in allen drei verglichenen Ländern. Dieser Themenkomplex wird in dieser Arbeit nicht untersucht, da dies den Rahmen sprengen würde.

---

181 Nach niederländischem Recht muss grundsätzlich vor jeder Kündigung die Zustimmung des Direktors des Bezirksarbeitsamtes eingeholt werden. Eine Kündigung ohne diese Zustimmung ist nichtig; vgl. Art. 6 Abs. 1 Buitengewoon Besluit Arbeidsverhoudingen. In der Praxis werden 90% der (Kündigungs-)Anträge positiv beschieden; vgl. MünchArb/Berkowsky, § 131, N 120; Kronke, Regulierungen auf dem Arbeitsmarkt, S. 246.

182 Vgl. B, I, 4.

1. Liegt eine Kündigung vor?

Im Gegensatz zu Deutschland und der Schweiz wird in England der Bergriff „Kündigung“ sehr weit gefasst. Nach der Legaldefinition des englischen Gesetzes ist von einer arbeitgeberseitigen Kündigung auszugehen, wenn ein Arbeitgeber den Arbeitsvertrag ordentlich oder ausserordentlich aufkündigt, wenn ein befristeter Vertrag abläuft, ohne dass dieser verlängert oder erneuert wird, oder wenn ein Arbeitnehmer den Vertrag aufgrund grob vertragswidrigen Verhaltens des Arbeitgebers kündigt[183].

Demgegenüber fallen nach deutschem oder schweizerischem Recht die beiden letzteren Fälle grundsätzlich nicht unter den Begriff der arbeitgeberseitigen Kündigung. Nach dem in Deutschland geltenden TzBfG endet ein befristetes Arbeitsverhältnis mit dem Ablauf der vereinbarten Zeit ohne dass es einer Kündigung bedürfte[184]. Die gesetzliche Maximalbefristung ohne das Vorliegen eines sachlichen Grundes[185] beträgt gemäss § 14 Abs. 2 TzBfG zwei Jahre. Das ist auch die Höchstdauer für die insgesamt maximal dreimalige Verlängerung eines Arbeitsvertrages. Wird das Arbeitsverhältnis darüber hinaus fortgesetzt, so gilt es als unbefristet geschlossen, was beinhaltet, dass dann der gewöhnliche Kündigungsschutz des KSchG greift. Demnach liegt – vergleichbar dem englischen Recht – eine

183 Vgl. Sec. 95 Abs. 1 ERA 1996; Freedland, ZIAS 1991, 440, (443).

184 Vgl. § 15 TzBfG; Kliemt, NZA 2001, 296, (301).

185 Gesetzlich normierte Sachgründe: Vorübergehender Bedarf an Arbeitsleistung, Anschluss an Ausbildung oder Studium, Vertretung, Eigenart der Arbeitleistung, Erprobung, Gründe in der Person des Arbeitnehmers, Vergütung aus für eine befristete Beschäftigung bestimmten Haushaltsmitteln, gerichtlicher Vergleich. Wie sich an der gesetzlichen Formulierung des § 14 Abs. 1 TzBfG „insbesondere“ erschliessen lässt, ist diese Aufzählung nicht abschliessend.

Kündigung vor, wenn ein zunächst befristetes Arbeitsverhältnis über mehr als zwei Jahre hinweg, ohne dass ein Ausnahmefall vorläge, verlängert und später beendet wird.

Auch nach schweizerischem Recht soll die Umgehung des gesetzlichen Kündigungsschutzes durch sog. Kettenverträge (Reihe befristeter Verträge) vermieden werden[186]. Wenn der Befristung kein sachliches Motiv[187] zugrunde liegt, so ist sogar die erstmalige Befristung unwirksam[188]. Das Arbeitsverhältnis wird dann in ein unbefristetes umgedeutet[189]. Auch nach dem schweizerischen Recht kann es folglich ausnahmsweise dazu kommen, dass die Beendigung eines ursprünglich befristeten Vertrags nur durch eine Kündigung möglich ist, jedoch ist das Arbeitsverhältnis dann bereits in ein unbefristetes umgedeutet.

Da in der englischen Praxis die befristeten Arbeitsverträge meistens mit einem – zulässigen – Verzicht des Arbeitnehmers auf Klage aus Kündigungsschutz gekoppelt sind[190], ist der effektive Schutz des Arbeitnehmers in England im Vergleich zu Deutschland und zur Schweiz bei befristeten Arbeitsverhältnissen wesentlich geringer; dies, obwohl das englische Gesetz jede Nichtverlängerung eines befristeten Vertrages als Kündigung und damit als Kündigungsschutz auslösenden Faktor ansieht. Durch den vertraglichen Klageausschluss wird der allgemeine Kündigungsschutz durch Befristungen umgangen. Dies ist nach deutschem und schweizerischem Recht aufgrund des Verbots der motivlosen Befristungen bzw. der Maximallaufzeit von befristeten Arbeitsverhältnissen nicht möglich.

186 Vgl. Rehbinder, Arbeitsrecht, S. 145.

187 Wie Bühnenengagements, Aushilfen, Saisonbetrieb, Ausbildungsverhältnisse, Restrukturierung des Betriebes.

188 Vgl. BGer 20.07.1999, JAR 2000, 105.

189 Vgl. BGE 101 Ia 465.

190 Vgl. Döse-Digenopoulos, S. 34.

2. *Kündigungsbestände*

a) *England*

(1) System der unfair dismissal

Den Kern des englischen Kündigungsschutzrechts bildet – wie oben ausgeführt – das Gebot der Fairness einer arbeitgeberseitigen Kündigung[191], dessen Einhaltung gegebenenfalls vom Employment Tribunal überprüft wird.

Die Kündigung ist potentiell fair, wenn sie aus einem der normierten[192] Gründe erfolgt; liegt ein solcher nicht vor, muss das Employment Tribunal auf Klage des Arbeitnehmers hin die Kündigung als unfair beurteilen[193]. Der Arbeitgeber muss grundsätzlich das Vorliegen eines gesetzlich zugelassenen Kündigungsgrundes beweisen; gelingt ihm das nicht, so ist die Kündigung automatisch unfair[194]. Die Beweislast des Arbeitgebers geht jedoch nicht so weit, dass er beweisen müsste, dass der Grund tatsächlich vorlag, sondern er muss lediglich beweisen, dass er nachvollziehbare Gründe hatte, davon auszugehen, dass der Grund vorlag[195].

In bestimmten Fällen der Kündigung muss darüber hinaus vom Arbeitgeber eine spezielle, unterschiedlich ausgestaltete Prozedur eingehalten werden, um die Fairness einer Kündigung zu erreichen[196].

---

191 Vgl. Sec. 94 ERA 1996, wonach „der Arbeitnehmer das Recht hat, nicht unfair durch seinen Arbeitgeber gekündigt zu werden".

192 Vgl. Sec. 98 ERA 1996; vgl. zu den einzelnen Gründen: B, III, 2, a), (2).

193 Vgl. Earl v. Slater & Wheeler (Airlyne) Ltd. [1973] All ER 145; Freedland in Chitty on Contracts, S. 912.

194 Vgl. Adams v. Derby City Council [1986] IRLR 163; Bowers, Employment Law, S. 268.

195 Vgl. Bone/Suff, S. 131; Bowers, S. 268.

196 Vgl. hierzu unten: B, III, 2, a, (3).

Wenn die Kündigung aus einem gesetzlich definierten, potentiell fairen Grund unter Einhaltung der eventuell erforderlichen Prozedur erfolgt, ist sie jedoch nicht automatisch fair, da sie zusätzlich noch insgesamt angemessen sein muss[197]. Dieses Kriterium richtet sich danach, wie ein vernünftiger Arbeitgeber in der betreffenden Situation entschieden hätte.

(2) Kündigungsgründe

Es gibt im englischen Recht fünf gesetzlich definierte, potentiell faire Kündigungsgründe[198], die im Laufe der Zeit durch die Rechtsprechung ausgefüllt worden sind. Diese stellen die wichtigste und in der Praxis relevanteste Kategorie der Kündigungsgründe dar. Überdies gibt es nach englischem Gesetz noch automatisch unfaire und automatisch faire Kündigungsgründe[199].

(a) Verhaltensbezogene Gründe

Welches Verhalten des Arbeitnehmers eine Kündigung tatsächlich rechtfertigt, ist im englischen Gesetz nicht definiert. Durch die Rechtsprechung ist jedoch ein recht weiter Kreis von Verhaltensweisen des Arbeitnehmers gezogen worden, die einen potentiell fairen

197 Vgl. Sec. 98 Abs. 4 a. ERA 1996; Iceland Frozen Foods v. Jones [1983] ICR 17.

198 Vgl. Sec. 98 Abs. 2 a – d i.V.m. Abs. 1 b ERA 1996.

199 Die automatisch unfairen Kündigungsgründe sind von ihrer Funktion her dem Sonderkündigungsschutz zuzuordnen. Die automatisch fairen Kündigungsgründe werden nicht gesondert behandelt, da sie in der Praxis nahezu keine Rolle spielen. Der Hauptanwendungsfall betrifft den Abschluss eines Arbeitsvertrages durch einen Vertreter des Königshauses mit einem Bediensteten unter Ausschluss des gesetzlichen Kündigungsschutzes; vgl. Council for the Civil Service Unions v. Minister for the Civil Service [1985] AC, 374 ff.

Kündigungsgrund darstellen[200]. Grundsätzlich muss das beanstandete Verhalten eine Entgleisung im Rahmen des Arbeitsverhältnisses sein, jedoch können auch Verhaltensweisen ausserhalb des Betriebs, die sich in irgendeiner Weise auf das Arbeitsverhältnis auswirken, eine Kündigung rechtfertigen[201].

Verhaltensbezogene Gründe werden für Kündigungen am häufigsten angegeben[202]. Dies liegt wohl daran, dass im englischen Kündigungsschutzrecht auch im Falle einer sozial gerechtfertigten Kündigung aus wirtschaftlichen Zwängen ein Entschädigungsanspruch des Arbeitnehmers entstehen kann[203], was bei einer gerechtfertigten Kündigung aus verhaltensbezogenen Gründen nicht der Fall ist.

(b) Krankheits-, leistungs- und eignungsbezogene Gründe

Das englische Recht ermöglicht die Kündigung aus einem Grund, der die Fähigkeit (capability) oder die Qualifikation[204] des Arbeitnehmers betrifft. Die hier gemeinte Fähigkeit beinhaltet gemäss der gesetzlichen Definition „[…] Fertigkeit, Eignung, Gesundheit oder andere körperliche oder geistige Eigenschaft […]“[205]. Entsprechen die

200 Dazu gehören z.B.: Schlägerei, Fluchen, Trunkenheit, Verletzung der Sorgfaltspflicht, aufsässiges Verhalten, unentschuldigte Abwesenheit, Ungehorsam, Vertrauensbruch, Schlafen während der Arbeitszeit, Verspätung, Unfug veranstalten, unloyales Verhalten, Drogenkonsum, Diebstahl, unmoralisches Verhalten, Bruch von hygienischen Standards; vgl. Bone/Suff, S. 130.

201 Vgl. Richardson v. Bradford, 1975 in Bone/Suff, S. 131.

202 Vgl. Bone/Suff, S. 130.

203 Ausführlich dazu unten: B, V, 2, a.

204 Qualifikation im Sinne dieses Gesetztes beinhaltet jeden „[…] Grad, jedes Diplom oder jede andere akademische technische oder berufliche Qualifikation, die relevant für die Position ist, die der Beschäftigte innehat […]“, Sec. 98 Abs. 3 b. ERA 1996.

205 Vgl. Sec. 98 Abs. 3 a. ERA 1996.

Leistungsfähigkeit, die Qualität der Arbeit oder die Qualifikation des Arbeitnehmers nicht den vertraglichen Vereinbarungen, so liegt ein potentiell fairer Kündigungsgrund vor.

(c) Überzähligkeit von Arbeitskräften

Der potentiell gerechtfertigte Grund der redundancy[206] (Überzähligkeit von Arbeitskräften) liegt vor, wenn der Arbeitgeber den Betrieb schliesst oder dies beabsichtigt oder wenn bestimmte Arbeitsplätze im Betrieb des Kündigenden tatsächlich weggefallen sind, oder deren Aufhebung beabsichtigt ist[207].

Die betriebswirtschaftliche Entscheidung des Arbeitgebers, die zur Überzähligkeit von Arbeitsplätzen führt, wird durch die Gerichte kaum überprüft[208], da diese von einem vernünftigen Verhalten des Unternehmers ausgehen. Das hindert aber die Gerichte nicht daran, die Art und Weise jeder einzelnen Kündigung gerichtlich zu überprüfen. Der Arbeitgeber darf die zu entlassende Person nicht willkürlich ausgewählt haben. Der personalen Auswahl müssen sachgerechte Motive zugrunde liegen[209]. Innerhalb eines Betriebs[210] werden Arbeitnehmer in vergleichbarer Stellung miteinander verglichen[211], was bedeutet, dass die Sachlichkeit der Auswahl daran gemessen wird, wie

206 Im Sinne der Sec. 98 Abs. 2 b. ERA 1996.

207 Es kann hier auf die gesetzliche Definition des Sec. 139 ERA 1996 zurückgegriffen werden.

208 Vgl. Deakin/Morris, S. 505, 517; Rebhahn, RdA 2002, 272, (279); auch im Rahmen der bei allen Kündigungsgründen im Prozess erfolgenden Verhältnismässigkeitsprüfung haben die Gerichte abgelehnt, die Schliessung eines Betriebes oder einzelner Teile davon auf ihre wirtschaftliche Notwendigkeit hin zu prüfen; vgl. Moon v. Homeworthy Furniture (Nothern) Ltd. [1977] ICR 117, (120).

209 Vgl. Sec. 105 ERA 1996; Bowers, Employment Law, S. 303.

210 Zur umfassenden Definition des Begriffs „undertaking" vgl. Maurer, S. 133 ff.; Lockton, Employment Law, S. 200.

211 Vgl. Sec. 105 Abs. 1 b. ERA 1996.

andere Arbeitnehmer in vergleichbarer Stellung[212] bezüglich einer möglicherweise anstehenden Kündigung behandelt wurden.

In Sec. 105 Abs. 2–9 ERA 1996 finden sich die Kriterien, nach denen die Auswahl nicht erfolgen darf. Erfolgt sie gleichwohl anhand eines dieser Kriterien, ist die Kündigung insgesamt unfair. Die Auswahl soll vielmehr anhand objektiver, dem Arbeitsverhältnis innewohnender Umstände erfolgen[213]. Hierzu zählen: Pünktlichkeit und Krankheitsabwesenheit, Effizienz bei der Erledigung der arbeitsvertraglichen Pflichten, Erfahrung und Beschäftigungsdauer. Diese allgemeinen Auswahlkriterien können auch durch Vereinbarungen zwischen Arbeitgeber und Gewerkschaft oder durch stillschweigend vereinbarte, betriebliche Bräuche konkretisiert werden[214].

Ein aus dem Grund der Überzähligkeit von Arbeitskräften entlassener Arbeitnehmer kann sowohl auf ein redundancy payment klagen, als auch eine Klage wegen einer unfairen Kündigung erheben. Beide Klagen sind grundsätzlich parallel möglich[215].

(d) Weiterbeschäftigung unter Gesetzesverletzung

Ein weiterer potentiell fairer Grund für eine Kündigung liegt vor, wenn durch die Weiterbeschäftigung des Arbeitnehmers gegen eine gesetzliche Bestimmung verstossen werden würde[216]. Dieser Kündigungsgrund findet häufig Anwendung, wenn ein Arbeitnehmer, der im Rahmen seiner vertraglichen Pflichten mit dem Automobil fahren muss, die Fahrerlaubnis verliert[217].

---

212 Vgl. hierzu Simpson v. Roneo Ltd. [1972] IRLR 5; Dorrell v. Engineering Developments Ltd. [1975] IRLR 234.

213 Vgl. Cox v. Wildt Mellor Bromley Ltd. [1978] IRLR 157; Bowers, Employment Law, S. 303.

214 Vgl. Maurer, S. 139; Döse-Digenopoulos, S. 62.

215 Vgl. Midland Foot Comfort Centre Ltd. v. Richmond [1973] All ER 294; Stein / von Pappenheim, S. 80; Döse-Digenopoulos, S. 59.

216 Vgl. Sec. 98 Abs. 2 d. ERA 1996.

217 Vgl. Bowers, Employment Law, S. 312.

(e) Anderer wesentlicher Grund

Dieser potentiell faire Kündigungsgrund ist – schon von seiner Bezeichnung her – ein Auffangtatbestand, wenn die schon erwähnten normierten Gründe auf die fragliche Kündigung nicht zutreffen. Es gibt jedoch zwei Hauptanwendungsfälle, die für diesen „anderen wesentlichen Grund" von der Rechtsprechung ausgeformt worden sind[218]: Kündigungen wegen betrieblicher Belange, die nicht unter den Fall der redundancy subsumiert werden[219] und Kündigungen wegen Unterdrucksetzung des Arbeitgebers durch Dritte[220]. Im ersten Anwendungsfall sind die Anforderungen an die Schwere der betrieblichen Belange nicht sehr hoch, so dass es genügt, wenn der Arbeitgeber einen korrekten Grund für die Notwendigkeit der betrieblichen Veränderung nachweist[221].

(3) Angemessenheit

Ausser einem potentiell fairen Kündigungsgrund setzt eine faire, gerechtfertigte Kündigung nach englischem Recht ein insgesamt angemessenes, vernünftiges Verhalten (reasonableness) des Arbeitgebers voraus[222]. Bei der Beurteilung der Angemessenheit sollten die Grösse des Betriebs und die administrativen Möglichkeiten des Arbeitgebers

---

218 Vgl. Lockton, Employment Law, S. 201; Deakin/Morris, S. 517.

219 Der Hauptanwendungsfall der betrieblichen Belange sind Kündigungen, die aufgrund von Reorganisationen des Betriebs notwendig werden. Akzeptiert ein Arbeitnehmer die Verschlechterung seiner Vertragsbedingungen nicht, so werden häufig Kündigungen aus einem anderen wesentlichen Grund ausgesprochen; vgl. Lockton, Employment Law, S. 201.

220 Z.B. wenn Kollegen sich weigern, mit dem betroffenen Arbeitnehmer weiterhin zusammen zu arbeiten, oder wenn Kunden den Arbeitgeber unter Druck setzten; vgl. Scott Packaging Ltd. v. Paterson [1978] IRLR 465; Dobie v. Burns International Security Services (UK) Ltd. [1984] ICR 812.

221 Vgl. Lockton, Employment Law, S. 201 m.w.N.

222 Vgl. Sec. 98 Abs. 4 ERA 1996.

beachtet werden. Die Angemessenheit der Kündigung bezieht sich auf substanzielle und prozedurale Fairness der Kündigung.

Die substanzielle Fairness der Kündigung ergibt sich aus der generellen Vernunft des Arbeitgebers bei Aussprechung der Kündigung. Dabei kommt es nicht darauf an, dass die unternehmerische Entscheidung als solche beurteilt wird, sondern dass das Verhalten des Arbeitgebers in der konkreten Situation sich in einer Bandbreite möglicher vernünftiger Verhaltensweisen befindet[223]. Die Vernunft des Verhaltens des Arbeitgebers muss auf der Basis des Wissenstandes des Arbeitgebers zum Zeitpunkt der Kündigung beurteilt werden[224].

Andererseits muss die Kündigung in vernünftiger Weise vollzogen worden sein, um auch prozedural fair zu sein. Dieser Grundsatz ergibt sich an sich nicht aus dem Gesetz, sondern er wurde durch die Rechtsprechung entwickelt, die sich an den Richtlinien des Advisory Conciliation and Arbitration Service[225] (A.C.A.S.) und an Gerechtigkeitskriterien orientierte[226]. Bei der Beurteilung, ob eine faire Kündigung vorliegt, berücksichtigen die Gerichte demnach generell die

---

223 Vgl. Iceland Frozen Foods v. Jones [1984] ICR 17 ff.; Bone/Suff, S. 138.

224 Vgl. Devis (W) and Sons v. Atkins [1977] AC 931.

225 In England gelten zwischen Arbeitgebern einerseits sowie Gewerkschaften und Arbeitnehmern andererseits die Richtlinien des A.C.A.S. Dieser ist eine 1974 gegründete Schlichtungs- und Schiedsstelle, deren Aufgabe die Verbesserung der kollektiven und individualrechtlichen Arbeitsbeziehungen ist. Die Richtlinien regeln unter anderem, unter welchen Voraussetzungen und auf welche Art und Weise Disziplinarmassnahmen verhängt werden können. Diese Richtlinien haben keine Gesetzeswirkung, werden jedoch im Rahmen von Arbeitsstreitigkeiten in England von den Gerichten insofern miteinbezogen, als dass sie als Mustervorschriften des Disziplinarrechts gehandhabt werden. Die Einhaltung der Verhaltensrichtlinien des A.C.A.S. durch die Parteien ist inzwischen auch durch den Gesetzgeber angeordnet; vgl. Sec. 199 ff. TULR(C)A 1992; A.C.A.S. Arbitration Scheme, 5; A.C.A.S. Code of Practice on Disciplinary and Grievance.

226 Vgl. Bone/Suff, S. 138.

Einhaltung der Verhaltensrichtlinien des A.C.A.S. durch den Arbeitgeber. Hat ein Arbeitgeber die Richtlinien nicht berücksichtigt, wird die Kündigung jedoch nicht automatisch unfair, da es auf eine insgesamt angemessene Handlungsweise des Arbeitgebers ankommt[227]. Für die einzelnen Kündigungsgründe haben sich unterschiedliche prozedurale Voraussetzungen entwickelt.

Im verhaltensbedingten Bereich sollen der Kündigung Verwarnungen vorausgehen und dem betroffenen Arbeitnehmer soll die Möglichkeit eingeräumt werden, sich zu den Vorwürfen zu äussern. Im Einzelnen bedeutet dies, dass bei wenig beeinträchtigenden Verhaltensweisen[228], die wiederholt aufgetreten sein müssen, um einen fairen Kündigungsgrund abzugeben, der Arbeitgeber diese zunächst einmal mündlich und dann mindestens zweimal schriftlich bemängeln muss. Einhergehen mit der schriftlichen Bemängelung muss eine konkrete Verwarnung[229]. Bei insgesamt schwerer wiegenden Verhaltensweisen reicht eine einzige Verwarnung. Schliesslich brauchen bei extrem schweren Verhaltensentgleisungen oder krassem Fehlverhalten keine prozeduralen Schritte eingehalten zu werden[230].

Inwieweit die handlungsanweisenden Kodizes des A.C.A.S., die ursprünglich für die verhaltensbezogenen Kündigungen entwickelt wurden, auch im leistungs- und eignungsbezogenen Bereich Anwendung finden, ist nicht abschliessend geklärt. Unbestritten ist jedoch, dass der Arbeitgeber in jedem Fall den Arbeitnehmer zunächst über seine Unzufriedenheit informieren und ihm die Möglichkeit einräumen soll, die vertraglich vereinbarte Qualität der Leistungen zu

227 Vgl. Lockton, Employment Law, S. 208; Jefferson, Principles, S. 314; Döse-Digenopoulos, S. 59.

228 Wie beispielsweise Verspätungen oder Fernbleiben vom Arbeitsplatz.

229 Vgl. A.C.A.S. Code of Practice on Disciplinary 2000, 12, 13; Deakin/Morris, 483.

230 So beispielsweise bei einer Straftat des Arbeitnehmers zu Lasten des Arbeitgebers.

erreichen[231]. Insbesondere im Falle einer Kündigung wegen Krankheit des Arbeitnehmers soll sich der Arbeitgeber angemessen darum bemühen, über den Gesundheitszustand des Arbeitnehmers ein objektives Bild zu erlangen[232]. Es soll eine feinfühlige Konsultation und Diskussion zwischen den Parteien des Arbeitsvertrages stattfinden und dem Arbeitnehmer die Möglichkeit gegeben werden, den Krankheitsverlauf aus seiner Sicht darzustellen[233]. Bei wiederholten Kurzerkrankungen können auch Verwarnungen des Arbeitgebers angebracht sein[234].

Im Falle von leistungsbezogenen, durch Überzähligkeit bedingten und anderweitig schwerwiegend bedingten Kündigungsgründen sollen vor der Kündigung Konsultationen zwischen dem Arbeitgeber und der Arbeitnehmervertretung oder dem Arbeitnehmer selbst stattfinden[235]. Im leistungsbezogenen und vor allem im überzähligkeitsbedingten Bereich soll dem betroffenen Arbeitnehmer ein anderer weniger qualifizierter Arbeitsplatz im gleichen Unternehmen angeboten werden, soweit ein solcher vorhanden ist.

In der Praxis werden die Verhaltenskodizes der A.C.A.S. selten eingehalten[236], weshalb Kündigungen, die vom Vorliegen eines Grundes her als fair eingestuft würden, bei denen jedoch die

---

231 Vgl. James v. Waltham Holy Cross UDC [1973] ICR 398; Bowers, Employment Law, S. 276.

232 Vgl. Polkey v. AE Dayton Services Ltd. [1988] AC 344 = [1987] All ER 973; Jefferson, Principles, S. 318.

233 Vgl. Eclipse Blinds Ltd. v. Wright [1992] IRLR 133; East Lindsey District Council v. Daubney [1977] ICR 566 = [1977] IRLR 181.

234 Vgl. International Sports Co Ltd. v. Thomson, [1980] IRLR 340; Bone/Suff, S. 130.

235 Auch von Bedeutung ist beispielsweise, ob Betriebsvereinbarungen und innerbetriebliche Disziplinarregelungen schriftlich klar formuliert und jedem Arbeitnehmer zugänglich sind.

236 Vgl. Mayr/Mozet, S. 125; Mozet, ZEuP 1998, 297.

Disziplinarverfahrensvorschriften nicht eingehalten wurden, als unfair eingestuft werden können[237]. Auch von diesem Grundsatz werden jedoch Ausnahmen gemacht[238].

Die Einhaltung dieser Strukturen bezüglich der Angemessenheit in Verbindung mit der Intensität des vorliegenden[239] Kündigungsgrundes füllen indes unter Beachtung aller Umstände die Formel aus, dass die gerechtfertigte Kündigung nach englischem Recht fair sein soll.

b) Deutschland

(1) Soziale Rechtfertigung der Kündigung

Nach deutschem Recht ist eine Kündigung[240] des Arbeitgebers[241] unwirksam, wenn sie sozial nicht gerechtfertigt ist[242]. Gemäss der gesetzlichen Definition ist eine Kündigung nur dann sozial gerechtfertigt, wenn sie entweder aus Gründen erfolgt, die in der Person oder im Verhalten des Arbeitnehmers liegen, oder durch dringende betriebliche Erfordernisse, die einer Weiterbeschäftigung im Wege stehen, bedingt ist.

---

237 Vgl. Recent points [2002] ICR 23 zu Retirement Care Groups Ltd. v. Greener, 22.05.2002 EAT/689/00; Stein / von Pappenheim, S. 72; Lock v. Cardiff Railway Co Ltd. [1998] IRLR 358; Lockton, Employment Law, S. 210.

238 Vgl. Polkey v. AE Dayton Ltd. [1988] AC 344.

239 Oder vom Arbeitgeber als vorliegend eingeschätzten Grund; vgl. British Home Stores Ltd. v. Burchell [1978] IRLR 379; Monie v. Coral Racing Ltd. [1979] ICR 254.

240 Wenn sie nach den Bestimmungen des KSchG zu beurteilen ist; vgl. hierzu: B, V, 3, b.

241 Die Kündigung des Arbeitnehmers bleibt unberührt. Auch die anderen Beendigungstatbestände (Befristung, Bedingung oder Aufhebungsvertrag) werden durch den allgemeinen Kündigungsschutz des KSchG nicht berührt; vgl. Busemann/Schäfer, S. 240.

242 Vgl. § 1 Abs. 1 KSchG.

Im deutschen Recht gibt es drei zentrale Prinzipien, die durch die Rechtsprechung entwickelt wurden und für alle drei Kündigungsgründe gelten. Bei Vorliegen eines der gesetzlich normierten Kündigungsgründe wird unter Beachtung dieser Prinzipien festgestellt, ob die Kündigung den durch die Rechtsprechung entwickelten Mindestanforderungen der sozialen Rechtfertigung entspricht.

Für die Rechtmässigkeit der Kündigung sind die objektiven Verhältnisse zum Zeitpunkt des Zugangs der Kündigung entscheidend[243] (Prognoseprinzip); es darf dem Arbeitgeber kein milderes Mittel als die Kündigung zur Befriedigung seiner Interessen zu Verfügung stehen[244] (Ultima-Ratio-Prinzip), und bei der Beurteilung der Rechtmässigkeit der Kündigung sind die beiderseitigen Interessen umfassend gegeneinander abzuwägen[245] (Prinzip der Interessenabwägung).

Der Arbeitgeber hat die kündigungsbedingenden Tatsachen grundsätzlich umfänglich und substantiiert zu beweisen[246]. Dieser Beweislast ist, im Gegensatz zur diesbezüglichen englischen Regelung, nur Genüge getan, wenn der Arbeitgeber durch konkrete Tatsachen das Vorliegen eines gesetzlichen Kündigungsgrundes beweisen kann[247].

243 Vgl. BAG 30.05.1985, EzA § 1 KSchG Betriebsbedingte Kündigung Nr. 36; BAG 15.08.1984, AP Nr. 16 zu § 1 KSchG 1969 Krankheit; Preis, Arbeitsrecht, S. 696.

244 Vgl. BAG 30.05.1978, AP Nr. 70 zu § 626 BGB.

245 Vgl. BAG 25.11.1982, EzA § 1 KSchG Krankheit Nr. 10; Kramer, Die Kündigung, S. 52. Zu beachten: Im Falle der betriebsbedingten Kündigung gilt dieses Prinzip nach neuerer, sich durchsetzender Ansicht nur noch sehr eingeschränkt, da der Gesetzgeber bereits eine ausreichend konkretisierte Wertentscheidung getroffen hat, vgl. BAG 30.04.1987, AP Nr. 42 zu § 1 KSchG 1969 Betriebsbedingte Kündigung; LAG Bremen 01.09.1998, AZ: 4 Sa 11/97; KR/Etzel, § 1 KSchG, N 547 ff.

246 Vgl. § 1 Abs. 2 Satz 4 KSchG.

247 Vgl. BAG 02.11.1983, EzA § 1 KSchG Krankheit Nr. 13; BAG 07.12.1978, EzA § 1 KSchG Betriebsbedingte Kündigung Nr. 10; ausführlich hierzu

(2) Kündigungsgründe

Welche Kündigungsgründe sozial gerechtfertigt sind, definiert das Gesetz selbst in § 1 Abs. 2 und 3 KSchG. In diesen Absätzen werden unbestimmte Rechtsbegriffe verwendet, welche, wie auch im englischen Recht, durch die Rechtsprechung konkretisiert wurden[248].

(a) Personenbedingte Gründe

Für den Begriff der personenbedingten Kündigung gibt es weder eine gesetzliche Definition, noch eine abschliessende, gesetzliche Aufzählung von Beispielen. Nach dem allgemeinen Sprachgebrauch basiert die personenbedingte Kündigung auf Gründen aus der Sphäre des Arbeitnehmers[249]. Es liegt ein personenbedingter Kündigungsgrund vor, wenn ein Arbeitnehmer zum Zeitpunkt der Kündigung und voraussichtlich auch danach die Fähigkeit und Eignung nicht besitzt, die geschuldete Arbeitsleistung ganz oder teilweise zu erbringen[250], also infolge Krankheit (lang anhaltende Krankheit, häufige kurze Erkrankungen, krankheitsbedingte Minderung der Leistungsfähigkeit), Sucht oder charakterlicher Eigenschaften[251].

Die Grenze gegenüber den hiernach erwähnten verhaltensbedingten Kündigungsgründen ist oft verschwommen, da auch ein kündigungsrelevantes Verhalten ein „in der Person des Arbeitnehmers liegender Umstand" ist. Für das Vorliegen eines personenbe-

---

Ascheid, Beweislastfragen, S. 61; vgl. zur Beweislage in England: B, III, 2, a), (1).

248 Vgl. Preis, Arbeitsrecht, S. 695; KR/Etzel, S. 1 KSchG, N 201 ff.

249 Vgl. KR/Etzel, § 1 KSchG, N 265.

250 Vgl. BAG 20.05.1988, AP Nr. 9 zu § 1 KSchG 1969 Personenbedingte Kündigung; KR/Etzel, § 1 KSchG, N 266; Rüthers/Henssler, ZfA 1988, 39.

251 Diese Aufzählung gibt nur vereinzelte Bespiele wieder und entbehrt in jeglicher Weise der Vollständigkeit. Ausführlich zu den einzelnen personenbedingten Gründen: KR/Etzel, § 1 KSchG, N 279 ff.; Berkowsky, NZA-RR 2001, 393 (395 ff.); Berkowsky, NZA-RR 2001, 449 ff.

dingten Kündigungsgrundes ist ein Verschulden des Arbeitnehmers, im Gegensatz zur verhaltensbedingten Kündigung, nicht nur keine Voraussetzung, sondern von einem personenbedingten Kündigungsgrund kann gerade nur bei fehlendem Steuerungsvermögen des Arbeitnehmers ausgegangen werden[252].

Die fehlende oder beeinträchtigte Fähigkeit und Eignung zur Erbringung der arbeitsvertraglich vereinbarten Leistung muss sich negativ auf den Betrieb auswirken, um einen personenbedingten Grund darzustellen. Die Beeinträchtigung muss tatsächlich feststellbar sein[253]; die Gefahr einer solchen genügt nicht für eine personenbedingte Kündigung[254].

(b) Verhaltensbedingte Gründe

Das Gesetz enthält keine Definition des Begriffs des verhaltensbedingten Grundes. Im Gegensatz zum personenbedingten Kündigungsgrund ist der verhaltensbedingte Kündigungsgrund dadurch geprägt, dass der Arbeitnehmer hier schuldhaft gegen seine arbeitsvertraglichen Pflichten verstossen hat[255]. Die Fälle der verhaltensbedingten Kündigung lassen sich grob in vier Gruppen aufteilen: Störungen im Leistungsbereich[256], Verstösse gegen die betriebliche Ordnung[257], Störungen im personellen Vertrauensbereich[258] sowie

252 Vgl. Berkowsky, NZA-RR 2001, 393; Preis, Arbeitsrecht, S. 733.

253 Nur ausnahmsweise kommt es auf die tatsächliche Betriebsstörung nicht an, wenn durch rechtliche oder tatsächliche Leistungshindernisse die Vertragsdurchführung auf Dauer entfällt, z.B. bei Wegfall der Arbeitserlaubnis.

254 Vgl. BAG 20.07.1989, AP Nr. 2 zu § 1 KSchG 1969 Sicherheitsbedenken; Preis, Arbeitsrecht, S. 733.

255 Vgl. KR/Etzel, § 1 KSchG, N 395; Kramer, Die Kündigung, S. 55; Erfurter Kommentar / Ascheid, § 1KSchG, N 293.

256 Z.B. Schlecht- oder Fehlleistung.

257 Z.B. Alkohol- oder Rauchverbot.

258 Z.B. Vollmachtsmissbrauch, Annahme von Schmiergeldern.

Verletzung von arbeitsvertraglichen Nebenpflichten[259]. Das private Verhalten des Arbeitnehmers ist grundsätzlich kündigungsrechtlich irrelevant. Wirkt es sich aber auf den betrieblichen Bereich aus und führt dort zu Störungen, so kann es in Einzelfällen – wie auch im englischen Recht[260] – einen verhaltensbedingten Kündigungsgrund darstellen[261].

(c) Betriebsbedingte Gründe

Im Gegensatz zu den personenbedingten und den verhaltensbedingten Gründen sind betriebsbedingte Kündigungsgründe der Sphäre des Arbeitgebers zuzuordnen. Materielle Voraussetzung für die Sozialverträglichkeit der betriebsbedingten Kündigung ist einerseits, dass der Arbeitgeber wegen dringender betrieblicher Ursachen eine unternehmerische Entscheidung trifft, aufgrund welcher die Beschäftigungsmöglichkeit des betroffenen Arbeitnehmers in ihrer bisherigen Ausgestaltung dauerhaft entfällt, und andererseits, dass der Arbeitnehmer auch nicht anderweitig weiterbeschäftigt werden kann[262].

Da der Wegfall eines Arbeitsplatzes immer einer unternehmerischen Entscheidung bedarf, ist entscheidend, inwieweit die Rationalität und Sozialverträglichkeit dieser unternehmerischen Entscheidung durch die Gerichte überprüft wird.

---

259 Z.B. Verstösse gegen die Gehorsams-, Treue-, und Geheimhaltungspflicht; vgl. zu den vier Kategorien: BAG 26.05.1977 AP Nr. 5 zu § 611 BGB, Beschäftigungspflicht.

260 Vgl. hierzu oben: B, III, 2, a), (2), (a).

261 Vgl. Preis, Arbeitsrecht, S. 761; Kramer, Die Kündigung, S. 55.

262 Vgl. § 1 Abs. 2 Satz 1 KSchG; KR/Etzel, § 1 KSchG, N 515; Zwanziger, NJW 1995, 916 ff.

(i) Unternehmerische Entscheidung

Nach der Rechtsprechung des BAG ist unter „unternehmerischer Entscheidung" die Bestimmung der Unternehmenspolitik zu verstehen, die der Geschäftsführung zugrunde liegt[263].

Die organisatorischen Massnahmen, die der Arbeitgeber trifft, um seinen Betrieb umzustellen, sollen einerseits nicht auf ihre Notwendigkeit und Zweckmässigkeit überprüft werden[264], wohl aber auf eine evidente Unsachlichkeit, Unvernunft oder Willkür[265]. Wie im englischen Recht wird unterstellt, dass die Geschäfte vernünftig geführt werden. Der unternehmerische Zweck einer betrieblich-organisatorischen Massnahme soll demnach gemäss BAG unüberprüft bleiben, jedoch soll die Notwendigkeit der Massnahme wiederum an dem – eventuell auch nur vorgegebenen – Zweck gemessen werden[266]. Um es zu verdeutlichen: Es wird durch die Gerichte sehr intensiv überprüft, ob die unternehmerische Entscheidung tatsächlich zum Wegfall des Arbeitsplatzes führt, was wiederum voraussetzt, dass das unternehmerische Konzept genau diese betreffende Kündigung und nichts anderes erfordert[267]. Je kürzer der zeitliche Abstand zwischen organisatorischer Entscheidung und Entschluss zur Kündigung ist, umso mehr muss der Kündigende vor Gericht dartun, dass ein Bedarf an der Arbeitskraft des betroffenen Vertragspartners entfallen ist[268].

---

263 Vgl. BAG 20.02.1986, AP Nr. 11 zu § 1 KSchG 1969; BAG 24.04.1997 AP NR. 42 zu § 2 KSchG 1969.

264 Das BAG argumentiert, solche Massnahmen gehören zum grundgesetzlich geschützten Freiheitsbereich des Arbeitgebers; Art. 12, 14 GG, vgl. BAG 29.03.1990, AP Nr. 50 zu § 1 KSchG 1969.

265 Vgl. BAG AP Nrn. 1, 6, 8 und 10 zu § 1 KSchG 1969; Preis, NZA 1995, 241, (243).

266 Vgl. BAG EzA § 1 KSchG, Nr. 20, Soziale Auswahl.

267 Vgl. Rebhahn, ZfA 2003, 163, (197).

268 Vgl. BAG 17.06.1999, AP Nr. 101 zu § 1 KSchG 1969.

(ii) *Dringlichkeit des betrieblichen Erfordernisses*

Die dringenden betrieblichen Erfordernisse sind im Gesetz nicht definiert oder anhand von Beispielen aufgezählt. Durch den Verzicht auf eine derartige Definition wollte der Gesetzgeber dem Umstand Rechnung tragen, dass in einem betrieblichen Geschehensablauf eine Fülle von durch den Betrieb nicht vorherseh- und beeinflussbaren Faktoren für den Personalabbau verantwortlich sein kann[269].

Gemäss der Rechtsprechung des BAG ist Dringlichkeit im Sinne des Gesetzes zu bejahen, wenn die Kündigung die notwendige Folge der betrieblichen Erfordernisse ist[270]. Die Dringlichkeit zeigt sich gemäss Rechtsprechung auch darin, dass das Kündigungsinteresse des Arbeitgebers von Dauer ist, da dies aus der blossen Kündigungsentscheidung nicht ersichtlich sei[271].

(iii) *Sozialauswahl*

Bei einer betriebsbedingten Kündigung stellt sich, wie auch im englischen Recht bei redundancy, die Frage, welche Arbeitnehmer betroffen sein werden und wie sie aus der Gesamtzahl der Arbeitskräfte ausgewählt werden. Die Auswahl muss nach deutschem Recht, im Gegensatz zum englischen Recht, grundsätzlich nach sozialen

---

269 Zu diesen Faktoren gehören beispielsweise gesamtwirtschaftliche Rezessionserscheinungen, branchenspezifische Strukturveränderungen, technologische Entwicklung, Drittmittelkürzung; vgl. KR/Etzel, § 1 KSchG, N 516.

270 Vgl. BAG 29.11.1990 RzK I 5a, Nr. 4; Preis, Arbeitsrecht, S. 720. Bei der Kündigung wegen sog. Leistungsverdichtung ist es fraglich, ob eine Dringlichkeit des betrieblichen Erfordernisses vorliegt. Die Rechtsprechung verlangt in diesen Fällen ein nachvollziehbares Konzept des Arbeitgebers und die ausführliche Darlegung, dass die Arbeitnehmer, welche die Aufgaben des zu kündigenden Arbeitnehmers in Zukunft übernehmen sollen, und der betroffene Arbeitnehmer selbst nicht ausgelastet sind; vgl. BAG 17.06.1999, AP Nr. 103 zu § 1 KSchG Betriebsbedingte Kündigung.

271 Vgl. BAG 17.06.1999, AP Nr. 101 zu § 1 KSchG 1969 Betriebsbedingte Kündigung.

Gesichtspunkten erfolgen, nicht nach Qualität und Leistung. Bei der Auswahl der zu Kündigenden sind die Sozialkriterien Dauer der Betriebszugehörigkeit, Lebensalter, Unterhaltsverpflichtungen und Schwerbehinderung zu beachten[272].

Die Sozialauswahl erstreckt sich, ähnlich wie im englischen Recht, nur auf den Betrieb[273]. Die Auswahl erfolgt zwischen Arbeitnehmern, die nach arbeitsplatzbezogenen Merkmalen, d.h. nach der ausgeübten Tätigkeit, austauschbar sind[274].

Vom Ergebnis der Sozialauswahl kann im Einzelfall im Hinblick auf berechtigte betriebliche Interessen abgewichen werden[275]. Danach sind Arbeitnehmer, deren Weiterbeschäftigung, insbesondere wegen ihrer Kenntnisse, Fähigkeiten und Leistungen oder zur Sicherung einer ausgewogenen Personalstruktur des Betriebes, im berechtigten betrieblichen Interesse liegt, nicht einzubeziehen[276]. Es muss im Einzelfall eine Abwägung zwischen den Schutzinteressen des jeweilig

---

272 Die gesetzliche Konkretisierung der Sozialauswahl wurde mit der Gesetzesänderung zum 01.01.2004 eingeführt. Zuvor lag eine fehlerhafte Sozialauswahl vor, wenn die Auswahl des zu Kündigenden nicht nach „sozialen Gesichtspunkten" erfolgte. Die Konkretisierung auf vier Sozialkriterien bringt zumindest insofern Rechtssicherheit, dass damit klargestellt wurde, dass der Arbeitgeber keine anderen Kriterien berücksichtigen muss. Inwiefern er jedoch andere Kriterien berücksichtigen darf, bleibt offen. In der Entwurfsbegründung zum Reformgesetz wurde ausdrücklich festgehalten, dass die genannten Kriterien „die Beachtung unbilliger Härte im Einzelfall" nicht ausschliessen; vgl. Begr. FraktE in BT-Dr 15/1204, S. 11; Willemsen/Annuß, NJW 2004, 177.

273 Also nicht möglicherweise auf das ganze Unternehmen oder den ganzen Konzern; vgl. BAG 22.05.1986, AP Nr. 4 zu § 1 KSchG 1969 Konzern.

274 Die erforderliche Austauschbarkeit liegt vor, wenn der Arbeitgeber die Arbeitnehmer auf einen anderen Arbeitsplatz versetzen kann, ohne dass er eine Änderungskündigung aussprechen müsste; vgl. BAG 29.03.1990, NZA 1991, 181, (184) = DB 1991, 173; BAG 17.02.2000, NZA 2000, 822, (824) = AP Nr. 46 zu § 1 KSchG1969 Soziale Auswahl.

275 Vgl. Quecke, RdA 2004, 86, (88). Willemsen/Annuß, NJW 2004, 177, (178).

276 Vgl. § 1 Abs. 3 Satz 2 KSchG.

sozial schwächeren Arbeitnehmers und den betrieblichen Bedürfnissen vorgenommen werden. Je schwerer die sozialen Interessen des Arbeitnehmers wiegen, desto gewichtiger müssen die Gründe für die Abweichung vom Ergebnis der Sozialauswahl sein[277].

Eine möglicherweise fehlerhafte Sozialauswahl muss, im Gegensatz zum Vorliegen eines Kündigungsgrundes, im Rahmen der abgestuften Darlegungs- und Beweislast durch den Arbeitnehmer bewiesen werden[278].

(3) Überprüfung der Sozialverträglichkeit

Zur Überprüfung der sozialen Rechtfertigung sind im Laufe der Zeit durch die Rechtsprechung für alle drei gesetzlich vorgesehenen Kündigungsgründe rechtssatzförmige, auf den jeweiligen Kündigungsgrund abgestimmte Voraussetzungen entwickelt worden, die aus allgemeinen, abstrakten Prinzipien abgeleitet werden[279]. Das Prognoseprinzip, das Ultima-Ratio-Prinzip und das Prinzip der Interessenabwägung sind die drei zentralen Grundsätze, die mit gewissen Einschränkungen für alle Kündigungsgründe gelten. Sie kommen bei den einzelnen Kündigungsgründen jedoch in unterschiedlicher Intensität zum Tragen.

(a) Prognoseprinzip

Für die Sozialverträglichkeit einer Kündigung ist die Prognose der zukünftigen Beeinträchtigung des Arbeitsverhältnisses notwendig. Für alle Kündigungsgründe gilt das Prognoseprinzip, da sie zukunftsbezogen sind[280]. Für die soziale Rechtfertigung der Kündigung

---

277 Vgl. BAG 12.04.2002, AP Nr. 56 zu § 1 KSchG 1969 Soziale Auswahl; kritisch hierzu Willemsen/Annuß, NJW 2004, 177, (179).

278 Vgl. § 138 ZPO; Hoß, MDR 2000, 305, (313).

279 Vgl. Preis, Arbeitsrecht, S. 695.

280 Vgl. Hoyningen-Huene/Linck, KSchG, § 1, N 130 – 130 ff.; Preis, NZA 1997, 1073, (1076).

ist also der zukünftige Geschehensablauf, wie ihn der Arbeitgeber zum Zeitpunkt der Kündigung nach objektiven Kriterien beurteilen musste, entscheidend[281].

Das Prognoseprinzip erlangt besondere Bedeutung bei der Beurteilung der Sozialverträglichkeit der personenbedingten Kündigung, da dieser Kündigungsgrund keine Sanktion für den Arbeitnehmer darstellen, sondern den Arbeitgeber vor künftigen unzumutbaren Belastungen bewahren soll[282]. Auch bei der verhaltens- oder betriebsbedingten Kündigung gilt das Prognoseprinzip insofern, dass die Kündigungsgründe für die Zukunft Bestand haben[283].

(b) Ultima-Ratio-Prinzip

Eine Kündigung ist nur sozialverträglich, wenn sie die mildeste Reaktion des Arbeitgebers ist, um seine Interessen zu befriedigen[284]. Dies ist aus dem Ziel des KSchG, den Bestand des Arbeitsverhältnisses zu sichern, abzuleiten[285]. Die Grenzen des Ultima-Ratio-Prinzips sind die rechtlichen und tatsächlichen Möglichkeiten des Arbeitgebers.

---

281 Vgl. BAG 19.06.1991, AP Nr. 53 zu § 1 KSchG 1969 Betriebsbedingte Kündigung.

282 Es kommt hier entscheidend darauf an, ob der Arbeitnehmer in Zukunft seine Arbeitsleistung wird erbringen können oder nicht. Für die krankheitsbedingte Kündigung ist hier eine dreistufige Prüfung durch das BAG entwickelt worden, nach welcher 1. eine negative Gesundheitsprognose vorliegen muss, 2. dadurch erhebliche betriebliche Nachteile für den Arbeitgeber entstehen müssen und 3. eine umfassende Interessenabwägung zwischen Arbeitgeber- und Arbeitnehmerinteressen vorgenommen werden muss; vgl. BAG 29.07.1993, AP Nr. 27 zu § 1 KSchG 1969 Krankheit; Preis, Arbeitsrecht, S. 733.

283 Zumindest aus der Sicht des Arbeitgebers zum Zeitpunkt der Kündigung.

284 Vgl. BAG 30.05.1978, AP Nr. 70 zu § 626 BGB; Erfurter Kommentar / Ascheid, § 1 KSchG, N 121–123.

285 Vgl. die Begründung des Regierungsentwurfs, RdA 1951, 61, (63).

Das Ultima-Ratio-Prinzip gilt bei jeder Beendigungskündigung, gleich welchen Grundes[286]. Bei den verhaltensbedingten und den personenbedingten Kündigungsgründen erfordert das Ultima-Ratio-Prinzip, dass eine Abmahnung[287] der Kündigung vorausgeht, wobei diese bei personenbedingtem Kündigungsgrund nur dann erforderlich ist, wenn die Kündigung an ein steuerbares Verhalten geknüpft ist[288]. Die Abmahnung ist entbehrlich, wenn sie kein geeignetes Mittel darstellt, d.h., wenn der durch die Abmahnung beabsichtigte Erfolg objektiv nicht möglich ist[289]. Auch bei Störungen im Vertrauensbereich wird eine Abmahnung von der Rechtsprechung grundsätzlich für überflüssig gehalten[290].

Eine weitere Auswirkung des Ultima-Ratio-Prinzips ist, dass die Kündigung, gleich welchen Kündigungsgrunds, nur ein geeignetes Mittel ist, wenn durch eine Weiterbeschäftigung des Arbeitnehmers[291] auf einem anderen Arbeitsplatz nicht ebenso die vertraglichen oder betrieblichen Interessen des Arbeitgebers erfüllt werden können. Das Ultima-Ratio-Prinzip ist bezüglich des Weiterbeschäftigungsvorrangs sogar im KSchG konkretisiert[292].

---

286 Vgl. BAG 30.05.1978, AP Nr. 70 zu § 626 BGB.

287 Die Abmahnung ist der Ausdruck der Missbilligung eines Verhaltens unter Androhung von Rechtsfolgen für die Zukunft, sofern das Verhalten nicht geändert wird; vgl. BAG, BB 1980, 1269 = DB 1980, 1351. Dem Arbeitnehmer soll unmissverständlich klar gemacht werden, dass der Arbeitgeber nicht mehr bereit ist, ein bestimmtes Verhalten weiterhin hinzunehmen und Rechtskonsequenzen androht. Die Warnung sollte, um ihren Zweck zu erfüllen, die Kündigung androhen; vgl. Schaub, NJW 1990, 872, (873).

288 Vgl. BAG 21.11.1985, AP Nr. 12 zu § 1 KSchG 1969; BAG 04.06.1997, AP Nr. 137 zu § 626 BGB.

289 Vgl. BAG 18.05.1994, AP Nr. 3 zu § 108 BPersVG.

290 Vgl. BAG 10.11.1988, AP Nr. 3 zu § 1 KSchG 1969 Abmahnung.

291 Im gleichen Betrieb oder einem anderen Betrieb des gleichen Unternehmens; vgl. BAG 14.10.1982, AP Nr. 1 zu § 1 KSchG 1969 Konzern.

292 Vgl. § 1 Abs. 2 Satz 1 Halbsatz 2, Satz 3 KSchG.

(c) *Interessenabwägung*

Zur Beurteilung der Sozialverträglichkeit einer Kündigung ist nach h.M. eine umfassende Abwägung zwischen dem Bestandsschutzinteresse des Arbeitnehmers und dem Auflösungsinteresse des Arbeitgebers erforderlich[293]. Durch die Interessenabwägung soll im Einzelfall festgestellt werden, in welchem Mass das Verhältnis zwischen den Parteien geschädigt wurde[294].

Bei der betriebsbedingten Kündigung hat der Gesetzgeber bereits eine ausreichend konkretisierte Wertentscheidung durch das Merkmal „dringende betriebliche Auswahl" und die notwendige Sozialauswahl[295] getroffen, so dass eine zusätzliche Interessenabwägung bei diesem Kündigungsgrund entbehrlich ist[296]. Bei der personen- und verhaltensbedingten Kündigung ist eine richterliche Interessenabwägung unentbehrlich, da keine gesetzliche Konkretisierung dieses Grundsatzes existiert[297].

c) *Schweiz*

(1) *Konzept der Missbräuchlichkeit der Kündigung*

Unter Vorbehalt der Bestimmungen über den sachlichen Kündigungsschutz kann nach schweizerischem Recht aus jedem beliebigen Grund gekündigt werden. Insbesondere eine personen-, verhaltens- oder wirtschaftlich bedingte Rechtfertigung ist, im Gegensatz zum englischen und deutschen Kündigungsschutzrecht, nicht notwendig, um der Missbräuchlichkeit der Kündigung zu entgehen. Nach

---

293 Vgl. BAG 20.10.1954, AP Nr. 6 zu § 1 KSchG; BAG 13.09.1973 und 12.08.1976, AP Nrn. 2 und 3 zu § 1 KSchG 1969.

294 Vgl. Preis, Arbeitsrecht, S. 706.

295 Vgl. § 1 Abs. 2 und 3 KSchG.

296 Vgl. BAG 30.04.1987, AP Nr. 42 zu § 1 KSchG 1969 Betriebsbedingte Kündigung.

297 Dies entspricht der Begründung zum Regierungsentwurf, RdA 1951, 61, (63).

schweizerischem Recht ist also eine Kündigung, im Gegensatz zum englischen und deutschen Recht, grundsätzlich möglich, wobei bestimmte Kündigungsmotive unzulässig sind. Nur wenn der Kündigung jedoch ein nach gesellschaftlichen Wertvorstellungen nicht schützenswertes Motiv zugrunde liegt, so ist die Kündigung nicht zulässig und damit missbräuchlich[298].

Der Kündigungsschutz wird sozusagen von der „anderen Seite" her angegangen, da nicht wie in England und Deutschland diejenigen Fälle im Gesetz festgehalten sind, in denen eine Kündigung zugelassen sein soll, sondern die „Verbotsfälle" gesetzlich festgehalten werden.

Möchte der Gekündigte gegen die Kündigung gerichtlich vorgehen, so muss er zunächst schriftlich bis zum Ablauf der Kündigungsfrist gegen die Kündigung Einspruch beim Kündigenden erheben[299]. Erfolgt daraufhin keine Einigung, so kann der Gekündigte innerhalb von 180 Tagen die Missbräuchlichkeit der Kündigung gerichtlich geltend machen[300], wobei der Gekündigte die Missbräuchlichkeit der Kündigung zu beweisen hat[301], wohingegen der Kündigende allfällig vorhandene Rechtfertigungsgründe beweisen muss[302]. Die Beweislast des Entlassenen geht soweit, dass er nicht nur den Missbrauchstatbestand selbst, sondern auch dessen Kausalität für die Kündigung, also das Motiv der Kündigung zu beweisen hat[303].

298 Vgl. Brühwiler, Einzelarbeitsvertrag, S. 331; Senti, S. 10; Rehbinder, Arbeitsrecht, S. 156.

299 Vgl. Art. 336b Abs. 1 OR.

300 Vgl. Art. 336b Abs. 2 OR.

301 Vgl. Tribunale d'appello del Cantone Ticino 18.03.1999, JAR 2000, 400; dies ergibt sich aus der allgemeinen Beweislastregel, nach der „[...]derjenige das Vorhandensein einer behaupteten Tatsache [...]zu beweisen hat [...]", „[...]der aus ihr Rechte ableitet [...]", Art. 8 ZGB.

302 Vgl. Zürcher Kommentar / Staehelin, Art. 336 OR, N 36; Nordmann, S. 279.

303 Vgl. Berner Kommentar / Rehbinder, Art. 336 OR, N 11.

Nach h.M.[304] ist der Beweis des Gekündigten insofern erleichtert, als er lediglich Indizien liefern muss, die eine missbräuchliche Kündigung in hohem Masse wahrscheinlich machen. Das hohe Mass an Wahrscheinlichkeit der Missbräuchlichkeit genügt, da der Beweis ansonsten nur gelingen würde, wenn der Kündigende die Kündigungsgründe in der schriftlichen Begründung erwähnt oder die Kündigung vor Zeugen begründet hat.

(2) Tatbestände missbräuchlicher Kündigung

(a) Nach dem OR

Die in Art. 336 Abs. 1 OR geregelten Missbrauchstatbestände gelten im Gegensatz zu den englischen und den deutschen Regelungen zum Kündigungsschutz formal paritätisch, d.h. gleichermassen für die Kündigung beider Parteien des Arbeitsverhältnisses. Praktisch kommen die Missbrauchstatbestände des Art. 336 Abs. 1 OR jedoch nur bei der Kündigung des Arbeitgebers zum Tragen[305]. Die Missbrauchstatbestände des Art. 336 Abs. 2 OR hingegen sind ihres Inhaltes zufolge hingegen nur auf die arbeitgeberseitige Kündigung zugeschnitten.

Die Aufzählung der missbräuchlichen Kündigungsgründe in Art. 336 OR ist nicht abschliessend[306]. Kündigungsgründe, die in Art. 336 OR nicht aufgezählt sind, können aber nur dann missbräuchlich sein, wenn sie ebenso schwer wiegen wie die im Gesetz erwähnten[307].

---

304 Vgl. BGE 30.06.1992, JAR 1995, 152 ff.; OGer. Aargau, SJZ 1991, 305; Streiff / von Kaenel, Art. 336 OR, N 16.

305 Vgl. Berner Kommentar / Rehbinder, Art. 336 OR, N 3.

306 Vgl. Chambre d'appel des prud'hommes de Genève 22.05.1997, JAR 1998, 179; Geiser, BJM 1994, 169, (188); Berner Kommentar / Rehbinder, Art. 336 OR, N 10.

307 Vgl. Brühwiler, Einzelarbeitsvertrag, S. 331; Nordmann, S. 143.

(i) Persönliche Eigenschaft

Eine Kündigung, die wegen einer persönlichen Eigenschaft des Gekündigten ausgesprochen wird, ist missbräuchlich[308]. Hiervon erfasst sind Kündigungen, die wegen des Familienstands, des Geschlechts, der Herkunft, der Rasse, der Nationalität, der Religion, der sexuellen Neigung, des Alters, wegen Vorstrafen oder Krankheit erfolgen[309].

Eine derartige Kündigung ist jedoch dann gerechtfertigt, wenn die persönliche Eigenschaft des Gekündigten, mit der die Kündigung begründet wird, einen direkten und eindeutigen Bezug[310] zum Arbeitsverhältnis hat oder das Betriebsklima wesentlich beeinträchtigt. Die rechtfertigende Beeinträchtigung des Betriebsklimas muss wesentlich sein[311]. Vorübergehende Störaktionen oder Bagatellfälle reichen nicht aus[312].

---

308 Vgl. Art. 336 Abs. 1 a OR.

309 Vgl. Botschaft betr. Kündigungsschutz, BBl 1984 II 559; Streiff / von Kaenel, Art. 336 OR, N 5.

310 Z.B. Vorstrafen eines Bankangestellten wegen Vermögensdelikten oder Vorstrafen eines Chauffeurs wegen Verkehrsdelikten weisen einen ausreichenden Bezug zum Arbeitsverhältnis auf. Jede krankheitsbedingte Kündigung, die nicht während der Sperrfrist des Art. 336c Abs. 1 b ausgesprochen wurde, ist nicht missbräuchlich, soweit die Krankheit den Arbeitnehmer ganz oder teilweise an der Erfüllung der Arbeitspflicht hindert. Auch wenn altersbedingt die Arbeitsfähigkeit oder die Eignung zur Arbeit nachlässt, z.B. bei Models oder Kellnerinnen, kann das Alter zum tolerierten Kündigungsgrund werden; vgl. Brühwiler, Einzelarbeitsvertrag, S. 334/335; Berner Kommentar / Rehbinder, Art. 336 OR, N 3.

311 Vischer, Arbeitsvertrag, S. 168; Nordmann, S. 103.

312 Der Arbeitgeber ist zunächst verpflichtet, sich anderweitig um die Wiederherstellung des Betriebsfriedens zu bemühen. Erst wenn diese Bemühungen fehlgeschlagen sind, dann ist die Störung des Betriebsfriedens eine Rechtfertigung der Kündigung; vgl. Brühwiler, Einzelarbeitsvertrag, S. 336.

(ii) Ausübung verfassungsmässiger Rechte

Die Kündigung wegen Ausübung eines verfassungsmässigen Rechts ist missbräuchlich[313]. Dieses Verbot erfasst sowohl die Kündigungen wegen der Ausübung politischer Rechte[314] als auch solche wegen der Ausübung von Freiheitsrechten[315].

Die Kündigung ist jedoch dann nicht missbräuchlich, wenn infolge der Ausübung der Rechte eine Pflicht aus dem Arbeitsvertrag verletzt wird oder wenn die Ausübung der Rechte die Zusammenarbeit im Betrieb wesentlich beeinträchtigt. Auch wenn der Wortlaut dieser gesetzlichen Rechtfertigungsmöglichkeit im Vergleich zu Art. 336 Abs. 1 a OR leicht variiert, sind die Grundgedanken dieser Rechtfertigungsgründe dieselben[316] .

(iii) Vereitelung von Ansprüchen

Die Kündigung ist missbräuchlich, wenn sie beabsichtigt, die Entstehung von Ansprüchen aus dem Arbeitsverhältnis zu vereiteln[317]. Es kann sich hierbei sowohl um gesetzliche als auch um vertragliche Ansprüche handeln[318], die unmittelbar bevorstehen. Die

---

313 Vgl. Art. 336 Abs. 1 b OR.

314 Z.B. Unterstützung von Initiativen, Referenden, Petitionen, Ausübung des Stimm- oder Wahlrechts; vgl. Brühwiler, Einzelarbeitsvertrag, S. 336.

315 Freie Meinungsäusserung, Koalitionsfreiheit, Glaubens- und Gewissensfreiheit etc.; vgl. Brühwiler, Einzelarbeitsvertrag, S. 336.

316 Vgl. Troxler, S. 88; vgl. B, III, 2, c, (a), (i).

317 Vgl. Art. 336 Abs. 1 c OR.

318 Beispielsweise Gratifikationen, 13. Monatsgehalt, Treueprämie, Gehaltsauszahlungen an Saisoniers während der Karenzfrist, Ansprüche auf gestaffelte Gehaltserhöhung; vgl. auch Humbert, S. 85.

Vereitlungsabsicht des Kündigenden muss das hauptsächliche Motiv sein, damit die Beendigung des Arbeitsverhältnisses missbräuchlich wird[319].

(iv) Geltendmachung arbeitsvertraglicher Ansprüche

Macht eine Partei Ansprüche aus dem Arbeitsverhältnis geltend[320], so ist eine als Reaktion darauf ausgesprochene Kündigung missbräuchlich[321]. Diese sog. Rachekündigung ist in der Praxis der häufigste Fall der missbräuchlichen Kündigung[322]. Im Gegensatz zu dem Missbrauchstatbestand der Vereitelung von Ansprüchen, der sich auf zukünftige Ansprüche bezieht, schützt der Missbrauchstatbestand der sog. Rachekündigung bereits bestehende Ansprüche[323]. Diesem Tatbestand ist Genüge getan, wenn die Ansprüche beim mutmasslichen Schuldner direkt angemeldet wurden; sie müssen nicht gerichtlich geltend gemacht werden[324]. Die Geltendmachung des Anspruchs

319 Gesetzlich festgehalten ist, dass die Kündigung nur dann missbräuchlich ist, wenn sie ausschliesslich erfolgte, um die Entstehung von Ansprüchen zu vereiteln. Mit „ausschliesslich" ist jedoch gemeint, dass dieser Missbrauchtatbestand einschlägig ist, wenn das Vereitlungsmotiv unter mehreren Gründen am schwersten wiegt. Das Wort „ausschliesslich" soll den notwendigen Zusammenhang zwischen dem Kündigungsgrund und der Kündigung unterstreichen; vgl. Humbert, S. 86; Troxler, S. 92.

320 Z.B. Überstundenzuschlag, Gehalt, Weigerung eine Lohnreduktion hinzunehmen, Umfang der Teilzeitarbeit, Bezug von zustehenden Ferien, Verweigerung der vorgesehenen Überstunden; vgl. mit weiteren Beispielen: Zürcher Kommentar / Staehelin, Art. 336 OR, N 24.

321 Vgl. Art. 336 Abs. 1 d OR.

322 Vgl. Streiff / von Kaenel, Art. 336 OR, N 8; Nordmann, S. 111.

323 Vgl. Zürcher Kommentar / Staehelin, Art. 336 OR, N 24; Nordmann, S. 112.

324 Vgl. Botschaft Kündigungsschutz in BBl. 1984 II, 602; Brunner/Bühler/Waeber, Art. 336 OR, N 7; Humbert, S. 87, 88.

darf nicht wider Treu und Glauben erfolgt sein, doch wird der gute Glaube hinsichtlich des Vorliegens von Ansprüchen des vermeintlichen Gläubigers gemäss Art. 3 Abs. 1 ZGB vermutet[325].

(v) Dienstleistung im Landesinteresse

Wird wegen der Ableistung des schweizerischen obligatorischen Militärdienstes, Zivilschutzdienstes oder ähnlicher Dienste gekündigt, so ist die Kündigung missbräuchlich[326].

(vi) Koalitionsfreiheit[327]

Missbräuchlich ist auch eine Kündigung wegen Gewerkschaftsangehörigkeit oder -nichtangehörigkeit oder weil der Arbeitnehmer eine gewerkschaftliche Tätigkeit ausübt[328]. Derartige Kündigungen sind jedoch nur dann missbräuchlich, wenn durch die rechtmässige Ausübung der gewerkschaftlichen Tätigkeit keine arbeitsvertraglichen Pflichten verletzt werden[329].

---

325 Treu und Glauben bedeutet hier einerseits, dass der Kündigungsschutz sich nicht entfaltet, wenn abwegige Ansprüche geltend gemacht werden. Andererseits müssen die geltend gemachten Ansprüche nicht tatsächlich bestehen, damit sich der Kündigungsschutz gegen eine anschliessende Kündigung entfaltet. Der vermeintliche Gläubiger muss lediglich gute Gründe zur Annahme des Vorhandenseins der Ansprüche gehabt haben; vgl. Streiff / von Kaenel, Art. 336 OR, N 8; Zürcher Kommentar / Staehelin, Art. 336 OR, N 24.

326 Vgl. Art. 336 Abs. 1 e OR.

327 Die missbräuchliche Kündigung wegen Ausübung der Koalitionsfreiheit und Mitwirkung in einer Arbeitnehmervertretung, B, III, 2, c, (2), (a), (vi) und (vii), werden hier der Vollständigkeit halber im Kapitel der missbräuchlichen Kündigung behandelt, obwohl sie thematisch dem Sonderkündigungsschutz zuzuordnen sind.

328 Vgl. Art. 336 Abs. 2 a OR.

329 Vgl. Botschaft Kündigungsschutz, BBl. 1984 II 607.

(vii) Arbeitnehmervertretung

Die Kündigung eines gewählten Arbeitnehmervertreters ist während dessen Tätigkeit in einer betrieblichen Einrichtung[330] missbräuchlich[331].

Gerechtfertigt ist die Kündigung eines gewählten Arbeitnehmervertreters jedoch dann, wenn der Arbeitgeber beweisen kann, dass er einen begründeten Anlass zur Kündigung hat. Als solcher gilt jeder Grund, der bei vernünftiger Betrachtungsweise die Kündigung rechtfertigt[332]. Der Arbeitnehmer hat diesfalls nur zu beweisen, dass ihm trotz seines Mandats als Arbeitnehmervertreter gekündigt worden ist, während der Arbeitgeber die Rechtfertigung der Kündigung zu beweisen hat.

(b) Nach dem GlG

Im GlG sind zwei Fälle der missbräuchlichen Kündigung differenzierter geregelt. Dies wird durch Art. 9 GlG betont, wonach die allgemeinen Kündigungsverfahren der missbräuchlichen Kündigung anzuwenden sind[333].

330 Beispielsweise Betriebskommission, Personalkommission, Stiftungsrat oder Personalvorsorgeeinrichtung.

331 Vgl. Art. 336 Abs. 2 b OR.

332 Als begründender Anlass gelten z.B. vertrauenszerstörende Handlungen des Arbeitnehmers; vgl. Botschaft Kündigungsschutz, BBl. 1984 II 609; Brunner/Bühler/Waeber, Art. 336 OR, N 10; Streiff / von Kaenel, Art. 336 OR, N 12.

333 Vgl. Klett, Schutz, S. 169.

(i) Diskriminierende Kündigung[334]

Das GlG verbietet geschlechtsdiskriminierendes Verhalten im Allgemeinen, wodurch selbstverständlich auch das diskriminierende Verhalten bei Kündigungen eingeschlossen ist[335]. Die geschlechtsdiskriminierende Kündigung ist ein Anwendungsfall von derjenigen wegen persönlicher Eigenschaft, Art. 336 Abs. 1 a OR[336]. Im Gegensatz zur allgemeinen Kündigung wegen persönlicher Eigenschaft gilt für die durch das GlG spezieller geregelte geschlechtsdiskriminierende Kündigung eine Beweiserleichterung, nach der eine Diskriminierung vermutet wird, sobald diese durch die diskriminierte Person glaubhaft gemacht ist[337].

Jedoch kann auch die geschlechtsdiskriminierende Kündigung sachlich gerechtfertigt sein[338]. Dies ist beispielsweise der Fall, wenn eine Arbeitnehmerin der körperlichen Belastung durch ihre arbeitsvertragliche Tätigkeit nicht gewachsen ist. Der Arbeitgeber muss jedoch versuchen, die geschlechtsdiskriminierende Kündigung zu vermeiden und dabei die Grundsätze der Verhältnismässigkeit wahren[339].

---

334 Die diskriminierende Kündigung wird hier im Rahmen der allgemeinen Tatbestände des Kündigungsschutzes aus Gründen der Vollständigkeit behandelt, da nach schweizerischem Recht der Schutz vor diskriminierenden Kündigungen als Spezialfall der missbräuchlichen Kündigung wegen einer persönlichen Eigenschaft in den allgemeinen Kündigungsschutz eingeflochten ist.

335 Vgl. Art. 3 Abs. 1 i.V.m. Abs. 2 GlG.

336 Vgl. hierzu oben B, III, 2, c, (2), (a), (i).

337 Vgl. Art. 6 GlG.

338 Vgl. Botschaft BBl. 1993 I, 1296; Decoppet, S. 13.

339 Vgl. Botschaft BBl. 1993 I, 1296; Zürcher Kommentar / Staehelin, Art. 336 OR, N 9.

(ii) Rachekündigung

Eine Kündigung, die ohne begründeten Anlass als Reaktion auf eine innerbetriebliche Beschwerde über eine geschlechtsbezogene Diskriminierung oder auf die Anrufung der Schlichtungsstelle oder des Gerichts durch die Arbeitnehmerin oder den Arbeitnehmer erfolgt, ist als Spezialfall der Kündigung aufgrund der Geltendmachung arbeitsrechtlicher Ansprüche gemäss Art. 336 Abs. 1 d OR missbräuchlich[340].

Um den Kündigungsschutz des GlG zu erlangen, ist es, wie auch bei der Rachekündigung nach OR, gleichgültig, auf welche Art und Weise eine mögliche Diskriminierung geltend gemacht wird. Ausreichend ist die schriftliche Beschwerde beim Arbeitgeber[341]. Der besondere Kündigungsschutz vor Rachekündigungen nach dem GlG ist zeitlich begrenzt. Er beginnt mit der Beschwerde wegen Diskriminierung und endet sechs Monate nach dem Abschluss des innerbetrieblichen Beschwerde bzw. des Schlichtungs- oder Gerichtsverfahrens[342].

Gerechtfertigt ist die Kündigung trotz Schutz vor Rachekündigung, wenn für jene ein begründeter Anlass besteht[343]. Die Botschaft verweist diesbezüglich unter anderem auf Art. 336 Abs. 2 b OR. Danach liegt ein begründeter Anlass dann vor, wenn bei vernünftiger Betrachtungsweise eine Kündigung gerechtfertigt erscheint[344]. Kann der Arbeitgeber einen begründenden Anlass für die Kündigung beweisen, so kann der Gekündigte nicht behaupten, aus Rache

340 Vgl. hierzu oben B, III, 2, c, (2), (a), (iv).

341 Vgl. Decoppet, S. 38.

342 Vgl. Art. 10 Abs. 2 GlG.

343 Den begründeten Anlass muss der Arbeitgeber beweisen; vgl. Botschaft, BBl. 1993 I, 1308; Klett, Schutz, S. 173.

344 Vgl. hierzu B, III, 2, c, (2), (a), (vii).

gekündigt worden zu sein. Diese Rechtfertigungsmöglichkeit des begründeten Anlasses steht im Gegensatz zu der allgemeineren Rachekündigung, welche in Art. 336 Abs. 1 d OR geregelt ist.

d) Vergleichende Würdigung

In den drei betrachteten Ländern gelten unterschiedliche Grundtypen materieller Kündigungsbeschränkungen.

In der Schweiz ist die Kündigung aus bestimmten, gesetzlich festgehaltenen Gründen rechtsmissbräuchlich, was bedeutet, dass im Prinzip die freie Ausübung des Kündigungsrechts möglich ist. Liegt der Kündigung ein gesetzlich nicht gebilligtes Motiv zugrunde, so ist die Kündigung unzulässig, da die Kündigungsfreiheit missbraucht wurde.

In Deutschland herrscht demgegenüber eine allgemeine Rechtfertigungspflicht des Kündigenden. Die Kündigung wird nur dann gesetzlich toleriert, wenn ein sachlich überprüfbarer Grund vorliegt.

Das englische System ist dem deutschen prinzipiell ähnlich, indem pauschal vorausgesetzt wird, dass die Kündigung fair sein muss und das Gesetz die unterschiedlichen Kündigungsgründe aufzählt und einstuft. Diese sind entweder abschliessend, wie dies im deutschen KSchG der Fall ist, oder sie sind – wie im englischen ERA 1996 – nicht abschliessend aufgezählt.

Bei dem erstgenannten schweizerischen Modell ist die prinzipielle Kündigungsfreiheit erhalten geblieben, wobei ihr Missbrauch gesetzlich sanktioniert ist, während bei dem zweitgenannten Modell die prinzipielle Kündigungsfreiheit nicht besteht. Trotz dieser unterschiedlichen Herangehensweisen in den verschiedenen Kündigungsschutzsystemen dürfen die Unterschiede von Inhalt und Funktion nicht überbewertet werden. Eine Kündigung, die nach englischem und deutschem Recht unter keinen gesetzlich geduldeten Grund subsumiert wird, ist in den meisten Fällen auch nach der gesetzlichen Aufzählung des schweizerischen Rechts missbräuchlich. Auch im englischenund deutschen Recht ist die Kündigung nicht grundsätzlich sanktioniert, sondern nur diejenige, die nicht fair bzw. nicht sozial gerechtfertigt ist. So ist beispielsweise in allen drei untersuchten Rechtsordnungen die Möglichkeit einer Kündigung wegen erheblicher Verletzung arbeitsvertraglicher Pflichten durch den Arbeitnehmer wegen der Gefahr weiterer Störungen des Arbeitsverhältnisses gesetzlich legitimiert[345].

Ein wichtiger Unterschied, der aus den beiden unterschiedlichen Herangehensweisen der Kündigungsschutzsysteme resultiert, ist die Verteilung der Beweislast betreffend des Kündigungsgrundes. Im englischen und deutschen System kann der Arbeitgeber nur aus gewissen gesetzlich normierten Gründen gerechtfertigt kündigen. Das Vorliegen eines solchen gerechtfertigten Grundes muss durch den Arbeitgeber bewiesen werden. Gelingt ihm dieser Beweis nicht, so erkennt das Gericht keinen Kündigungsgrund an und stellt deshalb die mangelnde Rechtfertigung der Kündigung fest. Dahingegen muss im schweizerischen Recht der Gekündigte die Missbräuchlichkeit des Kündigungsgrundes beweisen. Auch diese Beweislastverteilung ist im Rahmen des Systems verständlich, da sie sich nach dem Grundsatz richtet, dass derjenige, der einen Anspruch aus einem Missbräuchlichkeitstatbestand ableiten möchte, die Missbräuchlichkeit auch beweisen muss[346]. Da in der schweizerischen Rechtsordnung der Kündigungsschutz so formuliert ist, dass die missbräuchlichen Kündigungsgründe aufgezählt sind, muss der Gekündigte, der wegen der Missbräuchlichkeit der Kündigung eine Entschädigung beansprucht, die Missbräuchlichkeit beweisen. Diese Beweislast bedeutet – vor allem im Hinblick darauf, dass der Verstoss gegen die Begründungspflicht der Kündigung lediglich mit einer Entschädigungspflicht sanktioniert ist – einen entscheidenden Nachteil des Gekündigten gegenüber dem englischen und deutschen System. Dieser Nachteil ergibt sich aus dem Kündigungsschutzsystem, welches die

345 Vgl. hierzu oben: B, III, 2, a), (2), (a); b), (2), (b); c), (2), (a).

346 Vgl. Art. 8 ZGB.

Tatbestände der missbräuchlichen Kündigung aufzählt im Gegensatz zu dem entgegenstehenden Kündigungsschutzsystem, welches die gerechtfertigten Gründe einer Kündigung als Ausnahme erwähnt.

(1) Kündigungssituationen

Die Kategorien der möglicherweise sozialverträglichen, bzw. fairen Kündigungsgründe sind in Deutschland und England ähnlich aufgezählt, wobei die Kündigungsgründe im deutschen KSchG in drei Gruppen eingeteilt sind. Dort wird unterschieden zwischen personen-, verhaltens- und betriebsbedingten Kündigungsgründen. Dahingegen nennt der englische ERA 1996 diese Fallgruppen neben anderen, wobei bei ähnlicher Bezeichnung der Gründe deren Voraussetzung in den beiden Ländern teilweise differiert. Die im schweizerischen OR aufgezählten Missbrauchstatbestände beziehen sich aufgrund der umgekehrten Herangehensweise des Gesetzes natürlicherweise auf andere Sachverhalte.

(a) Kündigung aus Gründen, die auf den Arbeitnehmer bezogen sind

Das deutsche KSchG unterscheidet ausdrücklich zwischen (tolerierten) Kündigungsgründen, die in der Person und im Verhalten des Arbeitnehmers liegen, allerdings ohne diese näher zu konkretisieren[347]. Auch das englische Gesetz toleriert grundsätzlich einerseits eignungs- und leistungsbezogene Gründe und andererseits ebenfalls verhaltensbezogene Kündigungsgründe. Das schweizerische OR führt umgekehrt die Kündigung, die wegen gewisser persönlicher Eigenschaften ergeht, an erster Stelle[348] als missbräuchlich auf.

Dies erscheint auf den ersten Blick als eklatanter Unterschied, relativiert sich aber im Hinblick darauf, dass in Deutschland zur Rechtfertigung der Kündigung eine erhebliche, tatsächlich feststellbare negative Auswirkung auf den Betrieb erforderlich ist, während nach

---

347 Vgl. Rebhahn, ZfA 2003, 163, (208).

348 Art. 336 Abs. 1 a OR.

schweizerischem Recht die an sich missbräuchliche Kündigung wegen einer persönlichen Eigenschaft rechtfertigbar ist, wenn die betreffende persönliche Eigenschaft einen Bezug zum Arbeitsverhältnis hat oder das Betriebsklima wesentlich beeinträchtigt. So ist beispielsweise in beiden Rechtsordnungen eine sog. Druckkündigung[349] gerechtfertigt, wenn die Kündigung in der jeweiligen Situation die ultima ratio ist und es ohne diese zu wesentlichen Beeinträchtigungen im Betrieb käme.

Nach englischem Recht müssen bei eignungs- und leistungsbezogenen Kündigungen eine Reihe prozeduraler Verfahrensschritte durch den Arbeitgeber eingehalten werden, wobei Wert darauf gelegt wird, dass der Arbeitgeber jeden Einzelfall abwägt[350]. Im Unterschied zu Deutschland kann der Arbeitgeber in England im Rahmen der eignungs- und leistungsbezogenen Kündigung das Vertragsverhältnis in fairer Weise beenden, wenn er aus Gründen, die das Arbeitsgericht nachvollziehen kann, nicht mit der Leistung des Arbeitnehmers zufrieden ist[351]. Nach deutschem Recht ist die Kündigung wegen mangelnder Eignung hingegen nur möglich, wenn die Eignung für die ursprünglich versprochene Tätigkeit fehlt, nicht jedoch, wenn der Arbeitnehmer nicht in der Lage ist, neu entstandene Anforderungen des Arbeitsplatzes zu bewältigen[352]. Insbesondere eine Kündigung wegen ungenügender Arbeitsleistung ist nach deutschem Recht wohl eher der verhaltensbedingten Kündigung zuzuordnen[353], wobei die Abgrenzung zur personenbedingten Kündigung im Einzelnen auch

349 Eine solche liegt beispielsweise vor, wenn die übrigen Mitarbeiter eines Betriebs mit der Kündigung oder mit Arbeitskampfmassnahmen drohen, für den Fall, dass ein HIV-infizierter Arbeitnehmer nicht entlassen wird; vgl. LAG Berlin 16.06.1089, NZA 1987, 637; Nordmann, S. 104.

350 Vgl. Deakin/Morris, S. 487.

351 Vgl. Stein / von Pappenheim, S. 71.

352 Vgl. Erfurter Kommentar / Ascheid, § 1 KSchG, N 258.

353 Vgl. LAG Hamm, DB 1983, 1930; OLG Düsseldorf, DB 1987, 1099; LAG Hamm, LAGE KschG § 1 Nr. 6 Verhaltensbedingte Kündigung.

in der Rechtsprechung unsicher ist[354]. Die personalpolitische Entscheidung des Unternehmers wird diesbezüglich in Deutschland stärker überprüft als in England, wo es massgeblich um die Ansicht eines vernünftig handelnden Arbeitgebers geht. Sowohl das einschlägige deutsche Gesetz als auch das in England geltende nehmen bei der verhaltensbedingten Kündigung ausdrücklich auf eine Pflichtverletzung Bezug, ohne diese näher zu definieren[355]. Sowohl nach deutschem als auch nach englischem Recht hat eine Abmahnung sowie generell die Erwägung milderer Massnahmen einer gerechtfertigten verhaltensbedingten Kündigung vorauszugehen.

Da die verhaltensbedingte Kündigung in Art. 336 OR nicht aufgezählt wird, ist sie nach schweizerischem Recht uneingeschränkt möglich.

Die Lösung des Arbeitsverhältnisses wegen verhaltensbedingter Gründe ist demnach in allen drei betrachteten Ländern möglich und ist gerade in Deutschland auch schon wegen relativ geringer Verfehlungen vom Gesetzgeber und der Rechtsprechung toleriert[356]. Auch die Rechtsprechung Englands neigt dazu, Kündigungen, die wegen des Verhaltens des Gekündigten ausgesprochen wurden, recht grosszügig als fair einzustufen[357].

---

354 Vgl. MüKo/Schwerdtner, Anhang zu § 622 BGB, Der Kündigungsschutz von Arbeitsverhältnissen, N 317.

355 Vgl. § 1 Abs. 2 Satz 1 KSchG; Sec. 98 Abs. 2 ERA 1996; Rebhahn, ZfA 2003, 163, (212).

356 Vgl. BAG 12.08.1999 EzA § 626 BGB Verdacht strafbarer Handlung Nr. 8; HK-KschG/Dorndorf, § 1 KSchG, N 834.

357 Vgl. Beispiele hierzu oben B, III, 2, a), (2), (b).

(b) *Kündigung aus wirtschaftlichen Gründen*

In der Schweiz ist die einzelne Kündigung aus wirtschaftlichen Gründen grundsätzlich uneingeschränkt möglich[358]; sie ist in Art. 336 OR nicht aufgezählt. Ausgenommen von der Kündigungsfreiheit aus wirtschaftlichem Grund ist die Situation der Massenentlassungen[359].

Die Kündigung aus wirtschaftlichen Gründen ist zwar in Art. 335a OR erwähnt. Dies stellt aber nur eine Ausnahme vom Grundsatz der Parität der Kündigungsschutzregelungen dar. Nach dieser Gesetzesbestimmung darf der Arbeitnehmer im Falle der wirtschaftlichen Kündigung kürzere Kündigungsfristen verlangen, damit er sich gegebenenfalls rascher aus dem Arbeitverhältnis lösen kann. Dies ist jedoch lediglich eine Sonderregelung für Kündigungsfristen.

Nach englischem und deutschem Recht ist die Kündigung aus wirtschaftlichen Gründen unter jeweils gesetzlich festgehaltenen, leicht divergierenden Voraussetzungen möglich. Der wirtschaftliche Grund ist in beiden Ländern in den Katalog der potentiell gerechtfertigten Kündigungsgründe aufgenommen. Sowohl in Deutschland als auch in England wird das tatsächliche Vorliegen des kündigungsrelevanten wirtschaftlichen Grundes an sich durch die Gerichte kaum überprüft. In England genügt es, wenn der Arbeitgeber einen guten wirtschaftlichen Grund angibt[360]. Das Gericht entscheidet dann aus dem Blickfeld eines imaginären durchschnittlichen und vernünftigen Unternehmers, ob die Kündigung angemessen war[361]. Ähnlich wird nach deutschem Recht die organisatorische Massnahme, die der Arbeitgeber trifft, um seinen Betrieb umzustellen, auf ihre Notwendig-

358 Dies gilt selbst für Arbeitnehmervertreter, welche grundsätzlich in allen drei verglichenen Ländern einem besonderen Kündigungsschutz unterstehen; vgl. Senti, S. 13.

359 Vgl. hierzu oben B, II, 2, c, (2).

360 „[...] a good business reason [...]"; vgl. Deakin/Morris, S. 518; Rebhahn, RdA 2002, 272, (279).

361 Vgl. Ferodo Ltd. v. Barnes, [1976] ICR 439; Döse-Digenopoulos, S. 47.

keit und Zweckmässigkeit nicht durch das Gericht geprüft[362]. Diese in beiden Ländern vorherrschende Zurückhaltung der Gerichte verwundert vor allem im Hinblick darauf, dass beide gesetzlichen Grundlagen generalklauselartig formuliert sind und den entsprechenden Raum für eine gerichtliche Überprüfung liessen. In Deutschland wird jedoch streng überprüft, ob die unternehmerische Entscheidung tatsächlich zum Wegfall des Arbeitsplatzes führt und ob eine Weiterbeschäftigung an einem anderen Platz möglich ist. Da diese letzte Prüfung von englischen Gerichten nicht vorgenommen wird, ist der Schutz der Arbeitnehmer vor einer wirtschaftlich bedingten Kündigung in England gegenüber Deutschland insofern schwächer, als der Arbeitgeber seine unternehmerische Entscheidung frei treffen kann und diese lediglich vernünftig sein muss. Wie auch nach deutschem Recht muss der Arbeitgeber in diesem Zusammenhang überprüfen, ob es für den Arbeitnehmer eine Weiterbeschäftigungsmöglichkeit gibt. Insgesamt wird nach englischem Recht mehr auf das Eigeninteresse des Arbeitgebers vertraut als in Deutschland; sein Ermessensspielraum bei Kündigung aus wirtschaftlichen Zwängen ist in England weiter[363]. So genügen Erwartungen der Verminderung des Arbeitsvolumens, um eine Kündigung zu rechtfertigen. Dies steht im Gegensatz zum deutschen Recht, wo eine Kündigung erst dann gerechtfertig ist, wenn der Auftragsmangel tatsächlich vorliegt.

Auch die Auswahlkriterien der betroffenen Arbeitnehmer sind nach deutschem und englischem Recht unterschiedlich. In England muss die Auswahl nicht nach sozialen Kriterien vorgenommen werden, vielmehr kann der Arbeitgeber die Leute mit der geringsten Leistung entsprechend dem Firmeninteresse entlassen. Der Arbeitgeber kann die Gesichtspunkte, nach welchen er die Auswahl trifft, weitgehend frei festlegen[364], worauf das englische Gericht vor allem

362 Vgl. hierzu oben B, III, 2, b, (2), (c).

363 Vgl. zum Ganzen Rebhahn, ZfA 2003, 163, (198); Döse-Digenopoulos, S. 60.

364 Vgl. Schuhmacher, S. 65.

überprüft, ob er die einmal festgelegten Kriterien eingehalten hat. Dahingegen sind die Kriterien, nach denen die Auswahl erfolgen soll, im deutschen KSchG aufgezählt und diese Aufzählung beschränkt sich auf soziale Gesichtspunkte[365]. Eine Abweichung von diesen Auswahlkriterien ist nur in Ausnahmefällen möglich[366].

Summa summarum erscheint zunächst der Schutz der Arbeitnehmer vor wirtschaftlich bedingten Kündigungen in Deutschland am stärksten ausgeprägt, da nur in Deutschland die Kausalität zwischen unternehmerischer Entscheidung und dem tatsächlichen Wegfall des Arbeitsplatzes genauer überprüft wird und auch die Auswahl der zu Kündigenden lediglich nach sozialen Kriterien erfolgen darf. Andererseits ist aber auch in Deutschland in der Praxis weitgehend unklar, wie die einzelnen sozialen Kriterien als absolute Grössen und im Verhältnis zueinander zu qualifizieren und zu gewichten sind[367]. Weil jeder Arbeitnehmer ein individuelles Recht auf Kündigungsschutz hat und jedes Arbeitsverhältnis in einem eigenen Prozess behandelt wird, kann in jedem Fall die Frage zur Auswahl vollständig nachgeprüft und somit von Fall zu Fall die sozialen Kriterien anders gewichtet werden, was zu einer grossen Rechtsunsicherheit führt.

Der Kündigungsschutz ist in der Schweiz durch die Tatsache, dass Individualkündigungen aus wirtschaftlichen Gründen nicht gesetzlich beschränkt sind, zumindest diesbezüglich am unternehmerfreundlichsten. Gerade in Deutschland ist jedoch zu beobachten,

365 Vgl. die neue Fassung des § 1 Abs. 3 Satz 1 KSchG, massgebend sind die Kriterien: Dauer der Betriebszugehörigkeit, Lebensalter, Unterhaltsverpflichtungen und Schwerbehinderung.

366 Vgl. § 1 Abs. 3 Satz 2 KSchG.

367 Vgl. Rebhahn, ZfA 2003, 163, (203).

dass die Beschränkungen der Kündigung aus wirtschaftlichen Gründen durch den Gesetzgeber zunehmend an weniger strenge bzw. unternehmensorientiertere Kriterien geknüpft werden sollen[368].

Entscheidend ist jedoch, dass alle drei Rechtsordnungen im Vergleich der Interessen des Arbeitgebers an der Beendigung und der Interessen des Arbeitnehmers an der Erhaltung des Arbeitsverhältnisses denen des Arbeitgebers im Falle der wirtschaftlichen Kündigung den Vorrang einräumen. Während die deutsche Rechtsordnung diesen Entscheid nur als ultima ratio zulässt, sind die englische und die schweizerische Rechtsordnung unbeschwerter zur Anerkennung der vertragsbeendigenden Wirkung einer wirtschaftlich begründeten Kündigung bereit.

(2) Abwägung der kollidierenden Interessen

Nach englischem und deutschem Recht gibt es eine dem Kündigungsgrund nachgeordnete Prüfungsebene in Form einer Abwägung der kollidierenden Interessen. Auch nach dem schweizerischen Kündigungsschutzrecht gibt es faktisch eine Abwägung der unterschiedlichen Interessen, da bei den meisten Missbrauchstatbeständen eine oder mehrere Rechtfertigungsmöglichkeiten vorgesehen sind.

Die Abwägung entstammt dem generellen Bedürfnis des Kündigungsschutzrechts, das von je her den Ausgleich zwischen Arbeitgeber- und Arbeitnehmerinteressen zum Ziel hat. Ausgestaltet durch unterschiedliche Regelungsmöglichkeiten haben alle diese Abwägungsmechanismen das Ziel, im Einzelfall eine gerechte und auf den jeweiligen Fall zugeschnittene Lösung zu erreichen.

Konzeptionell sind sich die englische und deutsche Regelung ähnlich, während die Interessenabwägung im schweizerischen OR als Rechtfertigungsmöglichkeit konzipiert ist. Inhaltlich sind sich jedoch

368 Dies zeigt sich beispielsweise durch die jüngste Gesetzesänderung zum 01.01.2004: Danach soll die unternehmensorientierte Auswahl neuerdings zumindest in Ausnahmefällen möglich sein.

die schweizerische und die deutsche Regelung näher. In Deutschland und der Schweiz ist die Abwägung materiellrechtlich ausgerichtet, während in England eher eine Abwägung von Interessen, die nicht unmittelbar den Kündigungsgrund, sondern eher prozedurale Schritte betreffen, praktiziert wird. Im Gegensatz zur Verhältnismässigkeitsprüfung in Deutschland, bei der es nur um die Überprüfung einer Weiterbeschäftigungsmöglichkeit geht, richtet sich die englische Überprüfung der Angemessenheit auch nach Konsultationspflichten und Auswahl des Betroffenen[369].

Ein weiterer Unterschied zwischen der englischen und der deutschen Interessenabwägung ist, dass die Interessenabwägung nach deutschem Recht zwingend ist, während es nach englischem Recht auch möglich und gängig ist, dass eine Kündigung vom Gericht als fair eingestuft wird, obwohl die prozeduralen Voraussetzungen nicht angemessen eingehalten wurden. Die im schweizerischen OR vorgesehene Abwägungsmöglichkeit durch die den Missbrauchstatbeständen immanente Rechtfertigungsmöglichkeit ist aufgrund der umgekehrten Herangehensweise des gesamten Kündigungsschutzes natürlich nicht zwingend. Ist der jeweilige Rechtfertigungsgrund für die Kündigung nicht vorhanden, so findet auch keine Abwägung statt.

Alle drei betrachteten Kündigungsschutzsysteme bedienen sich in irgendeiner Form dem Prinzip der Abwägung der Interessen. Dies vor allem, um im jeweiligen Einzelfall eine gerechte Abwägung zwischen dem Interesse des Arbeitnehmers an der Erhaltung des Arbeitsplatzes und dem Kündigungsinteresse des Arbeitgebers zu erlangen. In der englischen und der deutschen Rechtsordnung ergibt sich die Abwägung aus allgemeinen Prinzipien, während das schweizerische Gesetz die Rechtfertigungsmöglichkeit –soweit vorhanden–

369 Vgl. Maurer, S. 155.

ausdrücklich vorsieht. Beide Varianten der Ausgestaltung dieses Prinzips besitzen die Fähigkeit, auf die wesentlichen Umstände des Einzelfalles einzugehen und diese bei der Beurteilung der Rechtfertigung der Kündigung zu berücksichtigen.

IV. Sonderkündigungsschutz

In allen drei betrachteten Ländern werden bestimmte Personengruppen stärker geschützt als andere. Dazu gehören Schwangere, Erziehende, Behinderte, gewählte Arbeitnehmervertreter, Auszubildende und Personen, die Militärdienst oder andere obligatorische Dienste im Landesinteresse leisten. Dieser besondere Schutz erfolgt in den drei Rechtsordnungen auf unterschiedliche Weise.

In England ist die Kündigung von Personen aus Gruppen, die durch das Gesetz ausgeprägter geschützt sind, automatisch unfair, ohne dass es einer weiteren materiellen Prüfung bedürfe[370]. In Deutschland regeln Spezialgesetze die Kündigung besonders schutzbedürftiger Personen durch zeitlichen, verstärkt materiellen oder verfahrensrechtlichen Kündigungsschutz. Im schweizerischen Recht wird die Kündigung besonders geschützter Personen einerseits durch einen ausgeprägten zeitlichen Kündigungsschutz verhindert und andererseits durch die regulären Missbrauchstatbestände verwirklicht[371].

---

370 Hierzu gehört beispielsweise die Kündigung wegen Mitgliedschaft bei oder Aktivität in einer Gewerkschaft, wegen Teilnahme an einem rechtmässigen Arbeitskampf, wegen Schwangerschaft und Verweigerung der Sonntagsarbeit.

371 Diese Tatbestände des OR sind aus Gründen der Vollständigkeit bereits unter den sachlichen Kündigungsbeschränkungen des OR behandelt worden, vgl. B, III, 2, c), (2), (a), (vi) und (vii).

In allen drei betrachteten Ländern existiert auch ein Schutz gegen diskriminierende Kündigungen. Durch unterschiedlich ausgestaltete Spezialgesetze oder einzelne, nachträglich eingefügte Gesetzesbestimmungen ist es dem Arbeitgeber untersagt, den Arbeitnehmer am Arbeitsplatz (auch durch Kündigung) zu diskriminieren. Die Regelungen aller drei Länder ist auf Umsetzung von EG-Richtlinien[372] oder Angleichung an europäisches Recht zurückzuführen.

Darüber hinaus wird hier auf den besonderen Kündigungsschutz nicht eingegangen, denn es sollen in dieser Arbeit lediglich die Grundstrukturen der drei Kündigungsschutzsysteme dargestellt werden.

V. Schwellenwerte im Kündigungsschutz

Es gibt Kündigungsschutzvorschriften, die erst zum Tragen kommen, wenn bestimmte Schwellenwerte der Dauer des Arbeitsverhältnisses und/oder der Betriebsgrösse erreicht werden. Zwar spielen Schwellenwerte auch bei Massenentlassungen eine grosse Rolle; da jedoch die vorgeschriebenen Verfahrensschritte bei Massenentlassungen den eigentlichen Kern der gesetzlichen Regelungen ausmachen, ist dieses Thema unter dem Kapitel Verfahrensvorschriften[373] behandelt worden.

372 Richtlinien 75/117/EWG, 76/207/EWG.

373 Vgl. hierzu oben: B, II, 2.

1. Kündigungsfristen

Für die ordentliche Kündigung eines nicht befristeten Arbeitsverhältnisses sieht das Gesetz in England, Deutschland und der Schweiz eine Kündigungsfrist vor, die in ihrer Dauer in allen drei Ländern von derjenigen der Betriebszugehörigkeit abhängt. Die Kündigungsfrist wird definiert als derjenige Zeitraum, der mindestens zwischen dem Zugang der Kündigung und der Beendigung des Arbeitsverhältnisses liegen muss[374]. Kündigungsfristen haben grundsätzlich die Funktion, dem Arbeitnehmer die übrige Zeit für die Suche eines neuen Arbeitsplatzes zu gewähren. Der Arbeitnehmer soll damit möglichst vor dem Wegfall des Lohnes bewahrt werden.

a) England

Der Anspruch auf Einhaltung einer Kündigungsfrist besteht erst, nachdem die Beschäftigung vier Wochen gedauert hat[375]. Die Mindestkündigungsfrist beträgt eine Woche bei kontinuierlicher Beschäftigung des Arbeitnehmers von mindestens vier Wochen und weniger als zwei Jahren. Bei einer durchgehenden Beschäftigung ab zwei Jahren beträgt die Mindestkündigungsfrist für jedes Jahr der Beschäftigung eine Woche, wobei ab zwölf Jahren Beschäftigung die Mindestkündigungsfrist einheitlich zwölf Wochen beträgt[376]. Die Vorschriften, welche die Mindestkündigungsfristen festlegen, sind grundsätzlich nicht dispositiver Art.

---

374 Vgl. Rehbinder, Arbeitsrecht, S. 152; KR/Spilger, § 622 BGB, N 70.

375 Vgl. Sec. 86 Abs. 1 ERA 1996.

376 Vgl. Sec. 86 ff. ERA 1996.

b) Deutschland

Nach deutschem Recht ist bei ordentlicher Kündigung eines unbefristeten Arbeitsverhältnisses eine Mindestkündigungsfrist gesetzlich verankert, die für beide Parteien eines unbefristeten Arbeitverhältnisses vier Wochen zum 15. oder zum letzten Tag eines Kalendermonats beträgt[377]. Bei einer Betriebszugehörigkeit von mehr als zwei Jahren gelten für die Kündigung des Arbeitgebers längere Fristen, gestaffelt nach der Dauer der Betriebszugehörigkeit, wobei die maximale Kündigungsfrist sieben Monate beträgt[378]. Zudem kann ab einer zweijährigen Betriebszugehörigkeit lediglich zum Ende eines Kalendermonats gekündigt werden[379]. Grundsätzlich besteht der Anspruch auf Einhaltung der gesetzlichen Kündigungsfrist von Beginn des Arbeitsverhältnisses an. Ist jedoch eine Probezeit arbeitsvertraglich vereinbart[380], so ist in dieser Zeit die Mindestkündigungsfrist auf zwei Wochen beschränkt. Diese Mindestkündigungsfristen sind zwingender Natur; eine vertragliche Verkürzung dieser Fristen ist nach § 134 BGB nichtig[381].

---

377 Vgl. § 622 Abs. 1 BGB.

378 Die Frist beträgt:
- einen Monat bei über zwei Jahren Betriebszugehörigkeit,
- zwei Monate bei über fünf Jahren Betriebszugehörigkeit,
- drei Monate bei über acht Jahren Betriebszugehörigkeit,
- vier Monate bei über zehn Jahren Betriebszugehörigkeit,
- fünf Monate bei über zwölf Jahren Betriebszugehörigkeit,
- sechs Monate bei über 15 Jahren Betriebszugehörigkeit und
- sieben Monate bei über 20 Jahren Betriebszugehörigkeit.

Nicht berücksichtigt werden Zeiten, die vor der Vollendung des 25. Lebensjahr des Arbeitnehmers liegen, § 622 Abs. 2 Satz 2 BGB.

379 Vgl. § 622 Abs. 2 Satz 1 BGB.

380 Die Länge der Probezeit ist gesetzlich auf sechs Monate beschränkt, § 622 Abs. 3 BGB.

381 Vgl. LAG Düsseldorf 17.04.1972, DB 1972, 1169 ff.; Busemann/Schäfer, S. 134; Kramer, BB 1997, 731.

Eine nicht fristgerecht erklärte Kündigung ist jedoch nicht bereits wegen dieses Mangels insgesamt nichtig, vielmehr wird die Kündigung frühestens mit Ablauf der gesetzlichen Frist wirksam; eine nicht fristgerecht erklärte Kündigung[382] kann in eine fristgerechte umgedeutet werden[383].

c) *Schweiz*

Die Mindestkündigungsfrist beträgt einen Monat, sobald die Probezeit[384] abgelaufen ist[385], während welcher mit einer Frist von sieben Tagen gekündigt werden kann. Dauert das Arbeitverhältnis länger als ein Jahr, jedoch weniger als zehn Jahre, so kann mit einer Frist von zwei Monaten gekündigt werden. Ab dem zehnten Beschäftigungsjahr beträgt die Kündigungsfrist drei Monate[386]. Ausser während der Probezeit kann nur zum Ende eines Kalendermonats gekündigt werden, doch kann nach herrschender Meinung vertraglich ein anderer Kündigungstermin vereinbart werden[387].

Diese Kündigungsfristen sind dispositiver Art. Sie können durch schriftliche Individualabrede, Arbeitsvertrag oder Gesamtarbeitsvertrag verändert werden, wobei eine Verkürzung der Kündigungsfrist unter einen Monat lediglich durch eine abweichende Regelung in einem Gesamtarbeitsvertrag und nur für das erste Dienstjahr möglich

382 Unter den Voraussetzungen des § 140 BGB.

383 Vgl. BAG 18.04.1985, EzA § 622 BGB nF Nr. 21; KR/Spilger, § 622 BGB, N 140.

384 Die sich laut Gesetz grundsätzlich auf einen Monat beläuft, Art. 335 b Abs. 1 OR, maximal jedoch auf drei Monate verlängert werden kann, Art. 335 b Abs. 2 OR.

385 Vgl. Art. 335 c Abs. 1 OR.

386 Vgl. OR/Rehbinder, Art. 335 c OR, N 1.

387 Vgl. Streiff / von Kaenel, Art. 335 c OR, N 6; Brühwiler, Einzelarbeitsvertrag, S. 317; a.A.: Brunner/Bühler/Waeber, Art. 335c OR, N 6.

ist[388]. 38% aller Gesamtarbeitsverträge sehen eine Verkürzung der Kündigungsfristen gegenüber der gesetzlichen Regelung vor[389].

d) *Vergleichende Würdigung*

In allen drei zu vergleichenden Ländern ist eine Mindestkündigungsfrist gesetzlich vorgesehen, die sich jeweils bei Erreichen bestimmter Schwellenwerte der Betriebszugehörigkeitsdauer verlängert, doch lässt das schweizerische Recht den Parteien am meisten Gestaltungsraum bezüglich der Dauer der Kündigungsfrist.

(1) Erleichterte Kündigungsmöglichkeit zu Beginn des Arbeitsverhältnisses

In allen drei betrachteten Länden besteht die Verpflichtung, eine Mindestkündigungsfrist einzuhalten, nicht direkt von Beginn des Arbeitsverhältnisses an. Offenbar besteht in all diesen Ländern das Bedürfnis, das Arbeitsverhältnis zu Beginn rascher auflösen zu können als in der nachfolgenden Zeit. Im englischen Recht wird diesem Bedürfnis dadurch Rechnung getragen, dass eine Mindestkündigungsfrist erst nach vierwöchiger Beschäftigung einzuhalten ist[390]. Das deutsche und das schweizerische Gesetz kommen demselben Bedürfnis nach, indem sie eine Probezeit möglich machen.

In England existiert dadurch die Möglichkeit der faktisch fristlosen Kündigung ohne Grund in den ersten vier Wochen jedes Arbeitsverhältnisses. Nach schweizerischem Recht ist diese Möglichkeit grundsätzlich durch das Gesetz nicht vorgesehen, indem eine siebentägige Mindestkündigungsfrist festgesetzt ist. Jedoch kann durch Vertrag diese gesetzlich vorgesehene Frist sogar ganz abbedungen wer-

---

388 Vgl. Vischer, Arbeitsvertrag, S. 166; Rehbinder, Arbeitsrecht, S. 155; Münch, Von der Kündigung, S. 11; Diese Verkürzungsbeschränkung gilt jedoch nicht für die Probezeit, während der die gesetzlich vorgesehene Frist von sieben Tagen sogar ganz abbedungen werden kann; vgl. Troxler, S. 41.

389 Vgl. Stöckli, Gesamtarbeitsvertrag, S. 155.

390 Vgl. Sec. 86 Abs. 1 ERA 1996.

den[391]. Demgegenüber ist es nach deutschem Recht nicht möglich, eine Mindestkündigungsfrist von 14 Tagen zu unterlaufen.

Die erleichterte Kündigungsmöglichkeit ist in England am eindeutigsten und radikalsten verwirklicht, jedoch ist sie auch zeitlich am schärfsten begrenzt, während in Deutschland eine nicht zu begründende de facto fristlose Kündigung nie gesetzlich vorgesehen ist, die Probezeit sich jedoch auf bis zu sechs Monate erstrecken kann. Die Schweiz liegt mit der dispositiven Kündigungsfrist während der Probezeit irgendwo dazwischen, wie das auch die längst mögliche Probezeit von drei Monaten zum Ausdruck bringt.

(2) Dispositivität und Beschäftigungspflicht

Nach englischem und deutschem Recht sind die Kündigungsfristen grundsätzlich nicht dispositiver Art, wobei im Falle einer Nichteinhaltung nach englischem Recht das Arbeitsverhältnis trotzdem vor Ablauf der Mindestkündigungsfrist endet und lediglich ein Schadenersatzanspruch des Geschädigten entstehen kann. Es besteht keine durchsetzbare Beschäftigungspflicht während der Kündigungsfrist, da generell das Festhalten an einem gekündigten Arbeitsverhältnis nicht erzwungen werden kann[392].

Nach deutschem Recht wird dagegen eine nicht fristgerecht erklärte Kündigung in eine fristgerechte umgedeutet, sodass das Arbeitsverhältnis zum fristgerechten Zeitpunkt endet. Der Anspruch des Arbeitnehmers auf tatsächliche Beschäftigung in dieser Zeit ist nach deutschem Recht grundsätzlich zu bejahen, da das Arbeitsverhältnis bis zum Ablauf der Mindestkündigungsfrist weiterläuft. Der Beschäftigungsanspruch besteht aber nicht, wenn besonders schutzwürdige Interessen des Arbeitgebers entgegenstehen, in welchem Falle eine einseitige Befreiung des Arbeitnehmers von der vertragli-

391 Vgl. Troxler, S. 41; Münch, Von der Kündigung, S. 11.

392 Vgl. Bone/Suff, S. 116; Stein / von Pappenheim, S. 14.

chen Arbeitsverpflichtung unter Fortzahlung der Vergütung bis zum Ende der Kündigungsfrist möglich ist[393].

Nach dem schweizerischen Recht sind die Kündigungsfristen mangels Aufzählung in Art. 361 und 362 OR dispositiv, jedoch unter Vorbehalt der Einhaltung der Minimalfrist von einem Monat[394]; der Arbeitgeber bleibt während ihrer Dauer zur Lohnzahlung verpflichtet.

Eine Beschäftigungspflicht entfällt für die Zeit bis zum Ablauf der Kündigungsfrist, da ein Arbeitsverhältnis im Stadium des Auslaufs keine ausgeprägte Fürsorge des Arbeitgebers mehr erfordert[395]. Die tatsächliche Beschäftigung ist demnach nach englischem und schweizerischem Recht während der laufenden Kündigungsfrist nicht einklagbar, wohingegen dies nach deutschem Recht grundsätzlich möglich ist.

2. *Ansprüche des Arbeitnehmers auf finanzielle Leistungen bei gerechtfertigter Kündigung.*

Ansprüche des Arbeitnehmers auf finanzielle Leistungen bei gerechtfertigter Kündigung kommen in verschiedenen Ausgestaltungen vor und sind an unterschiedliche Schwellen, Schwellenwerte und sonstige Voraussetzungen geknüpft.

---

393 Vgl. BAG 19.08.1976, EzA § 611 BGB Beschäftigungspflicht Nr. 1; KR/Etzel, § 102 BetrVG, N 196.

394 Hiervon wiederum ausgenommen ist die Verkürzung der einmonatigen Kündigungsfrist durch Gesamtarbeitsvertrag innerhalb des ersten Dienstjahres, Art. 335c Abs. 2 OR; vgl. hierzu insgesamt Berner Kommentar / Rehbinder, Art. 335c OR, N 4; Nordmann, S. 48.

395 Vgl. BGE 99 Ib 129 (133); OR/Rehbinder, Art. 328 OR, N 5.

a) *England – redundancy payment*

Nach englischem Recht ist eine Abfertigung in Form des redundancy payment gesetzlich vorgesehen[396]; diese ist eine Abfindung im Falle einer gerechtfertigten Kündigung. Das redundancy payment schützt – gleich einer Kündigungsfrist – vor dem plötzlichen, unverschuldeten Wegfall des Arbeitsentgeltes in Form einer Überbrückungshilfe des Arbeitgebers[397] mit einer Vorsorgefunktion. Der Schutz durch eine solche Geldleistung bei gerechtfertigter Kündigung ist im Vergleich zum Schutzinstrument Kündigungsfrist effektiver, da der Arbeitnehmer nicht mehr zur Arbeitsleistung verpflichtet ist[398].

(1) *Voraussetzungen*

(a) *Mindestbeschäftigungsdauer*

Erst die Überschreitung der Schwelle von zwei Jahren ununterbrochener Beschäftigung begründet einen Anspruch auf eine Abfertigung in Form eines redundancy payment[399], wobei nur die Beschäftigungszeit ab dem 18. Geburtstag des Arbeitnehmers gerechnet wird[400].

---

396 Vgl. Sec. 135 ff. ERA 1996.

397 Vgl. Maurer, S. 23.

398 Vgl. Rebhahn, RdA 2002, 272 (282).

399 Vgl. Sec. 155 ERA 1996; Barrow/Duddington, S. 127.

400 Vgl. Sec. 211, Abs. 2 ERA 1996: Diese Regelung entfaltet nur dann ihre Wirksamkeit, wenn der Arbeitnehmer vor seinem 18. Geburtstag die ununterbrochene Beschäftigung bei dem kündigenden Arbeitgeber begonnen hat; vgl. Barrow/Duddington, S. 138.

(b) Redundancy situation

Ein Anspruch auf ein redundancy payment steht einem Arbeitnehmer nur zu, wenn der Arbeitgeber das Arbeitsverhältnis aus wirtschaftlichen Gründen unter den Voraussetzungen einer sog. redundancy situation[401] kündigt[402]. Diese liegt, wie bereits oben erwähnt[403], einerseits vor, wenn ein Betrieb in seiner Gesamtheit oder an dem bisherigen Beschäftigungsort[404] stillgelegt wird oder dies beabsichtigt ist, und andererseits, wenn das betriebliche Bedürfnis für die Besetzung eines bestimmten Arbeitsplatzes[405] tatsächlich weggefallen ist oder zu erwarten ist, dass es wegfallen wird[406]. Die Kündigung ist

---

401 Vgl. hierzu die von Lord Denning gegebene, ausführliche Umschreibung des nicht gesetzlichen Begriffs in: Johnson v. Nottinghamshire Combined Police Authority [1974] ICR 170, (176).

402 Ob eine Kündigung vorliegt ist nach den gleichen Kriterien, wie in den Fällen der sozial nicht gerechtfertigten Kündigung zu beurteilen: Nach der gesetzlichen Legaldefinition im Sinne des Sec. 95 Abs. 1 ERA 1996 ist eine Kündigung zu bejahen, wenn:

– eine arbeitgeberseitige Kündigung eines Arbeitsvertrages ordentlich oder ausserordentlich erfolgt,

– ein befristeter Vertrag zeitlich abläuft und dieser nicht verlängert oder erneuert wird oder

– eine arbeitnehmerseitige Kündigung aufgrund eines grob vertragwidrigen Verhaltens des Arbeitgebers

erfolgt; vgl. hierzu auch oben: B, III, 1.

403 Vgl. hierzu oben: B, III, 2, a), (2), (c).

404 Im Falle einer Versetzung wird auf den tatsächlichen und nicht den vertraglich möglichen Arbeitsort abgestellt; vgl. High Table Ltd. v. Horst and Others [1997] IRLR 513.

405 Auf dem der Arbeitnehmer beschäftigt war.

406 Vgl. Sec. 139 ERA 1996; Lockton, Employment Law, S. 236; Jefferson, Principles, S. 271.

unter diesen Umständen grundsätzlich gerechtfertigt, wobei dem betroffenen Arbeitnehmer eine Ausgleichszahlung für den Verlust des Arbeitsplatzes zusteht[407].

(2) Ausschlusstatbestände

(a) Objektive Ausschlusstatbestände

Ausgeschlossen ist der Anspruch auf ein redundancy payment, wenn die Kündigung nach Erreichen des vertraglichen, gesetzlichen oder branchenüblichen Pensionsalters des Arbeitnehmers erfolgt[408].

(b) Verhaltensbedingte Ausschlusstatbestände

Der Arbeitnehmer hat weiterhin keinen derartigen Anspruch, wenn er ohne vernünftigen Grund[409] das Angebot, die Arbeit in einem anderen, angemessenen Arbeitsverhältnis beim gleichen oder einem assoziierten Arbeitgeber fortzuführen, ablehnt[410]. Die Ablehnung eines solchen zumutbaren Angebots wäre eine Ausserachtlassung der Verpflichtung des Arbeitnehmers zu Schadensverhütung und würde ihn demgemäss von dem Anspruch auf eine Abfertigung ausschlies-

407 Zu beachten ist, dass es auch wirtschaftlich gerechtfertigte Kündigungsgründe gibt, die nicht unter die Definition der redundancy gemäss Sec. 139 ERA 1996 fallen. Kündigungen, die aus diesen Gründen erfolgten, berechtigen zwar den Arbeitgeber zur Kündigung, nicht jedoch den Arbeitnehmer zur Abfertigung. Es besteht zu Gunsten des Arbeitnehmers allerdings die widerlegbare Vermutung, dass die Auflösung des Arbeitsverhältnisses in einer redundancy situation erfolgte; vgl. Ellis v. Brighton Co-op Society, [1976] IRLR 419; Deakin/Morris, S. 517; Rebhahn, RdA 2002, 272, (280).

408 Vgl. Sec. 156 ERA 1996; Bone/Suff, S. 152; Deakin/Morris, S. 510.

409 Vgl. Taylor v. Kent County Council, [1969] II QB 560, (565); ob ein vernünftiger Grund vorliegt, soll nach objektiven Kriterien wie zum Beispiel Vergleich zwischen dem alten und dem neuen Arbeitsplatz, Arbeitszeit, private Umstände und Gesundheit des Arbeitnehmers beurteilt werden.

410 Vgl. Bone/Suff, S. 154; Maurer, S. 50.

sen[411]. Weiterhin kann die Zahlung eines redundancy payment dann verweigert werden, wenn das Verhalten des Arbeitnehmers nach der ausgesprochenen Kündigung den Arbeitgeber zur fristlosen Kündigung berechtigen würde[412].

Die Abfertigung in Form des redundancy payment hat nichts zu tun mit dem regulären Kündigungsschutz. Mit anderen Worten: Ein Anspruch auf ein redundancy payment geht nicht dadurch verloren, dass Schadensersatz wegen unfairer Kündigung geltend gemacht wird. Soweit jedoch beide Ansprüche bejaht werden, sind die verschiedenen Ansprüche miteinander zu verrechnen, um doppelte Kompensation zu verhindern[413].

---

411 Vgl. Bass Leisure Ltd. v. Thomas [1994] IRLR 104; Rank Xerox v. Churchill [1988] IRLR 280; wie oben unter B, V, 2, a, (1), (b) erwähnt, wird von der Rechtsprechung hierbei jedoch auf den tatsächlichen und nicht den vertraglich möglichen Arbeitsort abgestellt, damit dem Arbeitgeber verunmöglicht wird, durch willkürliche Versetzung den Anspruch des Arbeitnehmers auf ein redundancy payment zu vereiteln; vgl. Hight Table Ltd. v. Horst and Others [1997] IRLR 513.

412 Vgl. Sec. 140 ERA 1996; Bone/Suff, S. 159; Lockton, Employment Law, S. 240.

413 Vgl. Roadchef Ltd. v. Hastings, [1987] IRLR 142; vgl. auch Lockton, Employment Law, S. 244.

(3) Höhe des Anspruchs

Die Höhe des redundancy payment hängt vom Alter des Arbeitnehmers und der Dauer seiner Beschäftigung ab[414]. Diese Abfertigung kann für höchstens 20 Dienstjahre geltend gemacht werden; der maximale Höchstbetrag je Woche beträgt zurzeit £ 270[415].

b) Deutschland – Sozialplanleistungen

Eine Abfindung bei gerechtfertigter Kündigung ist im deutschen Kündigungsschutzsystem grundsätzlich gesetzlich nicht vorgesehen. Ist die Kündigung sozial gerechtfertigt, so kann der Kündigende demnach das Arbeitsverhältnis beenden, ohne dem Gekündigten eine Entschädigung zu schulden (Alles-oder-Nichts-Prinzip).

Jedoch gibt es nach deutschem Recht das kollektivrechtliche Instrument des Sozialplanes, aufgrund dessen denjenigen Arbeitnehmern individuelle finanzielle Ansprüche erwachsen können, die durch die ausstehende Betriebsveränderung[416] ihren Arbeitsplatz verlieren. Dabei ist die Frage nach der sozialen Rechtfertigung einer Kündigung ohne Belang.

Ein Sozialplan ist erzwingbar ab einer bestimmten Schwellengrösse des Betriebs, d.h. wenn dieser regelmässig mehr als 20 Arbeit-

---

414 Vgl. Sec. 162 ERA 1996: Demnach ist für jedes Jahr der ununterbrochenen Beschäftigung

- im Alter zwischen 18 und 21 Jahren ein halber Wochenverdienst,
- im Alter zwischen 22 und 40 Jahren ein Wochenverdienst und
- im Alter zwischen 41 und 64 Jahren eineinhalb Wochenverdienste

zu berechnen. Ab dem 64. Lebensjahr verringert sich das redundancy payment monatlich um ein Zwölftel.

415 Vgl. Sec. 227 ERA 1996, zuletzt geändert durch Employment Rights (Increase of Limits) Order 2003.

416 Durch die Einführung des § 112 a BetrVG ist klargestellt, dass eine Betriebsänderung auch allein in der Entlassung von Arbeitnehmern bestehen kann.

nehmer beschäftigt; eine weitere Voraussetzung der Erzwingbarkeit ist, dass eine – durch Gesetz – bestimmte Anzahl von Kündigungen im Verhältnis zur jeweiligen Betriebsgrösse ausgesprochen wird[417]. Sozialplanleistungen erfüllen, wie das redundancy payment auch, eine Überbrückungs- und Ausgleichsfunktion[418] für den Arbeitnehmer.

(1) Inhalt des Sozialplans

Gesetzlich ist nicht konkret festgehalten, was ein Sozialplan notwendigerweise beinhalten muss. Aus § 112 Abs. 1 Satz 2 BetrVG folgt jedoch, dass in einem Sozialplan Regelungen über den Ausgleich oder die Milderung von wirtschaftlichen Nachteilen für die Arbeitnehmer enthalten sein sollen[419]. Ein Sozialplan enthält in der Regel sog. Inhaltsnormen und begründet trotz seines kollektivrechtlichen Charakters unmittelbare Ansprüche des einzelnen betroffenen Arbeitnehmers[420].

Den Parteien[421] steht bei der Aufstellung eines Sozialplans in den Grenzen von Recht und Billigkeit[422] der Entscheid frei, welche Nachteile einer Betriebsänderung wie und in welchem Umfang ausgeglichen oder gemildert werden[423]. Hierbei dürfen die Parteien insbesondere nach der Schwere möglicher Nachteile und deren Ver-

417 Vgl. § 111 BetrVG i.V.m. §§ 112, 112 a BetrVG.

418 BAG 09.11.1994, AP Nr. 85 zu § 112 BetrVG 1972; vgl. Hoyningen-Huene, Betriebsverfassungsrecht, S. 371. Nach früherer Rechtsprechung wurde den Sozialplanleistungen zusätzlich noch eine vergangenheitsorientierte Entschädigungsfunktion für den verlorenen Arbeitsplatz zugesprochen; vgl. BAG 23.04.1985, AP Nr. 26 zu § 112 BetrVG 1972.

419 Vgl. Hoyningen-Huene, Betriebsverfassungsrecht, S. 373; Däubler/Kittner/Klebe, § 112, 112a BetrVG, N 24.

420 Vgl. BAG 17.10.1989, AP Nr. 53 zu § 112 BetrVG 1972.

421 Unternehmer und Betriebsrat, § 112 Abs. 1 BetrVG.

422 Vgl. § 75 BetrVG.

423 Vgl. BAG 29.11.1978, AP Nr. 7 zu § 112 BetrVG 1972 (ständige Rechtsprechung); vgl. Richardi, Betriebsverfassung, S. 190.

meidbarkeit differenzieren[424]. So dürfen zum Beispiel ältere Arbeitnehmer im Rahmen von Sozialplanleistungen schlechter gestellt werden als jüngere, da bei den Älteren eine kürzere Zeit bis zum Pensionsalter zu überbrücken ist[425]. Diese Benachteiligung kann soweit gehen, dass Arbeitnehmer mit einem Anspruch auf vorgezogenes Altersruhegeld gänzlich von Sozialplanleistungen ausgeschlossen werden[426].

(2) Verfahren und Erzwingbarkeit des Sozialplans

Gesetzlich ist vorgesehen, dass die Parteien sich im Falle einer geplanten Betriebsänderung im Sinne des § 111 BetrVG über die Konditionen und das Zustandekommen eines Sozialplans einigen[427]. Für den Fall, dass keine Einigung erreicht wird, sieht das Gesetz ein Vermittlungsverfahren unter Leitung einer Einigungsstelle vor, welche, wenn auch vor ihr eine Einigung nicht möglich ist, durch einen Spruch die Einigung der Parteien ersetzt[428]. Grundsätzlich kann also die Durchführung eines Sozialplans durch den Spruch einer Einigungsstelle erzwungen werden[429]. Soweit die Betriebsänderung ausschliesslich aus Personalabbau besteht, kann ein Sozialplan gemäss § 112a BetrVG jedoch erst ab einem bestimmten Schwellenwert von Entlassungen im Verhältnis zur Betriebsgrösse[430] erzwungen wer-

424 Vgl. BAG 15.01.1991, AP Nr. 57 zu § 112 BetrVG 1972.

425 Vgl. BAG 14.02.1984, AP NR 21 zu § 112 BetrVG 1972; BAG 26.07.1988, AP NR 45 zu § 112 BetrVG 1972; Däubler/Kittner/Klebe, § 112,112a BetrVG, N 49.

426 Vgl. BAG 26.07.1988, NZA 1989, 25.

427 Vgl. § 112 Abs. 1 Satz 2 BetrVG.

428 Vgl. § 112 Abs. 2–4 BetrVG.

429 Dies gilt unter den Voraussetzungen des § 111 i.V.m § 112 BetrVG.

430 Gemäss § 112a Abs. 1 BetrVG ist ein Sozialplan erzwingbar, wenn

– in Betrieben mit in der Regel mehr als 20 und weniger als 60 Arbeitnehmern 20% der regelmässig Beschäftigten, aber mindesten sechs,

den[431]. Bei neugegründeten Unternehmen ist in den ersten vier Jahren nach ihrer Gründung ein Sozialplan, welche Art von Betriebsänderung auch ansteht, nicht erzwingbar[432].

(3) Ausschluss von Sozialplanleistungen

Grundsätzlich werden durch den Sozialplan alle Betriebsangehörigen erfasst, welche durch die Betriebsänderung Nachteile erleiden[433], wobei die Betriebspartner in den Grenzen von Recht und Billigkeit frei darüber entscheiden können, welche Nachteile infolge Verlust des Arbeitsplatzes durch den Sozialplan ausgeglichen werden sollen[434].

– in Betrieben mit in der Regel mindestens 60 und weniger als 250 Arbeitnehmern 20% der regelmässig Beschäftigten oder mindesten 37,

– in Betrieben mit in der Regel mindestens 250 und weniger als 500 Arbeitnehmern 15% der regelmässig Beschäftigten oder mindesten 50,

– in Betrieben mit in der Regel mindestens 500 Arbeitnehmern 10% der regelmässig Beschäftigten, aber mindesten 60

aus betriebsbedingten Gründen entlassen werden sollen.

431 Diese Ausnahme der Erzwingbarkeit gemäss § 112a BetrVG gilt nicht, wenn die Betriebsänderung nicht nur aus Personalabbau besteht, sondern auch sächliche Betriebsmittel ausser Dienst genommen werden; vgl. Däubler/Kittner/Klebe, § 112, 112a BetrVG, N 32.

432 Vgl. § 112a Abs. 2 BetrVG.

433 Vgl. Küttner/Eisemann, S. 1971.

434 Vgl. BAG 14.09.1992, AP Nr. 87 zu § 112 BetrVG 1972; vgl. Hoyningen-Huene, Betriebsverfassungsrecht, S. 373.

(a) Unterschiedliche Berücksichtigung im Rahmen von Recht und Billigkeit

So können zum Beispiel wegen des Verbots der unterschiedlichen Behandlung[435] Teilzeitbeschäftigte nicht aus dem Grund ihres besonderen Arbeitsverhältnisses von einer Sozialplanleistung ausgeschlossen werden; vielmehr sind sie auch nach Massgabe ihrer persönlichen Arbeitszeit zu berücksichtigen[436]. Ein Arbeitnehmer kann ausserdem nicht deshalb, weil er die Mindestbeschäftigungsdauer für die Anwendbarkeit des KSchG[437] noch nicht erreicht hat, also noch keine sechs Monate im Betrieb tätig war, von allen Sozialplanleistungen ausgeschlossen werden[438]. Leitende Angestellte hingegen sind ohne ausdrückliche, anderweitige Regelung nicht berechtigt, Leistungen nach Sozialplan zu beziehen[439], da dem Betriebsrat das Mandat fehlt, einen Sozialplan für leitende Angestellte abzuschliessen. Auch unter Berufung auf den Grundsatz der Gleichbehandlung mit den anderen Beschäftigten können leitende Angestellte keinen Anspruch auf Leistungen aus Sozialplan erzwingen[440].

(b) Verhaltensbedingter Ausschluss

Ähnlich wie bei den Ausschlussmöglichkeit eines Anspruchs auf ein redundancy payment, kann ein Arbeitnehmer von einer Sozialplanleistung ausgeschlossen werden, wenn er eine zumutbare anderweitige Beschäftigung im gleichen oder in einem anderen Betrieb des Unternehmens oder des Konzerns ablehnt[441]. Zumutbar ist eine

435 Gemäss Art. 1 § 2 BeschFG.

436 Vgl. BAG 28.10.1992, NZA 1993, 515; Maurer S. 252.

437 Vgl. hierzu unten: B, V, 3, b), (1).

438 Vgl. LAG Düsseldorf 01.04.1976, DB 1976, 1824; vgl. Däubler/Kittner/Klebe, § 112, 112a BetrVG, N 45.

439 Vgl. Küttner/Eisemann, S. 1971; Däubler/Kittner/Klebe, § 112, 112a BetrVG, N 45.

440 Vgl. BAG 16.07.1985, AP Nr. 32 zu § 112 BetrVG 1972.

441 Vgl. Küttner/Eisemann, S. 1976.

Beschäftigung nur dann, wenn sie den Fähigkeiten und der Qualifikation des Arbeitnehmers entspricht und keine wesentlich geringere Vergütung angeboten wird[442].

(4) Höhe der Sozialplanleistung

Die Höhe der Sozialplanleistungen ist gesetzlich nicht begrenzt[443]. Entsteht der Sozialplan durch den Spruch einer Einigungsstelle, so hat diese jedoch darauf zu achten, dass der Fortbestand des Unternehmens und die nach Durchführung der Betriebsänderung verbleibenden Arbeitsplätze nicht gefährdet werden[444]. Für die Errechnung der Höhe einer einzelnen finanziellen Leistung haben sich unterschiedliche Berechnungsmodalitäten[445] entwickelt, wobei in den meisten Fällen die Höhe des Betrages von der Dauer der Beschäftigung, dem Lebensalter des ausscheidenden Arbeitnehmers, seiner Bruttomonatsvergütung und besonderen persönlichen Umständen abhängt.

c) Schweiz

Abfindungen bei nicht missbräuchlicher Kündigung sind nach schweizerischem Arbeitsrecht grundsätzlich nicht vorgesehen. Ihm ist – im Gegensatz zur Regelung über die redundancy nach englischem Recht – ein gesonderter Abfertigungsanspruch der aus wirtschaftlichem Grund Gekündigten fremd. Im Gegensatz zu Deutschland gibt es in der Schweiz auch keine gesetzliche Verankerung eines

---

442 BAG 27.10.1987, EzA Nr. 41 zu § 112 BetrVG 1972.

443 Vgl. BAG 27.10.1987, EzA Nr. 41 zu § 112 BetrVG 1972; Etzel, Betriebsverfassungsrecht, S. 365.

444 Vgl. § 112 Abs. 5 Satz 2 Nr. 3 BetrVG.

445 Vgl. ausführlich Etzel, Betriebsverfassungsrecht, S. 365 ff.; Däubler/Kittner/Klebe, § 112, 112a BetrVG, N 94 ff.; Küttner/Eisemann, S. 1974 ff.

Anspruchs auf Aufstellung eines Sozialplanes[446] und demgemäss auch keine gesetzlich vorgesehenen Ansprüche auf finanzielle Leistungen aufgrund eines Sozialplans bei gerechtfertigter Kündigung.

Gesetzlich vorgesehen ist jedoch die sogenannte Abgangsentschädigung, die einem Arbeitnehmer im Alter von über 50 Jahren nach mindestens 20 Jahren Beschäftigung (bei dem gleichen Arbeitgeber) zusteht[447]. Diese Entschädigung hat jedoch aufgrund des Obligatoriums der Zweiten Säule der Altersvorsorge praktisch nur noch eine sehr geringe Bedeutung[448].

Es wird jedoch in Gesamtarbeitsverträgen vereinzelt vorgesehen, dass bei Betriebsschliessungen oder Massenentlassungen ein Sozialplan durch die Parteien zu erstellen sei[449]. Etwa wiederum die Hälfte der Sozialpläne enthalten Regelungen über Abfindungen[450]. Die Höhe dieser Abfindungen ergibt sich meistens, ähnlich wie bei der deutschen Regelung, anhand des Alters des einzelnen Arbeitnehmers und der Dauer seiner Betriebszugehörigkeit[451]. Die Durchsetzung des Anspruches auf einen Sozialplan aus einem Gesamtarbeitsvertrag ist

446 Vgl. Vischer, Kündigung und kollektives Arbeitsrecht, S. 132; Klingenberg, Betriebsschliessung, S. 140.

447 Vgl. Art. 339 b OR.

448 Vgl. hierzu ausführlich: Klingenberg, Betriebsschliessung , S. 36 ff., 204; Rehbinder, Arbeitsrecht, S. 178.

449 Ca. zehn Prozent der Gesamtarbeitsverträge enthalten Bestimmungen über die Aufstellung eines Sozialplans. Diese Zahl ergibt sich unter anderem daraus, dass die Bestimmungen in den Gesamtarbeitsverträgen der inhaltlichen Konkretisierung bedürfen, um rechtliche Bedeutsamkeit zu erlangen; vgl. Stöckli, Gesamtarbeitsvertrag, S. 171, 172; Vischer, Kündigung und kollektives Arbeitsrecht, S. 132.

450 Diese Aussage beruht jedoch lediglich auf einer Untersuchung von 41 Sozialplänen; vgl. Klingenberg, Betriebsschliessung, S. 204.

451 Vgl. Klingenberg, Betriebsschliessung, S. 204.

jedoch dann sehr schwierig, wenn dieser zwar die Pflicht zur Erstellung eines Sozialplanes enthält, dessen Inhalt aber einer späteren Einigung der Parteien überlässt[452].

d) Vergleichende Würdigung

Da nach schweizerischem Gesetz ein Entschädigungsanspruch des Arbeitnehmers bei nicht missbräuchlicher, bzw. gerechtfertigter Kündigung sowohl individualrechtlich als auch kollektivrechtlich gesetzlich als auch rechtstatsächlich von geringer Bedeutung ist, beschränkt sich der Rechtsvergleich in diesem Unterkapitel auf England und Deutschland.

(1) Funktion

Die finanziellen Ansprüche des Arbeitnehmers bei gerechtfertigter Kündigung nach englischem und deutschem Recht weisen ungeachtet der rechtsdogmatisch sehr unterschiedlichen Strukturen viele inhaltliche Gemeinsamkeiten auf. Denn in beiden Ländern wird dem Bedürfnis, den Arbeitnehmer bei unverschuldeter Kündigung finanziell zu entschädigen, nachgekommen[453]. In beiden Rechtsordnungen besteht kein Anspruch auf Abfindung, wenn der Arbeitnehmer eine zumutbare anderweitige Beschäftigung ablehnt[454]. Sowohl redundancy payment als auch Sozialplanleistungen sollen demnach Nachteile nur insofern ausgleichen, als letztere die Grenzen des Zumutbaren überschreiten.

Die fraglichen Leistungen des Arbeitgebers hängen nicht davon ab, wann und ob der Arbeitnehmer eine neue Stelle findet, und sie hängen auch nicht vom Bezug von Arbeitslosenunterstützung ab[455].

452 Vgl. Vischer, Kündigung und kollektives Arbeitsrecht, S. 132.

453 Vgl. Schumacher, S. 106; sehr umfassend auch Maurer, S. 238 ff., 254.

454 Vgl. Sec. 141 Abs. 2 ERA 1996; § 112 Abs. 5 Nr. 2 BetrVG.

455 Vgl. Däubler/Kittner/Klebe, § 112, 122a BetrVG, N 146, 147; Maurer S. 254.

Daraus lässt sich folgern, dass die finanziellen Leistungen nach beiden Rechtsordnungen einen Ausgleich für den Verlust des Arbeitsplatzes darstellen.

(2) Schwellen unterschiedlicher Art

Welche Schwelle überschritten sein muss, damit ein Anspruch entsteht, ist in den beiden Rechtsordnungen sehr unterschiedlich geregelt, und die Komplexität der involvierten in den Gesetzen vorgesehenen Variablen erlaubt es nicht, die unterschiedlichen Vorschriften bezüglich ihrer Wirksamkeit in eine eindeutige Rangfolge zu bringen. Das ergibt sich schon daraus, dass das englische redundancy payment individualrechtlich, die Sozialplanleistung nach deutschem Recht aber kollektivrechtlich geregelt ist. So setzen die betreffenden Paragraphen[456] nach deutschem Recht, im Gegensatz zu den das redundancy payment regelnden Vorschriften[457] voraus, dass ein erheblicher Teil der Belegschaft wirtschaftliche Nachteile erleidet, wobei die Kündigung der einschneidendste und häufigste, aber nicht der einzige Aspekt wirtschaftlicher Nachteile ist[458]. Trotz der Tatsache, dass der deutsche Anspruch auf die Leistung aufgrund eines Sozialplans aus einem kollektivrechtlichen Konstrukt abgeleitet ist, entstehen individuell einklagbare Ansprüche eines jeden betroffenen Arbeitnehmers[459].

Der Anspruch auf ein redundancy payment hat den Vorteil, dass er aufgrund seines individualrechtlichen Ursprungs unabhängig von der Situation anderer Arbeitnehmer entsteht. Dass andererseits die Entschädigung in der Regel die Erzwingbarkeit eines Sozialplans voraussetzt, benachteiligt deutsche Arbeitnehmer, die in Betrieben mit 20 oder weniger Arbeitnehmern oder in Betrieben ohne Betriebs-

---

456 Vgl. § 111 ff. BetrVG.

457 Vgl. Sec. 139 ff. ERA 1996.

458 Vgl. Vogt, DB 1974, 239; Maurer, S. 251.

459 Vgl. BAG 17.10.1989, DB 1999, 486.

rat beschäftigt sind gegenüber Lohnempfängern in grösseren Betrieben oder solchen mit Betriebsrat. Dieser Schwellenwert spielt bezüglich eines Anspruchs auf ein redundancy payment nach englischem Recht keine Rolle.

(3) Berechnungsmodus und Höhe der Ansprüche

Für die Höhe eines redundancy payments ergibt sich aus dem englischen Gesetz[460] ein feststehender Berechnungsmodus. Im Gegensatz dazu legt das deutsche Gesetz keine Höhe für eine mögliche Leistung nach Sozialplan fest. Die Höhe ist individuell, nach nachvollziehbaren Kriterien je nach Angemessenheit festzusetzen[461]. Die Festlegung der Höhe von Sozialplanleistungen ist ein Balanceakt zwischen sozialer Absicherung der Arbeitnehmer und betriebswirtschaftlicher Rationalität. Dies könnte für die sanierungsfördernde Wirkung der deutschen Normen sprechen, da die Höhe der Sozialplanleistungen flexibler gestaltbar ist und dabei namentlich auch die Leistungsfähigkeit des Unternehmens berücksichtigt werden soll[462]. Mangels gesetzlicher Festlegung der Höhe der Abfindungen wird andererseits die Gestaltungsmöglichkeit der Arbeitnehmervertretung grösser. Im englischen Recht stellt die gesetzlich festgelegte Höhe eines redundancy payments nur ein Minimum dar, das hinter den tatsächlich geleisteten Abfindungen oftmals zurückbleibt[463]. Welches der beiden Abfindungsmodelle durchschnittlich höhere Auszahlungen für die Arbeitnehmer bewirkt, ist schwer zu beurteilen. So kann das redundancy payment mit wöchentlichem Höchstbetrag von derzeit £270 und Begrenzung auf die Anrechnung von maximal 20 Jahren bei hohem Verdienst und langer Betriebszugehörigkeit gegebenenfalls niedriger ausfallen, als die Leistungen an einen entsprechenden deutschen

460 Vgl. Sec. 162 ERA 1996.

461 Vgl. dazu §§ 111, 112 BetrVG.

462 Vgl. Kronke, Regulierungen auf dem Arbeitsmarkt, S. 383.

463 Vgl. Maurer, S. 151; Schumacher, S. 108.

Lohnempfänger gemäss Sozialplan. Höchstbeträge, welche das englische Recht kennt, können aber auch im Sozialplan festgelegt werden[464], was insbesondere für rentennahe Jahrgänge häufig der Fall ist. Da bei der Bemessung der Leistungen nach Sozialplan auch die finanzielle Lage des zahlungspflichtigen Unternehmens zu berücksichtigen ist, sind die Abfindungen nach deutschem Recht weniger gut voraussehbar als die der Höhe nach gesetzlich definierten englischen Leitungen bei redundancy.

3. Sonstiger Beschäftigungsschutz im Verhältnis zur Dauer der Betriebszugehörigkeit und Betriebsgrösse

Häufig sind auch die einzelnen Elemente des allgemeinen Beschäftigungsschutzes an die Schwellen der Betriebszugehörigkeitsdauer und der Betriebsgrösse gekoppelt und stellen damit „Mindestanforderungen" dar, unterhalb derer der allgemeine, gesetzliche Beschäftigungsschutz nicht eingreift[465].

a) England

(1) Mindestbeschäftigungsdauer

Um individuelle Rechte infolge einer Kündigung geltend machen zu können, ist gemäss Sec. 108 Abs. 1 ERA 1996 grundsätzlich eine durchgehende Beschäftigung von einem Jahr erforderlich[466]. Diese

464 Vgl. BAG 23.8.1988, 1 AZR 284/87.

465 Vgl. Kronke, Regulierungen auf dem Arbeitsmarkt, S. 282.

466 Ursprünglich galt diesbezüglich, vergleichbar mit der deutschen Regelung, eine Mindestbeschäftigungsfrist von sechs Monaten. 1979 wurde die Dauer der Frist auf ein Jahr und 1985 sodann auf zwei Jahre verlängert. 1999 fand wieder eine Verkürzung auf ein Jahr statt; vgl. Sec. 108 Abs. 1 ERA 1996, zuletzt geändert durch Unfair Dismissal and Statement of Reasons for Dis-

für das Greifen der Schutzregelungen vorgeschriebene Mindestdauer muss allerdings nicht gegeben sein, wenn die Kündigung aus gesetzlich nicht tolerierten Gründen erfolgte[467]. Hierzu gehören: Mitgliedschaft des Gekündigten in einer Gewerkschaft, Tätigkeit als Arbeitnehmervertreter oder Vorsorgebeauftragter, Ausübung gesetzlicher Arbeitnehmerschutzrechte, Schwangerschaft oder Mutterschaft und Offenlegung von Betriebsgeheimnissen im öffentlichen Interesse. Wird, zumindest im Wesentlichen, aus einem dieser Gründe gekündigt, so geniesst der betroffene Arbeitnehmer den gesetzlichen Beschäftigungsschutz ab dem ersten Tag des Arbeitsverhältnisses. Für den Anspruch auf eine Abfindung bei Kündigung aus wirtschaftlichem Grund ist, wie bereits erwähnt[468], ferner eine Betriebszugehörigkeit von mindestens zwei Jahren ununterbrochener Beschäftigung Voraussetzung[469].

Von einer durchgehenden Beschäftigung ist auch in den Fällen des Betriebsübergangs und der krankheitsbedingten oder schwangerschaftsbedingten Abwesenheit auszugehen[470]. Der relevante Endzeitpunkt für die Bemessung der Mindestdauer der Beschäftigung ist eigentlich das Ende der Kündigungsfrist. Allerdings kann das Festhalten am Arbeitsvertrag nicht gerichtlich erzwungen werden und dem gemäss kann das relevante Datum bei entsprechender Weigerung des Arbeitgebers auch schon vor dem Ablauf der Kündigungsfrist liegen[471].

missal (Variation of Qualifying Period) Order 1999; vgl. hierzu auch Jefferson, Principles, S. 251.

467 Vgl. Sec. 108 Abs. 3 ERA 1996.

468 Dieser Themenkomplex wurde aus systematischen Gründen bereits unter B, V, 2, a) behandelt.

469 Vgl. Sec. 155 ERA 1996; Barrow/Duddington, S. 127.

470 Vgl. im einzelnen Sec. 210 ff. ERA 1996.

471 Vgl. zu dieser Problematik oben: B, V, 1, a.

(2) Betriebsgrösse

Die Zahl der Arbeitnehmer in einem Betrieb spielt nach dem englischen Gesetz prinzipiell keine Rolle. Der Kündigungsschutz gilt auch bei Kleinstbetrieben. Es ist jedoch gesetzlich vorgesehen[472], dass die Gerichte bei der Beurteilung der Angemessenheit einer Kündigung die Grösse eines Betriebes beispielsweise insofern berücksichtigen sollen, als die um eine Kündigung zu rechtfertigen notwendige ökonomische Zwangslage bei einem kleineren Betrieb weniger gravierend sein muss als bei einem grösseren Betrieb[473]. Insofern werden nach englischem Recht die kleineren Betriebe auf sehr flexible Art und Weise vor den Folgen der oftmals für die kleineren Betriebe schwer tragbaren Kündigungsschutzvorschriften bewahrt.

b) Deutschland

(1) Mindestbeschäftigungsdauer

Der allgemeine Kündigungsschutz nach dem KSchG gilt für Arbeitsverhältnisse, die zum Zeitpunkt des Zugangs der Kündigung länger als sechs Monate gedauert haben[474]. Dabei kommt es nicht darauf an, ob der Arbeitnehmer tatsächlich gearbeitet hat, sondern lediglich ob das Arbeitsverhältnis rechtlich ununterbrochen bestand[475]. Der

---

472 Vgl. Sec. 98 Abs. 4 ERA 1996.

473 Vgl. Jefferson, Principles, S. 304; Deakin/Morris, S. 465.

474 Vgl. § 1 Abs. 1 KSchG; BAG 27.06.2002, NJW 2003, 773, (774).

475 Vgl. BAG 06.12.1976, EzA § 1KSchG Nr. 36; KSchR/Kittner, § 1 KSchG, N 21; Kramer, Die Kündigung, S. 46; bis zur Änderung des § 1 Abs. 1 KSchG vom 14.08.1969 war die Anwendbarkeit des Kündigungsschutzes von einer sechsmonatigen ununterbrochenen Beschäftigung im Betrieb oder Unternehmen abhängig.

massgebliche Zeitpunkt für die Erfüllung dieses Schwellenwertes ist der Tag des Zugangs der Kündigung[476].

Der für Kündigungen während der Wartezeit geltende Grundsatz der Kündigungsfreiheit ist jedoch wiederum durch die Prinzipien des deutschen Privatrechtssystems beschränkt. So ist auch eine Kündigung innerhalb der sechsmonatigen Wartezeit unwirksam, wenn sie gegen ein gesetzliches Verbot verstösst, § 134 BGB, sittenwidrig ist, § 138 BGB, oder gegen die Grundsätze von Treu und Glauben verstösst, § 242 BGB[477]. Ob deswegen Unwirksamkeit der Kündigung vorliegt, kann nur anhand des einzelnen Falles beurteilt werden. In der Praxis sind solche Kündigungen von sehr geringer Bedeutung[478].

476 Vgl. BAG 20.09.1957, AP Nr. 34 zu § 1 KSchG 1951; BAG 20.07.1977, NJW 1978, 69.

477 Als Verstoss gegen ein gesetzliches Verbot im Sinne des § 134 BGB ist insbesondere anzusehen, wenn durch die Kündigung das in Art. 3 Abs. 3 GG enthaltene Diskriminierungsverbot oder das Grundrecht der freien Meinungsäusserung, Art. 5, Abs. 1 GG, missachtet wird; sittenwidrig ist eine Kündigung nur in besonders krassen Fällen, insbesondere dann, wenn sie aus Gründen erfolgt, die dem Anstandsgefühl aller billig und gerecht Denkenden widerspricht, z.B. Rachsucht oder Vergeltung; rechtsunwirksam wegen Verstosses gegen die Grundsätze des § 242 BGB ist eine Kündigung nur sehr selten, z.B. eine Kündigung in verletzender Form oder zur Unzeit oder aber eine Kündigung, die dem Arbeitnehmer weitere nicht vertretbare Nachteile zufügen und sein gesamtes weiteres berufliches Fortkommen in Frage stellen könnte; vgl. BAG 28.09.1972, AP Nr. 2 zu § 134 BGB; BAG 08.06.1972, AP Nr. 1 zu 13 KSchG 1969; sehr umfassend KR/Etzel, § 1 KSchG, N 123 ff.

478 Vgl. KR/Friedrich, § 13 KSchG, N 111, 178 ff.

(2) Sog. „Kleinbetriebsklausel“[479]

Ein weiterer Schwellenwert für die Anwendbarkeit des KSchG ist die Anzahl der Beschäftigten im Betrieb[480]. Die fragliche Vorschrift und damit der Schwellenwert wurde in den letzten Jahren mehrfach geändert[481]. Zurzeit entfaltet sich der Kündigungsschutz des KSchG grundsätzlich nicht, wenn der Betrieb des gekündigten Arbeitnehmers zehn oder weniger Arbeitnehmer beschäftigt[482]. Für diejenigen, die bereits vor dem 01.01.2004 im betreffenden Betrieb beschäftigt waren gilt jedoch weiterhin die vorher geltende Schwelle, nach der die Regelungen des KSchG für Betriebe mit mehr als fünf Arbeitnehmern anzuwenden sind[483]. Es sind also nunmehr zwei Schwellenwerte zu beachten; je nachdem ob das Arbeitsverhältnis vor oder nach dem 01.01.2004 begonnen hat.

Die diversen Änderungen wurden zur Belebung des deutschen Arbeitsmarktes vorgenommen. Die Erhöhung des Schwellenwertes hat jedoch keine empirisch nachweisbaren Effekte auf das Einstellungsverhalten der Betriebe[484]. Betriebe mit unter zehn Arbeitnehmern haben eine signifikant höhere Personalfluktuation als grössere

---

479 Vgl. z.B. BAG 27.01.1998, NZA 1998, 470; Gragert/Kreutzfeldt, NZA 1998, 567 ff.; Gragert, NZA 2000, 961 ff.

480 Vgl. § 23 Abs. 1 Satz. 2 KSchG.

481 § 23 Abs. 1 Satz 2 KSchG wurde eingeführt durch das Beschäftigungsförderungsgesetz vom 26.04.1985 (BGBl. I, 1985, 710), geändert durch das Arbeitsrechtliche Beschäftigungsförderungsgesetz vom 25.09.1996 (BGBl. I, 1996, 1476), erneut geändert durch das Gesetz zu Korrekturen in der Sozialversicherung und Sicherung der Arbeitnehmerrechte vom 19.12.1998 (BGBl. I, 1998, 3849). Zuletzt durch das Gesetz zu Reformen am Arbeitsmarkt zum 01.01.2004 (BGBl I, 2003, 3002) reformiert.

482 Bader, NZA 2004, 65, (66); Willemsen/Annuß, NJW 2004, 177, (184).

483 Vgl. § 23 Abs. 1 Satz 2 KSchG.

484 Vgl. Pfarr et al., Einstellungsverhalten, BB 2003, 2286, (2289) ; Pfarr/Ullmann, WSI Mitteilungen 2003, 207, (208).

Betriebe[485], so dass es nicht verständlich ist, dass die Beschäftigten dieser Betriebe überhaupt – und dann noch zunehmend – vom Kündigungsschutz gesetzlich ausgeschlossen werden[486].

c) Schweiz

Eine Schwelle der Mindestbeschäftigungszeit für die Anwendbarkeit des allgemeinen Kündigungsschutzes ist gesetzlich nicht ausdrücklich normiert[487]. Es ist jedoch umstritten, ob der sachliche Kündigungsschutz erst nach dem Ablauf der Probezeit greift und somit auch das schweizerische Recht eine Wartezeit in Länge der Probezeit anerkennen würde. Einerseits spricht gegen das Vorhandensein einer Wartezeit im Rahmen des sachlichen Kündigungsschutzes, dass der Gesetzestext bei den zeitlichen Kündigungsschutzbestimmungen ausdrücklich einen Ausschluss während der Probezeit festhält[488]. Andererseits spricht das Argument, dass das Gesetz aufgrund des Erprobungsbedürfnisses der Parteien eine Probezeit vermute, für das Bestehen einer Wartezeit[489]. In Anbetracht der Tatsache, dass sogar die Kündigungsfrist – als die geringste Form des Kündigungsschutzes – während der Probezeit drastisch von mindestens einem Monat auf sieben Tage verkürzt ist, kann nicht davon ausgegangen werden, dass der sachliche Kündigungsschutz als die wesentlich stärkere Form des Kündigungsschutzes bereits während der Probezeit gelten

485 Vgl. Pfarr/Ullmann, WSI Mitteilungen 2003, 207, (208).

486 Vgl. Stein, Bestandsschutz und Agenda 2010, 17.

487 Vgl. Stöckli in FS Rehbinder 2002, S. 107, (112).

488 Vgl. Art. 336c und d OR; Nordmann, S. 83 m.w.N.

489 Strittig, vgl. zum Meinungsstand: Troxler, S. 36 ff. m.w.N; vgl. ArbG. Zürich 17.07.1990, JAR 1991, 253 ff. Auch nach Troxler gilt der Kündigungsschutz während der Probezeit, sofern gekündigt wurde, um Ansprüche des Arbeitnehmers zu vereiteln oder weil dieser nach Treu und Glauben Ansprüche aus dem Arbeitsverhältnis geltend macht.

soll. Es wird hier dementsprechend davon ausgegangen, dass auch das schweizerische Recht somit eine Wartezeit anerkennt und zwar in der Länge der Probezeit.

Die Möglichkeit, den gesetzlichen Kündigungsschutz in Anspruch nehmen zu können, ist nach schweizerischem Recht nicht an die Grösse des Betriebs gekoppelt, vielmehr gewährt das schweizerische OR sämtlichen Arbeitnehmern den gleichen Kündigungsschutz[490].

d) Vergleichende Würdigung

(1) Wartezeit

In allen drei Ländern wird dem Bedürfnis des Arbeitgebers, den Arbeitnehmer besser kennen zu lernen und erproben zu können[491], dadurch nachgekommen, dass der generelle Kündigungsschutz erst nach einer unterschiedlich konstruierten Wartezeit gilt.

Aber in allen drei Ländern gibt es Ausnahmen von der Mindestbeschäftigungsdauer. Unerwarteter Weise sind diese Ausnahmeregelungen in Deutschland und der Schweiz flexibler geregelt als in England. In England gibt es gesetzlich normierte Fälle, bei denen der generelle Kündigungsschutz ab Beginn des Arbeitsverhältnisses greift, während dieses Bedürfnis der Ausnahmemöglichkeit von der Wartezeit in Deutschland durch pauschalere Formen, wie zum Beispiel den Grundsatz von Treu und Glauben befriedigt wird. Nach schweizerischem Recht ergibt sich die Wartezeit aus der ratio der betreffenden Norm, so dass auch die Ausnahme wiederum eine systematisch logische Konsequenz ist.

Die Dauer der Wartezeit bis zur Erlangung des Kündigungsschutzes bestimmt die absolute Anzahl der Beschäftigten, die vom Kündigungsschutz ausgeschlossen sind. In England kommt es durch

490 Vgl. Troxler, S. 35.

491 Vgl. Begründung der Bundesregierung Deutschlands zu § 1 des Gesetzesentwurfes des KSchG, RdA 1951, 178; Troxler, S. 37.

die einjährige Mindestbeschäftigungsdauer zum Ausschluss von schätzungsweise einem Fünftel aller Arbeitnehmer vom gesetzlichen Kündigungsschutz[492]. In Deutschland und der Schweiz ist die Zahl derjenigen Arbeitnehmer, die vom generellen Kündigungsschutz ausgeschlossen sind, entsprechend der jeweiligen Wartezeit niedriger. Andererseits gehen die Ausnahmetatbestände in England sehr viel weiter; auch sind sie gesetzlich genauer formuliert, so dass der Unterschied, der aufgrund der Wartezeit vom Kündigungsschutz ausgeschlossenen Anzahl von Arbeitnehmern, sich wieder ein wenig relativiert.

(2) Mindestbetriebsgrösse

In Deutschland wird das Bedürfnis, kleine Firmen mit wenig Mitarbeitern zu stärken, dadurch befriedigt, dass der Kündigungsschutz auf sie nicht anwendbar ist (sog. Kleinbetriebsklausel).

Das englische Recht kommt diesem Bedürfnis nicht durch einen Ausschluss der kleinen Betriebe aus dem Anwendungsbereich der Kündigungsschutzregelungen nach, sondern durch die gesetzliche Regelung, dass das Gericht bei der Beurteilung der Angemessenheit einer Kündigung die Grösse des betreffenden Betriebes nicht ausser acht lassen soll.

Im schweizerischen Arbeitsrecht schliesslich gibt es keine Schwelle der Betriebsgrösse für die Anwendung des generellen Kündigungsschutzes.

Die Kehrseite des Schutzes der Kleinunternehmen ist die Schutzlosigkeit der dort beschäftigten. Dieser Effekt erscheint im Hinblick auf die Kündigungshäufigkeit in Kleinbetrieben, welche im Vergleich zu der in Grossbetrieben ausserordentlich hoch ist, umso schwerwiegender[493]. Teilweise wird von einem nicht mehr zeitgemässen Bild des Kleinunternehmens ausgegangen, welches der deutschen

492 Vgl. Neal, [1980] NewLJ 443; Döse-Digenopoulos, S. 36.

493 Vgl. Falke/Höland/Rhode/Zimmermann, Band I, S. 74, (Tabelle 1/18).

Regelung zugrunde liegen soll[494]. Betriebswirtschaftliche Argumente könnten für die Unterstellung aller Unternehmen unter die Kündigungsschutzregelungen sprechen, da auch kleine Firmen mit wenig Arbeitnehmern heutzutage hohe Gewinne zu erwirtschaften vermögen, insbesondere im Dienstleistungssektor.

In der Schweiz besteht das gesetzgeberische Ziel lediglich in der Gleichbehandlung aller Arbeitnehmer bezüglich des Kündigungsschutzes. Die Orientierung an dem Begriff „Betrieb" hat im Gegensatz zu Deutschland auch keine Tradition. Die englische Lösung, nach der die Grösse eines Betriebes bei der Beurteilung der Angemessenheit durch das Gericht zu berücksichtigen ist, erscheint aufgrund ihrer Flexibilität ein gelungener und zeitgemässer Ausgleich zwischen den Schutzbedürfnissen beider arbeitsrechtlicher Vertragsparteien.

VI. Zusammenfassende rechtsvergleichende Bemerkungen

Der Raum, in dem eine Kündigung überhaupt stattfinden kann, hat zwei Extreme. Das eine Extrem ist das Recht des Arbeitgebers auf form-, grund-, frist- und entschädigungslose Kündigung. Er zeigt mit der Hand zur Tür und beendet damit das Arbeitsverhältnis fristlos, ohne einen Grund zu nennen und ohne eine Entschädigung zu leisten. Das andere Extrem ist das uneingeschränkte Recht des Arbeitnehmers auf Erhalt seines Arbeitsplatzes. Eine Kündigung ist unter keinen Umständen gesetzlich toleriert.

Die Freiheit der Kündigung ist in allen drei betrachteten Ländern durch verschiedene gesetzliche Mechanismen eingeschränkt. Dazu gehören u.a. Formvorschriften, Verfahrensvorschriften,

494 Vgl. KR/Weigand, § 23 KSchG, N 17.

Kündigungsfristen, Mindestbeschäftigungszeiten und vor allem die normierten Tatbestände, in denen eine Kündigung gesetzlich nicht oder nur als Ausnahme toleriert ist. Teilweise muss auch bei gerechtfertigter Kündigung eine Entschädigung geleistet werden.

Form- und Verfahrensvorschriften sind in der schweizerischen Rechtsordnung weniger ausgeprägt als in den anderen betrachteten Ländern[495]. Jedoch werden die Ziele dieser Vorschriften in manchen Fällen durch andere gesetzliche Erfordernisse erreicht[496]. In anderen Fällen entsprechen die schweizerischen Verfahrensvorschriften aber durchaus den Regelungen der übrigen zwei betrachteten Länder und auch dem EU-Durchschnitt[497].

Die Kündigungsfristen sind in allen drei betrachteten Ländern an die Dauer der Betriebszugehörigkeit geknüpft. Der Schutz durch Kündigungsfristen ist im schweizerischen Recht im Vergleich zum englischen Recht deutlich stärker ausgeprägt. Auch im Vergleich zum deutschen Recht und sogar zum EU-Durchschnitt trifft dies teilweise zu[498].

Das Herzstück in der Systematik der gerechtfertigten Kündigung bildet in allen drei verglichenen Rechtsordnungen die Normierung der Rechtfertigung der Kündigung. Das deutsche und das englische Gesetz stellen beide eine Generalklausel voran, wonach der Arbeitnehmer nicht unfair bzw. nicht sozial ungerechtfertigt gekündigt werden darf. Diejenigen Situationen, in denen eine Kündigung (aus-

495 Vgl. hierzu oben: B, II, 1, c) und 2, c).

496 Statt einer zwingenden Formvorschrift bei Kündigungen ist im schweizerischen Recht beispielsweise eine generelle Begründungspflicht der Kündigung gesetzlich vorgesehen.

497 Beispielsweise die Regelungen zu Massenentlassungen, vgl. hierzu oben: B, II, 2, c), (2).

498 Vgl. zu den Kündigungsfristen oben: B, V, 1; nach vier Jahren Betriebszugehörigkeit stehen dem Arbeitnehmer beispielsweise nach dem schweizerischen Recht zwei Monate Kündigungsfrist zu, der EU-Durchschnitt nach dieser Beschäftigungsdauer liegt jedoch nur bei 1,6 Monaten Kündigungsfrist; vgl. zum Überblick: Jahn, Ökonomische Theorie, S. 68.

nahmsweise) gerechtfertigt ist, werden aufgezählt. Im Gegensatz dazu ist im schweizerischen Recht durch das Fehlen einer solchen Generalklausel die Kündigung prinzipiell möglich. Im Gesetz aufgelistet sind hier die nicht tolerierten Kündigungsgründe.

Mit diesem Kündigungsschutzsystem entspricht das schweizerische Recht nicht den Voraussetzungen des Übereinkommens Nr. 158 der ILO. Gemäss diesem Übereinkommen sollte das Gesetz lediglich solche Kündigungen tolerieren, die einen triftigen Grund (im betriebs-, verhaltens- oder fähigkeitsbezogenen Bereich) haben[499]. Sowohl das englische als auch das deutsche System liegen mit der Erfordernis der Fairness bzw. der sozialen Rechtfertigung des Kündigungsgrundes näher an den Voraussetzungen dieses internationalen Übereinkommens als das schweizerische Recht. Es sind aber auch im schweizerischen Kündigungsschutz nahezu alle Gründe, die in Art. 5 der Übereinkommens Nr. 158 ILO beispielhaft als nicht triftige Gründe aufgezählt sind, als missbräuchlich aufgeführt oder durch sonstige Schutzmechanismen[500] inhaltlich erfasst. Diese Aufzählung ist zudem nicht abschliessend, so dass ein Rückgriff auf das allgemeine Rechtsmissbrauchsverbot gemäss Art. 2 ZGB nicht ausgeschlossen ist[501]. Anzumerken bleibt, dass weder England und Deutschland noch die meisten übrigen Staaten der EU dieses Übereinkommen ratifiziert haben[502].

---

499 Vgl. Art. 4 Übereinkommen 158 ILO online abrufbar über http://www.ilo.org/ilolex/cgi-lex/convde.pl?C158.

500 Beispielsweise ist der in Art. 5e Übereinkommen 158 ILO aufgeführte Kündigungsschutz während der Schwangerschaft und dem Mutterschaftsurlaub durch den zeitlichen Kündigungsschutz verwirklicht.

501 Vgl. BGE 121 III 61 ff.; Berner Kommentar / Rehbinder, Art. 336 OR, N 10; Brunner/Bühler/Waeber, Art. 336 OR, N 3; Nach Auffassung des Bundesgerichts bleibt jedoch wenig Raum für weitere Missbrauchsfälle.

502 Vgl. Liste der weltweit 33 Staaten, die das Übereinkommen Nr. 158 der ILO ratifiziert haben, online abrufbar über http://www.ilo.org/ilolex/english/newratframeE.htm.

Im Ergebnis sind diejenigen Kriterien, welche vorliegen müssen, damit eine Kündigung gesetzlich toleriert ist, infolge der gesetzlichen Generalklausel und der entsprechenden Rechtsprechung im deutschen Recht am schärfsten. Im englischen Recht ist die Ausgestaltung der tolerierten Kündigungsgründe zwar ähnlich angelegt, jedoch gestaltet sich die Handhabung der einzelnen tolerierten Kündigungsgründe in der Praxis weniger restriktiv als im deutschen Recht. Die im schweizerischen Recht aufgezählten Missbrauchstatbestände sind zwar in den Generalklauseln des englischen und deutschen Rechts alle enthalten, durch die umgekehrte Herangehensweise und vor allem durch die nicht besonders hohe Anzahl der aufgezählten (nicht tolerierten) Kündigungsmotive eröffnen sich in der schweizerischen Rechtsordnung jedoch mehr Möglichkeiten der gerechtfertigten Kündigung. Ein Beispiel hierfür ist die einzelne Kündigung aus wirtschaftlichen Gründen. Dieser Grund ist im englischen und deutschen Recht einer der tolerierten; dies jedoch nur unter bestimmten durch Gesetz und Rechtsprechung festgelegten Voraussetzungen. Auch im schweizerischen Recht ist die einzelne Kündigung aus wirtschaftlichem Grund aufgrund der nicht vorhandenen Erwähnung in Art. 336 OR gerechtfertigt; im Unterschied zu den zwei anderen betrachteten Rechtsordnungen jedoch uneingeschränkt ohne Einhaltung jeglicher Voraussetzungen.

Finanzielle Leistungen bei gerechtfertigter Kündigung sind in der schweizerischen Rechtsordnung (im Gegensatz zu den beiden anderen betrachteten Rechtsordnungen) bis auf eine bedeutungslose Ausnahme nicht Teil des Kündigungsschutzes. Diese Leistungen schützen wie Kündigungsfristen vor dem plötzlichen Wegfall des Verdienstes und leisten insofern Schutz bei Kündigung. Im deutschen und englischen Recht sind solche Zahlungen im Fall der gerechtfertigten betriebsbedingten Kündigung unter unterschiedlichen Voraussetzungen zusätzlich zur Mindestkündigungsfrist vorgesehen. Da die schweizerische Rechtsordnung einen ausgeprägten Schutz in Form von Kündigungsfristen gewährt, könnte vertreten werden, dass gesetzlich festgelegte finanzielle Leistungen bei gerechtfertigter Kün digung nicht notwendig seien. Da jedoch die Kündigungsfristen bis auf einen Monat Mindestfrist dispositiver Art sind, kann davon ausgegangen werden, dass die Funktion der beiden Rechtsinstitute durch eine definierte Leitungspflicht bei gerechtfertigter Kündigung effektiver erfüllt würde. Gerade im Hinblick darauf, dass das Recht der Kündigungen aus wirtschaftlichem Grund im schweizerischen Recht überhaupt nicht beschränkt ist, könnte die gesetzliche Einführung eines generellen Anspruchs auf eine (geringe) finanzielle Leistung in diesem Falle zu erwägen sein.

Wesentlich unterscheidet sich auch die schweizerische Normierung der Beweislastverteilung bezüglich der Missbräuchlichkeit einer Kündigung von den diesbezüglichen Regelungen in den anderen beiden betrachteten Ländern. Während in England und Deutschland durch den Kündigenden bewiesen werden muss[503], dass aus einem gesetzlich tolerierten Motiv heraus gekündigt wurde, muss nach schweizerischem Recht der Gekündigte – wenn in der Praxis auch unter erleichterten Bedingungen – die allfällige Missbräuchlichkeit beweisen[504]. Im Hinblick darauf, dass die im schweizerischen Recht bestehende Pflicht, eine Kündigung zu begründen, kein Wirksamkeitserfordernis sondern lediglich eine Ordnungsvorschrift ist, bedeutet diese Beweislast des Gekündigten eine Schmälerung der Effektivität des gesamten Kündigungsschutzsystems.

Zur Beurteilung der Effektivität eines Kündigungsschutzsystems reicht jedoch die Betrachtung der Voraussetzungen für eine gerechtfertigte Kündigung nicht aus; die Betrachtung der Sanktionen einer ungerechtfertigten Kündigung ist unerlässlich.

---

503 Vgl. hierzu oben: B, III, 2, a), (1) und b), (1).

504 Vgl. hierzu oben: B, III, 2, c), (1).

C. Sanktionen bei ungerechtfertigter Kündigung

Eine Kündigung des Arbeitgebers, deren Motiv gesetzlich nicht gebilligt ist, wird in den betrachteten Rechtsordnungen gemäss den unterschiedlichen Prinzipien der einzelnen Kündigungsschutzsysteme und ihren jeweiligen Zielen verschieden sanktioniert. Die mangelnde Rechtfertigung einer Kündigung kann prinzipiell entweder durch die Feststellung deren Unwirksamkeit oder durch eine Entschädigung sanktioniert werden. Der Schutz des zu Unrecht gekündigten Arbeitnehmers ist sowohl während als auch nach Abschluss des Verfahrens gewährleistet.

I. Schutz während des Verfahrens

Für den Zeitraum während eines Gerichtsverfahrens existieren in allen drei betrachteten Ländern Rechtsinstitute, welche die Aufgabe haben, die Zeit bis zur endgültigen Hauptsacheentscheidung des Kündigungsstreits durch den Weiterbestand des Arbeitsverhältnisses zu überbrücken. So soll keine Partei vollendete Tatsachen schaffen und auf diese Weise den Vollzug der endgültigen Entscheidung im Kündigungsschutzprozess verhindern können. Ausserdem dienen diese Rechtsinstitute der Vermeidung irreparabler Nachteile, die dem Gläubiger infolge Zeitablaufs entstehen können[505].

505 Vgl. Goebel ZPO / David, § 15 Einleitung, N 1; Spühler, Vorsorgliche Massnahmen als Weichenstellung, S. 4.

Im Falle des gekündigten Arbeitnehmers bedeutet dies, dass während des Kündigungsschutzprozesses der tatsächliche Bestand des Arbeitsverhältnisses garantiert wird, um dem Lohnempfänger im Falle seines Obsiegens die problemlose Weiterbeschäftigung zu ermöglichen[506]. Dieser Rechtsschutz während des Prozesses wird in den betrachteten Kündigungsschutzsystemen in unterschiedlichen Kündigungssituationen und mit abweichender Intensität gewährt.

1. *England*

Im englischen Arbeitsrecht ist der Schutz während des gerichtlichen Verfahrens wegen unfairer Kündigung auf einige im Gesetz aufgezählte Sonderfälle beschränkt, was sich damit erklärt, dass der Erfüllungsanspruch dem arbeitsvertraglichen Verhältnis im englischen Recht generell fremd ist. Der Fortbestand des Arbeitsverhältnisses kann grundsätzlich nicht gerichtlich erzwungen werden[507], so dass dementsprechend auch das Bedürfnis eines vorläufigen Rechtsschutzes grundsätzlich nicht besteht.

Das Prinzip der mangelnden Vollstreckbarkeit eines Handlungs- oder Unterlassungsanspruchs im englischen Recht hat historische Wurzeln. Während es im deutschen Rechtskreis ganz selbstverständlich ist, dass ein Gläubiger vor Gericht ein Leistungsurteil, welches den Vollzug einer bestimmten Handlung vorsieht, erwirken kann, ist im englischen Recht nach den Ursprüngen des common law nur ein Anspruch auf Zahlung gegeben, sei es wegen einer Geldschuld oder wegen Schadenersatz[508]. Der rechtlich erzwingbare Erfüllungsanspruch aufgrund eines Vertrages ist dem common law – mit Aus-

---

506 Vgl. Däubler, Arbeitsrecht, S. 638.

507 Vgl. Stein / von Pappenheim, S. 74.

508 Vgl. Schwenzer/Müller-Chen, S. 80; Zweigert/Kötz, Rechtsvergleichung, S. 477; Treibmann, Vollstreckung von Handlungen und Unterlassungen, S. 54.

nahme der Geldschuld – grundsätzlich fremd[509]. Das englische Rechtssystem hat jedoch die Erfüllungsklage (specific performance) für Ausnahmefälle herausgebildet, in denen der blosse Anspruch auf Schadenersatz eine unangemessene Härte darstellen würde[510]. Doch gibt der Arbeitsvertrag kein Recht auf specific performance[511], mit der Begründung, in einem so eng an die Personen gebundenen Vertragsverhältnis wie dem Arbeitsvertrag sei keiner Partei die zwangsweise Rechtserfüllung zuzumuten[512]. Ein gedeihliches Zusammenwirken der Parteien nach ausgesprochener Kündigung und eventueller gerichtlicher Auseinandersetzung sei nicht mehr möglich[513]. Deshalb beendet jede Kündigung, sei sie gerechtfertigt oder nicht, grundsätzlich das Arbeitsverhältnis, soweit eine Weiterbeschäftigung nicht von beiden Parteien später doch wieder gewollt ist.

Weil bei arbeitsvertraglichen Ansprüchen auch bei einem gerichtlichen Entscheid zu Gunsten des Arbeitnehmers kein durchsetzbarer Anspruch auf Erfüllung besteht, liegt auch keine Notwendigkeit vor, einen derartigen Anspruch während des Verfahrens durch ein gesondertes Institut zu schützen. Es können für den Arbeitnehmer in der Regel durch den Zeitablauf keine Nachteile entstehen, die nicht wieder revidierbar sind, da eine Weiterbeschäftigung auch nach einem entsprechenden Urteil nicht durchsetzbar wäre; die Weiterbeschäftigung liegt im Ermessen des Arbeitgebers.

Ein vorläufiger Rechtsschutz wird im englischen Arbeitsrecht jedoch ausnahmsweise gewährt, wenn wegen (gesetzlich vorgesehener)

509 Vgl. Rösler/Tüngler, JuS 2002, 782; Zweigert/Kötz, Rechtsvergleichung, S. 477.

510 Vgl. Jewell, English Contract Law, S. 227.

511 Vgl. Sec. 236 TULR(C)A 1992; Warner Bros. v. Nelson [1937] 1 KB 209; Jewell, English Contract Law, S. 227.

512 Vgl. Treitel in Chitty on Contracts Vol. I, N 28 – 018 ff.; Rösler/Tüngler, JuS 2002, 782.

513 Vgl. Bone/Suff, S. 116; Deakin/Morris, S. 495; Bowers, S. 232; Stein / von Pappenheim, S. 14, 56.

innerbetrieblicher Arbeitnehmeraktivitäten oder wegen Zugehörigkeit oder Nichtzugehörigkeit zu einer Gewerkschaft gekündigt worden ist. In diesen gesetzlich aufgeführten Fällen ist der einstweilige Rechtsschutz vorgesehen, um die Durchführung der diesbezüglichen innerbetrieblichen Verfahren zu stärken. Es soll der gesetzgeberischen Intention zufolge für den Arbeitgeber nicht die Möglichkeit existieren, gesetzlich geschützte Verfahren und Aktivitäten durch die Kündigung einer Schlüsselperson, wie beispielsweise des Gesundheits- oder Sicherheitsbeauftragten, ohne weiteres zu verhindern.

a) Voraussetzungen für den vorläufigen Rechtsschutz

(1) Innerbetriebliche Arbeitnehmeraktivitäten

Ein Arbeitnehmer kann gemäß Sec. 128 Abs. 1 ERA 1996 den kündigungsrechtlichen Schutz wegen unfairer Kündigung bereits während des gerichtlichen Verfahrens geltend machen (interim relief), wenn er wegen der Aktivität als Gesundheits- oder Sicherheitsbeauftragter[514] oder als Beauftragter für Altersvorsorge[515] gekündigt wurde oder wegen seiner Tätigkeit als Vertreter der Arbeitnehmerschaft im Falle von Kündigungen aus wirtschaftlichem Zwang oder infolge Betriebsübergängen[516]. Der Antrag bei Gericht muss binnen sieben Tagen ab dem tatsächlichen Datum der Kündigung erfolgen[517].

In diesen Fällen besteht die Möglichkeit des vorläufigen Rechtsschutzes; es soll vermieden werden, dass der Vertreter von Arbeitnehmerinteressen infolge Kündigung seine Interessensvertretung am Arbeitsplatz nicht fortsetzen kann und dadurch vollendete Tatsachen

514 Vgl. Sec 128 i.V.m. Sec. 100 Abs. 1 a und b ERA 1996.

515 Vgl. Sec. 128 i.V.m. Sec. 102 Abs. 2 ERA 1996.

516 Vgl. Sec. 128 ERA 1996 i.V.m. dem zweiten Kapitel des vierten Teil des TULR(C)A bzw. Regulations 10 und 11 Transfer of Undertakings (Protection of Employment) Regulations 1981.

517 Vgl. Sec. 128 Abs. 2 ERA 1996.

betreffend der innerbetrieblichen Zuständigkeitsbereiche des Gekündigten entstehen, während erst die Fairness der Kündigung überprüft wird.

(2) Mitgliedschaft bei einer Gewerkschaft

Gemäss Sec. 161 TULR(C)A ist es möglich, einen Antrag auf einstweiligen Rechtsschutz zu stellen, wenn die Kündigung wegen Gewerkschaftsaktivitäten oder Mitgliedschaft bzw. Nichtmitgliedschaft in einer Gewerkschaft ausgesprochen wurde. In diesen Fällen muss jedoch die unterschriebene Bescheinigung eines Gewerkschaftsfunktionärs miteingereicht werden, in welcher bestätigt wird, dass vernünftige Gründe für die Annahme vorliegen, dass die Kündigung wegen der Gewerkschaftsaktivität des Arbeitnehmers oder seiner Mitgliedschaft bzw. Nichtmitgliedschaft in einer Gewerkschaft erfolgt ist[518]. Auch dieser Antrag auf einstweiligen Rechtschutz gemäß Sec. 161 TULR(C)A muss binnen sieben Tagen ab Datum der Kündigung bei Gericht gestellt werden[519].

b) Gerichtliche Geltendmachung und Durchsetzbarkeit

Der Arbeitnehmer kann – wie ausgeführt – den einstweiligen Rechtschutz durch Antrag bei Gericht binnen sieben Tagen ab Kündigung geltend machen[520]. Ist das Gericht davon überzeugt, dass es in der Hauptverhandlung die jeweilige Kündigung als unfair aus oben dargestellten Gründen[521] einstufen würde, so wird zunächst ermittelt, ob der Arbeitgeber – soweit dieser bei der Anhörung anwesend ist – jetzt (nach Erörterung der Rechtslage) bereit sei, das Arbeitsverhält-

518 Vgl. Sec. 161 Abs. 3 und 4 TULR(C)A; Lockton, Employment Law, S. 232.

519 Vgl. Sec. 161 Abs. 2 TULR(C)A.

520 Vgl. Sec. 128 ERA 1996.

521 Vgl. C, I, 1, a.

nis mit dem Arbeitgeber weiterzuführen (reinstatement) oder den Arbeitnehmer wieder einzustellen[522] (reengagement).

Weigert sich der Arbeitgeber, den Antragsteller auf Anregung des Gerichts hin weiterzubeschäftigen, oder erscheint der Arbeitgeber nicht zur Anhörung zum einstweiligen Rechtschutz vor Gericht, so soll das Gericht die Fortführung des Arbeitsverhältnisses („continuation of the employee's contract of employment“[523]) anordnen, soweit es davon überzeugt ist, dass die Kündigung unfair war. Diese Anordnung sichert die arbeitsvertraglichen Ansprüche des Arbeitnehmers, bis der Fall endgültig entschieden wird oder sich die Parteien im Rahmen eines Vergleichs geeinigt haben[524], aber nicht den Anspruch auf tatsächliche Beschäftigung, sondern alle sonstigen Vorteile aus einem laufenden Vertragsverhältnis.

Kommt der Arbeitgeber der Anordnung des Gerichts nicht nach, beispielsweise indem er den Lohn nicht weiter leistet oder den Arbeitnehmer nicht mehr gegen Krankheit versichert, so kann das Gericht eine Entschädigung anordnen[525]. Die Höhe dieser Entschädigung zu Gunsten des Arbeitnehmers legt das Gericht nach den Grundsätzen von Recht und Billigkeit fest, wobei die Rechtsverletzung und der finanzielle Nachteil des Arbeitnehmers zu beachten sind.

c) *Tatsächliche Inanspruchnahme*

Über die Häufigkeit der tatsächlichen Inanspruchnahme des vorläufigen Rechtschutzes wegen unfairer Kündigung kann keine differenzierte Aussage gemacht werden, da keine entsprechenden Daten zur

522 Vgl. Sec. 129 Abs. 3 ERA 1996; Lockton, Employment Law, S. 232.

523 Sec. 129 Abs. 9 ERA 1996.

524 Vgl. Lockton, Employment Law, S. 232.

525 Vgl. Sec. 132 Abs. 4 i.V.m. Abs. 5 und 6 ERA 1996.

Verfügung stehen. Da der vorläufige Rechtsschutz im englischen Kündigungsschutzrecht sich auf wenige Ausnahmetatbestände beschränkt, dürften die Anwendungsfälle rar sein.

2. *Deutschland*

Auch im deutschen Recht kann während des laufenden Kündigungsschutzverfahrens die Weiterbeschäftigung verlangt werden. Die Möglichkeit des vorläufigen Rechtschutzes besteht trotz des im ArbGG verankerten allgemeinen Grundsatzes zur Beschleunigung des Verfahrens[526], da es den Gerichten in der Regel nicht möglich ist, über das Kündigungsschutzbegehren vor Ablauf der Kündigungsfrist zu entscheiden. Dies führt dazu, dass der Arbeitnehmer mit dem Ablauf der Kündigungsfrist, trotz eventueller Unwirksamkeit der Kündigung, zunächst aus dem Arbeitsverhältnis ausscheiden müsste und dadurch dem obersten Ziel des deutschen Kündigungsschutzes, der Weiterbeschäftigung im Falle der Unwirksamkeit der Kündigung, nicht nachgekommen wird. Um diesem, möglicherweise ungerechtfertigten, Ausscheiden entgegenzuwirken, bedient sich die deutsche Gesetzgebung und Rechtsprechung des Instituts des sog. Weiterbeschäftigungsanspruches[527].

Der Weiterbeschäftigungsanspruch leitet sich ursprünglich aus dem nach deutschem Recht existierenden Anspruch ab, während des Arbeitsverhältnisses nicht lediglich den Lohn für geleitstete Arbeit zu empfangen, sondern in der Regel auch das Recht zu haben, dass der Arbeitgeber den Arbeitsplatz zur tatsächlichen Ableistung der Arbeit bereitstellt (sog. Beschäftigungsanspruch).

---

526 Vgl. § 9 Abs. 1 ArbGG.

527 Vgl. Preis, Arbeitsrecht, S. 816.

a) Exkurs: Beschäftigungsanspruch

Zunächst wurde dieser sog. Beschäftigungsanspruch lediglich bei Bühnenkünstlern anerkannt[528]. Begründet wurde das mit dem besonderen Interesse dieses Berufsstandes, denn Bühnenkünstler können nur bei tatsächlicher Ausübung ihres Berufes ihre beruflichen Fähigkeiten erhalten und fortentwickeln[529].

Erst nach Inkrafttreten des Deutschen Grundgesetzes (GG) 1949 hat die Rechtsprechung den Beschäftigungsanspruch des Arbeitnehmers für alle Berufssparten allgemein anerkannt[530]. In diesem Zusammenhang hat das BAG[531] schon frühzeitig den persönlichen Charakter des Arbeitsverhältnisses hervorgehoben und den aus den Art. 1 und 2 GG folgenden Anspruch des Arbeitnehmers auf freie Entfaltung und Würde seiner Person betont[532]. Nach der Rechtsprechung des BAG dient der in der Verfassung festgelegte Persönlichkeitsschutz zunächst der Abwehr von hoheitlichen Eingriffen, doch soll diese Wertentscheidung des Verfassungsgebers auch im zivilrechtlichen Arbeitsverhältnis berücksichtigt werden. Es stelle daher eine Beeinträchtigung der Art. 1 und 2 GG dar, wenn einem Arbeitnehmer zugemutet werde nicht nur vorübergehend, sondern unter Umständen jahrelang sein Gehalt in Empfang zu nehmen, ohne sich

528 Vgl. Riepenhausen, S. 82.

529 Vgl. BAG, AP Nr. 23 zu § 611 BGB Bühnenengagementvertrag = BB 1986, 366.

530 Grundlegend hierfür das Urteil vom Zweiten Senat des BAG vom 10.11.1955, BAGE 2, 221; vgl. auch BAG 27.02.1985, NZA 1985, 702 = NJW 1985, 2968 = AP Nr. 14 zu § 611 BGB Beschäftigungspflicht.

531 Vgl. BAG 10.11.1955, BAGE 2, 221; BB 1956, 141 = AP Nr. 2 zu § 611 BGB Beschäftigungspflicht – Nr. 2 = NJW 1956, 359.

532 Vgl. Ruhl/Kassebohm, NZA 1995, 497.

in seinem bisherigen Beruf betätigen zu können[533]. An dieser Rechtsprechung hat das BAG seither festgehalten[534].

Da der allgemeine Beschäftigungsanspruch auf der Pflicht des Arbeitgebers beruht, sich nach Treu und Glauben zu verhalten, muss der Beschäftigungsanspruch dort zurücktreten, wo ihm überwiegende, schutzwürdige Interessen des Arbeitgebers entgegenstehen. Nach Treu und Glauben ist der Abreitgeber nicht verpflichtet, die Interessen der Gegenpartei ohne Rücksicht auf seine eigenen überwiegenden und schutzwürdigen Interessen zu fördern[535]. Das ist der Grund, warum es der Abwägung im Einzelfall bedarf, wenn schützenswerte Interessen des Arbeitgebers an der Nichtbeschäftigung geltend gemacht werden, wie Wegfall der Vertrauensgrundlage, Auftragsmangel oder wenn die Gefahr besteht, dass ein qualifizierter Mitarbeiter, der Betriebsgeheimnisse kennt, zur Konkurrenz abwandert[536].

Der Beschäftigungsanspruch des Arbeitnehmers hängt seiner Begründung und Herleitung nach vom Bestand des Arbeitsverhältnisses ab und dauert gemäss deutscher Rechtsprechung in der Regel bis zum Ablauf der Kündigungsfrist[537]. Im ungekündigten Arbeitsverhältnis spielt der Beschäftigungsanspruch praktisch jedoch kaum

533 Vgl. BAG 10.11.1955, NJW 1956, 359, (360) = AP Nr. 2 zu § 611 BGB Beschäftigungspflicht.

534 Vgl. BAG 26.10.1971, BAGE 23, 484 = AP Nr. 44 zu Art. 9 GG Arbeitskampf; BAG 19.08.1976, BAGE 28, 168 = AP Nr. 4 zu § 611 BGB Beschäftigungspflicht; BAG 02.11.1983, BAGE 44, 201, 210, 211 = AP Nr. 29 zu § 102 BetrVG 1972, zu B I der Gründe = NJW 1977, 215; BAG 14.04.2000, AP Nr. 29 zu § 611 BGB Beschäftigungspflicht.

535 Vgl. BAG 27.02.1985, BAGE 48, 122 = NJW 1985, 2968, (2970) = NZA 1985, 702 = AP Nr. 14 zu § 611 BGB Beschäftigungspflicht.

536 Vgl. LAG Hamm 03.11.1993, BB 1994, 436 = DB 1994, 148. Vgl. auch BAG 27.02.1985, BAGE 48, 122 = NJW 1985, 2968, (2970) = NZA 1985, 702, (703) = AP Nr. 14 zu § 611 BGB Beschäftigungspflicht.

537 Vgl. beispielsweise ArbG Leipzig 08.08.1996, BB 1997, 366.

eine Rolle[538], die Frage nach der Beschäftigungspflicht des Arbeitgebers wird vielmehr regelmässig mit der Kündigung relevant[539]. Dies führt zum Themenkomplex des Weiterbeschäftigungsanspruchs während des Kündigungsschutzprozesses. Jener ist sozusagen der (zeitlich befristete) Beschäftigungsanspruch während des laufenden Kündigungsschutzprozesses, wobei die Interessen des Arbeitgebers in diesem Zeitraum grundsätzlich schwerer wiegen, da der Bestand des Arbeitsverhältnisses nicht sicher ist und zunächst noch der gerichtlichen Klärung bedarf.

b) Gesetzlicher Weiterbeschäftigungsanspruch

Der sog. Weiterbeschäftigungsanspruch wurde mit dem Erlass des BetrVG von 1972 und dem BPersVG von 1974 als gesetzliche Sonderregel konstituiert[540]. Zuvor waren lediglich vereinzelte Entscheidungen gefällt worden, gemäss welchen die Weiterbeschäftigung für die Zeit des Kündigungsschutzprozesses gerichtlich angeordnet wurde[541]. § 102 Abs. 5 BetrVG war die gesetzliche Umsetzung des rechtspolitischen Ziels, dem Arbeitnehmer den Erfolg des Kündigungsschutzprozesses durch Weiterbeschäftigung während des Prozesses zu sichern, sofern der Betriebsrat der Kündigung widersprochen und der Arbeitnehmer rechtzeitig Klage erhoben hatte[542]. Mit den erwähnten Gesetzesbestimmungen wurde – unabhängig von der materiell-rechtlichen Situation – eine tatsächliche Beschäftigungs-

538 Soweit ersichtlich, war höchstrichterlich noch kein Fall zu entscheiden, in dem ein Arbeitnehmer im ungekündigten Arbeitsverhältnis seinen Beschäftigungsanspruch klageweise durchsetzten wollte; vgl. hierzu Pallasch, BB 1993, 2225, (2226).

539 Vgl. Pallasch, BB 1993, 2225, (2226).

540 Vgl. § 102 Abs. 5 BetrVG, § 79 Abs. 2 BPersVG; Ruhl/Kassebohm, NZA 1995, 497, (498).

541 Vgl. LAG Hamm, 19.09.1958, BB 1959, 118; LAG Düsseldorf, 06.01.1965, DB 1965, 259.

542 Vgl. Schaub, NJW 1981, 1807, (1809).

pflicht des Arbeitgebers während des Kündigungsschutzprozesses begründet[543]. Eine § 102 Abs. 5 BetrVG entsprechende Regelung für den öffentlichen Dienst wurde mit Einführung des BPersVG von 1074 geschaffen; die nachfolgenden Ausführungen beschränken sich auf den betriebsverfassungsrechtlichen Paragraphen.

Nach Inkrafttreten des BetrVG im Jahre 1972 wurde von einigen Autoren bestritten, dass der Gesetzgeber mit § 102 Abs. 5 BetrVG eine tatsächliche Beschäftigungspflicht während des fraglichen Kündigungsschutzprozesses einführen wollte[544]. Heute ist jedoch allgemein anerkannt, dass der Anspruch sich nicht nur auf die Lohnfortzahlung bezieht, sondern die tatsächliche Beschäftigung des gekündigten Arbeitnehmers vorschreibt[545].

Voraussetzungen für den gesetzlichen Weiterbeschäftigungsanspruch gemäss § 102 BetrVG sind eine vorausgegangene ordentliche Kündigung durch den Arbeitgeber, der ordnungsgemässe Widerspruch des Betriebsrates, die rechtzeitige Erhebung einer Kündigungsschutzklage durch den Arbeitnehmer sowie sein Verlangen nach Weiterbeschäftigung. Die letztgenannte Voraussetzung kann dem Gesetzeswortlaut nicht unmittelbar entnommen werden, doch hat nach Lehre und Praxis der Arbeitnehmer das Begehren zu stellen und seinen Willen zur Arbeit glaubhaft zu machen[546].

---

543 Vgl. LAG München 10.02.1994, NZA 1994, 997, (998); Otto, RdA 1975, 68, (69); Marcus, RdA 1975, 340.

544 Vgl. Schaub, NJW 1981, 1807, (1809); Weber, BB 1974, 698, (701); a.A.: Marcus, RdA 1975, 340; Löwisch, DB 1975, 349, (352).

545 Vgl. Reidel, NZA 2000, 454, (455) mit weiteren Nachweisen; Erfurter Kommentar / Kania, § 102 BetrVG, N 31.

546 Vgl. LAG Düsseldorf 26.06.1980, DB 1980, 2043; KR/Etzel, § 102 BetrVG, N 209; Matthes, FS Gnade, S. 228.

(1) Ordentliche Arbeitgeberkündigung

Der Arbeitnehmer kann nur nach einer ordentlichen Kündigung des Arbeitgebers einen erfolgreichen Anspruch auf Weiterbeschäftigung stellen. Aus welchem Grund dem Arbeitnehmer ordentlich gekündigt wurde, ist gleichgültig[547]. Bei ausserordentlicher fristloser Kündigung dagegen besteht der Anspruch gemäss § 102 Abs. 5 BetrVG nicht[548]; ist es dem Arbeitgeber nicht zuzumuten, den Ablauf der Kündigungsfrist abzuwarten, so ist es erst recht nicht zumutbar, den Arbeitnehmer bis zum Ende des Kündigungsschutzprozesses weiterzubeschäftigen[549]. Ist die ausserordentliche Kündigung aber offensichtlich unwirksam, so kann auch in diesem Fall die Weiterbeschäftigung verlangt werden[550].

---

547 Vgl. BAG 22.07.1982, AP Nr. 5 zu § 1 KSchG 1969 Verhaltensbedingte Kündigung; BAG 10.03.1977, AP Nr. 4 zu § 1 KSchG 1969 Krankheit. A.A. Gamillscheg, FS 25 Jahre BAG, S. 129; Ebert, BB 1976, 1132, (1135).

548 Nach Ansicht der Rechtsprechung wohl selbst dann nicht, wenn hilfsweise zugleich ordentlich gekündigt wurde; vgl. LAG Hamm 18.05.1982, DB 1982, 1679.

549 Vgl. Reidel, NZA 2000, 454, (456); Weber, BB 1974, 698, (699). Eine Ausnahme von dem Grundsatz, dass der Weiterbeschäftigungsanspruch gemäss § 102 Abs. 5 BetrVG lediglich im Falle einer ordentlichen Kündigung besteht, liegt dann vor, wenn einem ordentlich unkündbaren Arbeitnehmer eine befristete ausserordentliche Kündigung ausgesprochen wurde. In diesem Falle sei § 102 Abs. 5 BetrVG analog anzuwenden; vgl. BAG 04.02.1993, EzA § 626 BGB nF Nr. 144; KR/Etzel, § 102 BetrVG, N 198 a.

550 Vgl. Ulrich, S. 8.

(2) Widerspruch des Betriebsrats

Der Betriebsrat muss der Kündigung frist-[551] und ordnungsgemäss[552] widersprochen haben[553], wobei eine Überprüfung der inhaltlichen Richtigkeit des Widerspruches durch das Gericht nicht stattfindet[554]. Der frist- und ordnungsgemässe Widerspruch des Betriebsrates ist Voraussetzung für den Weiterbeschäftigungsanspruch, denn der Gesetzgeber geht davon aus, dass die Arbeitnehmervertretung einer Kündigung nur dann widerspricht, wenn die Klage auf Kündigungsschutz einigermassen Aussicht auf Erfolg hat[555]. Der Widerspruch des Betriebsrates stärkt die Interessenlage zu Gunsten des Arbeitnehmers und ist ein Indiz für die materiellrechtliche Situation während des Kündigungsschutzprozesses[556].

Ordnungsgemäss ist der Widerspruch des Betriebsrates nach vorherrschender Meinung, wenn er unter Angabe von Gründen[557] binnen einer Woche ab Benachrichtigung über die Kündigung

---

551 Die Frist beträgt eine Woche ab dem Zugang der Benachrichtigung über die Kündigung beim Betriebsrat; vgl. § 102 Abs. 3 i.V.m. Abs. 2 Satz 1 BetrVG.

552 Der Widerspruch des Betriebsrates muss

- schriftlich sein
- durch einen Beschluss des Betriebsratsgremiums in einer ordnungsgemässen Betriebsratssitzung gefasst worden sein
- die eindeutige Ablehnung der beabsichtigten Kündigung erkenntlich machen
- die Widerspruchsgründe konkretisieren;

vgl. hierzu Jaeger/Röder/Heckelmann/Jaeger, § 102 BetrVG (Kapitel 25), N 105–109.

553 Vgl. LAG Hamburg 29.10.1975, BB 1976, 184.

554 Vgl. Reidel, NZA 2000, 454, (457).

555 Vgl. LAG Köln 18.01.1984, NZA 1984, 57.

556 Vgl. Reidel, NZA 2000, 454, (457); a.A. Walker, S. 450.

557 A.A. Hoechst, AuR 1973, 328, (330).

schriftlich erhoben worden ist[558]. Der Betriebsrat muss seine Stellungnahme auf mindestens einen der in § 102 Abs. 3 BetrVG aufgezählten Widerspruchsgründe stützen[559], doch dürfen an diese Begründung keine zu hohen Anforderungen gestellt werden[560]. Die formelhafte Wiederholung des Gesetzestextes ohne Spezifikation von Tatsachen reicht jedoch nicht aus[561]. Der Widerspruch des Betriebsrates kann auch wegen formaler Mängel als nicht ordnungsgemäss eingestuft werden[562].

(3) Erhebung der Kündigungsschutzklage

§ 102 Abs. 5 BetrVG setzt ferner voraus, dass der Arbeitnehmer rechtzeitig gemäss §§ 4 und 7 KSchG Klage erhoben hat[563]. Dies bedeutet, dass nur derjenige, der dem persönlichen und sachlichen Geltungsbereich des KSchG unterliegt[564], den Weiterbeschäftigungsanspruch gemäss § 102 Abs. 5 BetrVG erfolgreich stellen kann. Ist unklar, ob die Klagefrist von drei Wochen gemäss § 4 KSchG eingehalten worden ist, so besteht der Weiterbeschäftigungsanspruch – vorbehaltlich dem Vorliegen seiner übrigen Voraussetzungen – zu-

---

558 Vgl. § 102 Abs. 2 BetrVG; KR/Etzel, § 102 BetrVG, N 142. Zum Meinungsstand: Ulrich, S. 12 ff.

559 Vgl. LAG Schleswig-Holstein 05.03.1996, LAGE § 102 BetrVG 1972, Beschäftigungspflicht Nr. 23; Erfurter Kommentar / Kania, § 102 BetrVG, N 15.

560 Dies ergibt sich mittelbar aus § 102 Abs. 5 Nr. 3 BetrVG, wonach eine Entbindung des Arbeitgebers von der Weiterbeschäftigungspflicht eines offensichtlich unbegründeten Widerspruchs bedarf.

561 Vgl. BAG 17.06.1999, AP § 102 BetrVG Weiterbeschäftigung Nr. 11; LAG Schleswig-Holstein 22.11.1999, AP § 102 BetrVG Weiterbeschäftigung Nr. 12.

562 Beispielsweise wenn der Widerspruch zu spät eingereicht wurde oder wenn es an einer fehlerfreien Beschlussfassung des Betriebsrates fehlt; vgl. LAG Nürnberg 27.10.1992, BB 1993, 444.

563 Vgl. § 102 Abs. 5 Satz 1 BetrVG.

564 Vgl. §§ 23, 1 KSchG, vgl. hierzu B, V, 3, b.

nächst bis über die Verspätung der Klage rechtskräftig entschieden ist[565]. Danach besteht der Weiterbeschäftigungsanspruch je nach dem Ausgang der Verspätungsentscheidung entweder fort oder erlischt zum Zeitpunkt der Entscheidung.

(4) Verlangen nach Weiterbeschäftigung

Der Anspruch auf Weiterbeschäftigung kann gemäss § 102 BetrVG nur entstehen, wenn der Arbeitnehmer eine solche gegenüber dem Arbeitgeber ausdrücklich verlangt. Es genügt nicht lediglich, die Lohnfortzahlung zu begehren oder bloss Kündigungsschutzklage zu erheben[566]. Innerhalb welcher Frist der Arbeitnehmer die Weiterbeschäftigung verlangen muss, ist umstritten: In der Literatur wird teilweise gefordert, dass das Begehren gegenüber dem Arbeitgeber bis zum Ablauf der Kündigungsfrist, spätestens jedoch bei Klageerhebung gestellt werden muss[567]. Das BAG räumt demgegenüber dem Arbeitnehmer die Möglichkeit ein, noch bis zum ersten Tag nach Ablauf der Kündigungsfrist die Weiterbeschäftigung zu verlangen; dies mit der Begründung, es sein entscheidend, dass keine Beschäftigungslücke entstehe[568].

(5) Entbindungsmöglichkeit für den Arbeitgeber

Gemäss § 102 Abs. 5 Satz 2 BetrVG kann der Arbeitgeber unter gewissen im Gesetz abschliessend aufgezählten Gründen von der Verpflichtung zur Weiterbeschäftigung entbunden werden. Ein entsprechender Antrag des Arbeitgebers ist nicht fristgebunden und kann jederzeit während der gesamten Dauer des Kündigungsschutzverfah-

565 Vgl. Reidel, NZA 2000, 454, (460).

566 Vgl. Reidel, NZA 2000, 454, (460).

567 Vgl. HSWG BetrVG / Schlochauer, § 102 BetrVG, N 160; Erfurter Kommentar / Kania, § 102 BetrVG, N 34.

568 Vgl. BAG 11.05.2000, NZA 1999, 1154, (1156) = NJW 2000, 236, (238).

rens gestellt bzw. wiederholt werden[569]; im Falle einer Wiederholung darf er jedoch nicht mit bereits vorgebrachten Tatsachen begründet werden[570]. Der Antrag des Arbeitgebers kann gestellt werden wegen fehlender Erfolgsaussichten der Klage, unzumutbarer wirtschaftlicher Belastung des Arbeitgebers, offensichtlicher Unbegründetheit des Widerspruchs des Betriebsrates und Wegfall der Verpflichtung des Arbeitgebers zur Fortzahlung der Vergütung[571]. Diese gesetzlich aufgezählten Gründe sind abschliessend.

c) Sog. Allgemeiner Weiterbeschäftigungsanspruch

Mit der zunehmenden Arbeitslosigkeit ist die Diskussion aufgekommen, ob neben dem hiervor beschriebenen gesetzlich festgelegten Weiterbeschäftigungsanspruch gemäss BetrVG und BPersVG ein sog. allgemeiner Weiterbeschäftigungsanspruch – unabhängig von der Existenz und vom Widerspruch eines Betriebsrats – während des Kündigungsschutzprozesses bestehen solle[572].

Zunächst hat das BAG den allgemeinen Weiterbeschäftigungsanspruch im Urteil vom 26.05.1977 verneint[573]. Im Jahre 1979 ist der Grosse Senat des BAG angerufen worden, da die Instanzgerichte dieser Rechtsprechung nur teilweise gefolgt sind[574]; wegen Rücknahme der Klage ist jedoch das Verfahren gegenstandslos geworden und

569 Vgl. HSWG BetrVG / Schlochauer, § 102 BetrVG, N 188; KR/Etzel, § 102 BetrVG, N 323 b.

570 Vgl. LAG Köln 19.05.1983, DB 1983, 2368.

571 Vgl. GK-BetrVG/Raab, § 102 BetrVG, N 188 ff.; KR/Etzel, § 102 BetrVG, N 224 ff.; HSWG BetrVG / Schlochauer, § 102 BetrVG, N 176 ff.

572 Vgl. Wlotzke/Lorenz, AuR 1980, 1, (5); Pallasch, BB 1993, 225, (226); ArbR-Handbuch/Schaub, § 110, N 10.

573 Vgl. NJW 1978, 239 ff. = DB 1977, 2099 ff. = AP Nr. 5 zu § 611 BGB Beschäftigungspflicht; Wlotzke/Lorenz, AuR 1980, 1, (5).

574 Vgl. beispielsweise ArbG Wilhelmshaven 17.11.1977, AuR 1978, 379; BAG AP Nr. 7 zu § 611 BGB Beschäftigungspflicht.

demgemäss ohne Entscheid des Grossen Senats geblieben[575]. Erst 1985 ist es zu einer einschlägigen Entscheidung des Grossen Senats des BAG gekommen[576], welche dem Arbeitnehmer einen Anspruch auf Weiterbeschäftigung während des Kündigungsschutzprozesses[577] auch ausserhalb des § 102 Abs. 5 BetrVG zubilligt, sofern die Kündigung durch das Gericht als offensichtlich unwirksam eingeschätzt wird und keine überwiegenden schützenswerten Interessen des Arbeitgebers entgegenstehen. Laut Grossem Senat des BAG ergebe sich der allgemeine Weiterbeschäftigungsanspruch aus dem allgemeinen Persönlichkeitsrecht des Arbeitnehmers, Art. 1, Abs. 1 i.V.m. Art. 2 Abs. 1 GG[578]. Die Anerkennung des Weiterbeschäftigungsanspruches leuchtet ein, da sie der Grundidee des deutschen Kündigungsschutzes, welcher auf Fortbestand des Arbeitsverhältnisses zielt, konsequent Rechnung trägt[579].

(1) Kündigung

Voraussetzung für den allgemeinen Weiterbeschäftigungsanspruch ist zunächst, dass entweder eine ordentliche oder eine ausserordentliche Kündigung ausgesprochen wurde. Auch nach einer letztgenannten kann – anders als gemäss § 102 Abs. 5 BetrVG – der Anspruch auf Weiterbeschäftigung entstehen, da bei der gerichtlichen Entscheidung über den Bestand dieses Anspruchs die Interessenverteilung generell und umfassend abgewogen wird.

575 Vgl. ArbR-Handbuch/Schaub, § 110, N 10.

576 Vgl. BAG 27.02.1985, NJW 1985, 2968 ff. = NZA 1985, 702 ff. = AP Nr. 14 zu § 611 BGB Beschäftigungspflicht.

577 Also auch nach Ablauf der Kündigungsfrist; bis zum Ablauf der Kündigungsfrist kann die tatsächliche Beschäftigung im Rahmen des sog. Beschäftigungsanspruchs verlangt werden, siehe hierzu oben: C, I, 2, a).

578 Vgl. BAG 27.02.1985, NJW 1985, 2968 = NZA 1985, 702 = AP Nr. 14 zu § 611 BGB Beschäftigungspflicht.

579 Vgl. KR/Etzel, § 102 BetrVG, N 274.

Die vom Grossen Senat des BAG aufgestellten Grundsätze sind auch bei Streitigkeiten um eine Befristung oder um eine auflösende Bedingung des Arbeitsvertrages anwendbar[580]. Im Falle einer Änderungskündigung ist für den allgemeinen Weiterbeschäftigungsanspruch von Bedeutung, ob der Arbeitnehmer darauf mit einer Annahme unter Vorbehalt gemäss § 2 KSchG oder mit Ablehnung reagiert hat. Im ersten Fall entfällt der Weiterbeschäftigungsanspruch zu den bisherigen Bedingungen, da sich der Arbeitnehmer bereits zur vorläufigen Weiterarbeit zu geänderten Bedingungen verpflichtet hat[581]. Bei Ablehnung des Angebotes der Änderungskündigung sind die vom Grossen Senat des BAG entworfenen Grundsätze zum allgemeinen Weiterbeschäftigungsanspruch anwendbar, da nicht nur der Inhalt, sondern auch der Bestand des Arbeitsverhältnisses streitig ist[582].

(2) Gerichtliche Geltendmachung der Unwirksamkeit der Kündigung

Die Weiterbeschäftigung kann nur im Prozess verlangt werden. Kann die Unwirksamkeit der Kündigung beispielsweise wegen des persönlichen oder sachlichen Geltungsbereich des KSchG nicht nach den Vorschriften dieses Gesetzes geltend gemacht werden, so bedarf es vor oder zugleich mit dem Verlangen nach Weiterbeschäftigung einer separaten Klage auf Feststellung der Unwirksamkeit der Kündigung. Die Unwirksamkeit der Kündigung wird in diesen Fällen als Vorfrage im Prozess um Weiterbeschäftigung zu prüfen sein[583]. Ist das KSchG jedoch anwendbar, so setzt die gerichtliche Geltendmachung des Weiterbeschäftigungsanspruches die fristgerechte Erhebung der Kündigungsschutzklage voraus[584].

---

580 Vgl. BAG 13.06.1985, AP Nr. 19 zu § 611 BGB Beschäftigungspflicht.

581 Vgl. BAG 18.01.1990, EzA § 1 KSchG Betriebsbedingte Kündigung Nr. 65 mit Anm. Steinmeyer.

582 Vgl. KR/Etzel, § 102 BetrVG, N 272.

583 Vgl. Fäber/Kappes, NZA 1986, 215, (216).

584 Vgl. BAG 27.02.1985, NZA 1985, 702 (709).

(3) *Interessenabwägung*

Bei Vorliegen der formalen Voraussetzungen soll die gerichtliche Abwägung der entgegenstehenden Interessen das Ergebnis liefern, ob im Einzellfall ein Weiterbeschäftigungsanspruch zuzusprechen ist. Zur Interessenlage in den unterschiedlichen Zeitabschnitten hat das BAG Grundsätze entwickelt[585].

(a) *Überwiegen der Arbeitgeberinteressen*

Nach einer Kündigung bis zum Erlass einer erstinstanzlichen gerichtlichen Entscheidung überwiegt in der Regel das Interesse des Arbeitgebers an der Nichtbeschäftigung gegenüber dem Interesse des Arbeitnehmers an der Weiterbeschäftigung[586]. Die Kündigung und die dagegen erhobene Klage verändern durch die Ungewissheit über die objektive Rechtslage im Arbeitsverhältnis die Interessenlage der Vertragsparteien gegenüber derjenigen im unstreitigen Arbeitsverhältnis[587]. Begründet wird das damit, dass im Falle der Wirksamkeit der Kündigung die Beschäftigungspflicht des Arbeitgebers entfalle, andererseits durch eine tatsächliche Beschäftigung des Arbeitnehmers Fakten geschaffen würden, die nicht mehr ohne Weiteres rückgängig gemacht werden können. Das materielle Interesse des Arbeitnehmers auf Arbeitslohn sei durch die Regelung über den Annahmeverzug gemäss § 615 BGB bereits geschützt, so dass dem Arbeitnehmer das – gegebenenfalls vorübergehende – Verlassen des Arbeitsplatzes eher zugemutet werden könne als dem Arbeitgeber die Weiterbeschäftigung[588].

---

585 Vgl. BAG 27.02.1985, NZA 1985, 702; Pallasch, BB 1993, 2225, (2226).

586 Vgl. BAG 27.02.1985, NZA 1985, 702, (705).

587 Im unstreitigen Arbeitsverhältnis überwiegt in der Regel das Beschäftigungsinteresse des Arbeitnehmers; vgl. hierzu oben: C, I, 2, a).

588 Vgl. BAG 27.02.1985, NZA 1985, 702, (708); Büring, S. 14.

Nach der Rechtsprechung des BAG können jedoch wiederum besondere Umstände des Einzelfalls hinzutreten, welche diese generell eintretende Interessenlage dahingehend verändern, dass das Beschäftigungsinteresse des Arbeitnehmers ausnahmsweise schwerer wiegt als das Interesse des Arbeitgebers an der Nichtbeschäftigung[589].

(b) Überwiegen der Arbeitnehmerinteressen

Solche besonderen Umstände liegen beispielsweise im Falle der Offensichtlichkeit der Unwirksamkeit der Kündigung vor[590]. Ist die Kündigung offensichtlich unwirksam, so kippt die Interessenlage zu Gunsten des Arbeitnehmers. Nach der Rechtsprechung des BAG ist eine Kündigung dann offensichtlich unwirksam, wenn sich dies ohne Beurteilungsspielraum und ohne Beweisaufnahme jedem Kundigen aufdrängen muss, also ohne jeden Zweifel in rechtlicher und tatsächlicher Sicht offen erkennbar ist[591]. Das trifft beispielsweise dann zu, wenn die Kündigung unstrittig ohne vorherige Anhörung des Betriebsrates ausgesprochen worden ist[592].

Die Interessen des Arbeitnehmers an der Weiterbeschäftigung überwiegen in der Regel auch dann, wenn bereits in einem erstinstanzlichen Urteil die Kündigung als unwirksam eingestuft worden ist und das Arbeitsverhältnis demnach weiterläuft[593]. Das Obsiegen des Arbeitnehmers in erster Instanz führt dazu, dass von diesem Zeitpunkt an die Ungewissheit über den Prozessausgang nicht mehr genügt, um das überwiegende Interesse des Arbeitgebers an der Nichtbeschäftigung zu begründen[594].

---

589 Vgl. BAG 27.02.1985, NZA 1985, 702, (708).

590 Vgl. BAG 27.02.1985, NZA 1985, 702, (707); Reidel, NZA 2000, 454, (460); Dütz, NZA 1986, 209, (211).

591 Vgl. BAG 19.12.1985, EzA § 611 BGB Beschäftigungspflicht Nr. 17.

592 Vgl. Büring, S. 14.

593 Vgl. BAG 27.02.1985, NZA 1985, 702, (708); Dütz, NZA 1986, 209, (211).

594 Vgl. Fäber/Kappes, NZA 1986, 215, (216).

Auch nach einem erstinstanzlichen Urteil zugunsten des Arbeitnehmers können jedoch wiederum Umstände hinzukommen, die eine Beschäftigung des Arbeitnehmers für den Arbeitgeber unzumutbar erscheinen lassen. Zu denken ist hier vor allem an Umstände, die den Arbeitnehmer auch im unstreitigen Arbeitsverhältnis zur vorläufigen Nichtbeschäftigung berechtigen würden[595]; so beispielsweise bei Verdacht auf Verrat von Betriebsgeheimnissen. Entsprechendes ist auch für sonstiges strafbares, den Arbeitgeber schädigendes Verhalten denkbar[596]. Das Arbeitgeberinteresse an der Nichtbeschäftigung überwiegt nach der Rechtsprechung des BAG auch dann nach einem erstinstanzlichen Urteil zu Gunsten des Arbeitgebers, wenn die Weiterbeschäftigung zu einer unzumutbaren wirtschaftlichen Belastung des Arbeitgebers führen würde[597]. Diese Interessensgewichtung wird ausdrücklich mit dem Verweis auf die Möglichkeit der Entbindung von den Verpflichtungen im Rahmen des § 102 Abs. 5 BetrVG erklärt. Zu einer solchen Konstellation wird es typischerweise bei einer Kündigung aus betriebsbedingtem Grund kommen. Ist der Arbeitsplatz des Gekündigten tatsächlich weggefallen und wird die Unwirksamkeit der Kündigung allein mit der fehlerhaften Sozialauswahl begründet, so kann die Weiterbeschäftigung zu einer unzumutbaren wirtschaftlichen Belastung des Arbeitgebers führen[598].

---

595 Vgl. BAG 27.02.1985, NZA 1985, 702, (708).

596 Es ist beispielsweise für eine Bank trotz eines erstinstanzlichen Urteils zugunsten des Arbeitnehmers nicht zumutbar, einen Kassierer, den sie wegen des Verdachts der Untreue fristlos entlassen hat, während des Kündigungsschutzprozesses weiterzubeschäftigen; vgl. Fäber/Kappes, NZA 1986, 215, (216).

597 Vgl. BAG 27.02.1985, NZA 1985, 702, (708).

598 Vgl. LAG Köln 05.11.1985 – AZ: 3 Sa 967/85; Fäber/Kappes, NZA 1986, 215, (217).

Können solche besonderen Umstände durch den Arbeitgeber nicht dargetan werden, so überwiegt während des Verfahrens nach dem erstinstanzlichen Urteil das Interesse des (bis dahin) obsiegenden Arbeitnehmers, was sich grundsätzlich erst dann ändert, wenn ein klagabweisendes Urteil einer höheren Instanz[599] ergeht[600].

(4) Kritik am allgemeinen Weiterbeschäftigungsanspruch

Das Urteil des BAG vom 27.02.1985 zum Weiterbeschäftigungsanspruch wurde durch die deutsche Fachliteratur sowohl bezüglich der Begründung als auch hinsichtlich des Ergebnisses scharf kritisiert[601]. Die Anerkennung des allgemeinen Weiterbeschäftigungsanspruchs durch das BAG stelle eine unzulässige Rechtsfortbildung dar[602], und das BAG sei wieder einmal als der „eigentliche Herr des Arbeitsrechts dem Gesetzgeber an die Seite gesprungen"[603]. Der Gesetzgeber habe sich durch „beredtes Schweigen" mehrfach gegen einen materiellen Weiterbeschäftigungsanspruch entschieden[604]. Es gäbe einen unterschiedlichen Schutzzweck im angefochtenen und unangefochtenen Arbeitsverhältnis. Im angefochtenen Arbeitsverhältnis sei der Schutz durch den individualrechtlichen gesetzlichen Kündigungsschutz abschliessend geregelt[605], so dass es für den weiterführenden Beschäftigungsanspruch im gekündigten Arbeitsverhältnis keinen

599 In Deutschland existieren das LAG und das BAG oberhalb der ersten Instanz, vgl. § 1 ArbGG.

600 Vgl. Büring, S. 15.

601 Vgl. beispielsweise Gamillscheg, Anm. zu BAG 27.02.1985, EzA § 611 BGB Beschäftigungspflicht Nr. 9, 142; Pallasch, Beschäftigungsanspruch, S. 9; Hoyningen-Huene/Linck, KSchG, § 4, N 99.

602 Vgl. Mayer-Maly, JZ 1986, 557, (559); GK-BetrVG/Raab, § 102 BetrVG, N 193; Hoyningen-Huene, BB, 1988, 264, (265).

603 Vgl. Bengeldorf, SAE 1987, 254, (257).

604 Vgl. Hoyningen-Huene/Linck, KSchG, § 4, N 100; HK-KSchG/Dorndorf, § 1 KSchG, Anhang 2, N 3.

605 Vgl. HSWG, § 102 BetrVG, N 175.

Raum gäbe. Nach der Konstruktion des KSchG solle die Wirkung der Kündigung mit dem Zugang der Kündigung eintreten und nicht erst nach der gerichtlichen Überprüfung[606].

Die Kritik, die sich auf eine unzulässige Rechtsfortbildung beruft, vermag nicht zu überzeugen, denn der Wortlaut des § 102 Abs. 5 BetrVG schliesst eine derartige Rechtsfortbildung nicht aus. Weder subjektive Vorstellungen des historischen Gesetzgebers noch objektive Gründe, die sich auf § 102 BetrVG beziehen, schliessen nach anerkannten Grundsätzen der juristischen Methodenlehre diese Rechtsfortbildung aus[607]. Eine solche kann sich vielmehr auf die Grundrechte stützen, welche auf das Privatrecht ausstrahlen; die Anerkennung des Weiterbeschäftigungsanspruchs durch das BAG kann auch neue Grundsätze des BVerfG für sich anführen, wonach Gesetzgeber und Rechtsprechung die durch die Grundrechte begründeten Schutzpflichten auch im Bereich des Privatrechts anzuwenden haben[608].

Dieser Rechtsprechung ist auch darum zuzustimmen, weil das vorübergehend „richterrechtlich diktierte Beschäftigungsverhältnis“[609] einen ausgewogenen Kompromiss zwischen den Arbeitgeber- und Arbeitnehmerinteressen darstellt und insofern dem primären Bedürfnis des deutschen Kündigungsschutzes Rechnung trägt[610].

606 Vgl. Hoyningen-Huene/Linck, KSchG, § 4, N 100; HK-KSchG/Dorndorf, § 1 KSchG, Anhang 2, N 3.

607 Vgl. HK-KSchG/Dorndorf, § 1 KSchG, Anhang 2, N 4.

608 Vgl. HK-KSchG/Dorndorf, § 1 KSchG, Anhang 2, N 6.

609 Vgl. Fäber/Kappes, NZA 1986, 215, (216).

610 Vgl. Dütz, NZA 1986, (209), 211.

d) *Gerichtliche Geltendmachung und Durchsetzbarkeit*

(1) *Antrag auf einstweilige Verfügung*

(a) *Gesetzlicher Weiterbeschäftigungsanspruch*

Beantragt der Arbeitnehmer den Erlass einer einstweiligen Verfügung, muss er die Voraussetzungen des § 102 Abs. 5 BetrVG glaubhaft machen[611]. Dies ist beispielsweise durch die Vorlage von Urkunden, Schriftstücken, Versicherungen an Eides Statt und Zeugen möglich[612]. Beim Erlass dieser einstweiligen Verfügung gibt es innerhalb Deutschlands regionale Unterschiede; in gewissen Gebieten muss die Eilbedürftigkeit der einstweiligen Verfügung durch einen besonders hinzukommenden Verfügungsgrund der Dringlichkeit dargetan werden[613], in anderen genügt allein die Darlegung des drohenden Zeitablaufs[614].

(b) *Allgemeiner Weiterbeschäftigungsanspruch*

Besteht für die Zeit des Kündigungsschutzprozesses ein allgemeiner Weiterbeschäftigungsanspruch des Arbeitnehmers, so kann er diesen ebenfalls im Wege der einstweiligen Verfügung verfolgen[615]. Zeitlich vor einem der Kündigungsschutzklage stattgebenden Urteil muss der Antragsteller hierzu die tatsächlichen Voraussetzungen für einen

---

611 Vgl. LAG Düsseldorf 26.06.1980, DB 1980, 2043.

612 Vgl. § 294 ZPO; Münch ArbR/Wank, § 121, N 30.

613 Dieser liegt beispielsweise bei dem Weiterbeschäftigungsverlangen eines Lehrlings wegen der nahenden Abschlussprüfung der Lehre vor.

614 Einen guten Überblick über die Voraussetzungen der jeweils zuständigen LAG-Bezirke gibt Reidel, NZA 2000, 454, (461); vgl. auch LAG Hamm 24.01.1994, LAGE § 1102 BetrVG 1972 Beschäftigungspflicht Nr. 14; LAG Hamburg 14.09.1992, LAGE § 102 BetrVG 1972 Beschäftigungspflicht Nr. 10; Erfurter Kommentar / Kania, § 102 BetrVG, N 36.

615 Vgl. § 62 Abs. 2 ArbGG iVm § 935 ZPO.

Weiterbeschäftigungsanspruch glaubhaft machen[616]. Zeitlich nach entsprechendem Urteil genügt zur Verfolgung des Weiterbeschäftigungsanspruches die Bezugnahme auf das Urteil[617]. Der Verfügungsgrund liegt in beiden Fällen vor, da ein persönlichkeitsrechtlich geschütztes Interesse – das ideelle Beschäftigungssinteresse – ohne eine vorsorgliche Regelung unwiederbringlich verletzt würde[618]. An dem Verfügungsgrund der Dringlichkeit fehlt es dagegen, wenn der Arbeitnehmer die Eilbedürftigkeit selbst (mit-)herbeigeführt hat. Dies ist beispielsweise der Fall, wenn der Arbeitnehmer im Kündigungsschutzprozess bereits erstinstanzlich obsiegte, jedoch keinen Antrag auf Weiterbeschäftigung gestellt hat. In diesem Fall hätte der Arbeitnehmer sein Interesse leichter bereits in der ersten Instanz für die Zeit nach dem Urteil geltend machen können und hätte keinen Eilantrag stellen müssen[619].

(2) Klage

Die vorläufige Weiterbeschäftigung kann auch mit einer Leistungsklage in einem separaten Prozess oder im Wege der objektiven Klagehäufung mit der Kündigungsschutzklage geltend gemacht werden. Diese Klagemöglichkeit bietet insofern Schutz während des Verfahrens, als dass nach einem der Kündigungsschutzklage stattgebenden

---

616 Vgl. LAG Köln 26.11.1985, LAGE § 611 BGB Beschäftigungspflicht Nr. 8; KR/Etzel, § 102 BetrVG, N 289, 277. A.A.: LAG Niedersachen 18.11.1994, LAGE § 611 BGB Beschäftigungspflicht NR. 38.

617 Vgl. KR/Etzel, § 102 BetrVG, N 289.

618 Vgl. HK-KSchG/Dorndorf, § 1 KSchG, Anhang 2, N 53. A.A.: KR/Etzel, § 102 BetrVG, N 290, wonach nicht auf das ideelle Beschäftigungsinteresse, sondern auf die Gefährdung des Arbeitsverhältnisses abstellen sei.

619 Vgl. LAG Köln 18.08.2000, BB 2001, 103; LAG Köln 06.08.1996, LAGE § 611 BGB Beschäftigungspflicht Nr. 40; LAG Rheinland-Pfalz 21.08.1986 LAGE § 611 BGB Beschäftigungspflicht Nr. 19; LAG Frankfurt 22.03.1987, NZA 1988, 37.

Urteil der ersten Instanz dieses vorläufig vollstreckt werden kann[620], auch wenn der Arbeitgeber anschließend die nächst höhere Instanz anruft und damit das Urteil der ersten Instanz nicht rechtskräftig werden lässt. Die Weiterbeschäftigung kann vorläufig – bis zum rechtskräftigen Abschluss des Kündigungsschutzprozesses – verlangt werden.

Zu beachten ist, dass die Rechtsprechung das Rechtsschutzbedürfnis der Klage nur anerkennt, wenn der Antrag so bestimmt ist, dass das daraufhin ergehende Urteil vollstreckt werden kann[621]. Der Antrag ist nicht allgemein auf Weiterbeschäftigung zu stellen, sondern es sollte auf die Art der Tätigkeit, mit welcher der Antragsteller beschäftigt werden würde, Bezug genommen werden[622]. Der Antrag kann jedoch auch mit Hilfe seiner Begründung ausgelegt werden[623]. Die Grenze der Konkretisierung dieses Antrages stellt das Direktionsrecht des Arbeitgebers dar[624].

(3) Vollstreckung

Der Weiterbeschäftigungsanspruch hat die tatsächliche Beschäftigung zum Ziel, welche eine Mitwirkungshandlung des Arbeitgebers in Form der Zurverfügungstellung des Arbeitsplatzes erfordert[625]. Die Zurverfügungstellung des Arbeitsplatzes ist eine unvertretbare Handlung, weshalb die Vollstreckung des Weiterbeschäftigungsanspruchs

620 Vgl. § 62 Abs. 1 Satz 2 ArbGG.

621 Vgl. Growe, NZA 1996, 567, (568); KR/Etzel, § 102 BetrVG, N 285.

622 Beispielsweise sollte erwähnt sein, dass der Arbeitnehmer bis zum rechtskräftigen Abschluss des Prozesses als Glasreiniger weiterzubeschäftigen sei; vgl. BAG 08.04.1988, EzA § 611 BGB Beschäftigungspflicht Nr. 30; LAG Frankfurt 27.11.1992, LAGE § 888 ZPO Nr. 30.

623 Vgl. KR/Etzel, § 102 BetrVG, N 285.

624 Vgl. Süß, NZA 1988, 719, (722); Growe, NZA 1996, 567, (568).

625 Vgl. Baumbach/Lauterbach/Albers/Hartmann, § 887 ZPO, N 20, 40; KR/Etzel, § 102 BetrVG, N 292.

ausschließlich gemäß § 888 ZPO erfolgen kann[626]. Danach kann das Arbeitsgericht den Schuldner durch ein Zwangsgeld bis zu € 25.000,00 oder durch Zwangshaft anhalten, die Handlung (Zurverfügungstellung des Arbeitsplatzes) in einer bestimmten Frist vorzunehmen[627]. Das Zwangsgeld muss der Bestimmtheit wegen mit einer bestimmten Summe insgesamt und nicht für jeden Tag der Zuwiderhandlung einzeln festgesetzt werden[628]. Gleichzeitig ist die Zwangshaft für den Fall, dass das Zwangsgeld nicht beigetrieben werden kann, festzulegen[629]. Das Zwangsgeld wird zugunsten der Staatskasse vollstreckt[630] und fließt damit, im Gegensatz zur englischen Entschädigung, wegen Nichtbefolgung der vorläufigen Anordnung des Gerichts nicht dem Arbeitnehmer zu.

Soweit dem Arbeitgeber die Beschäftigung nicht möglich ist, ist die Zwangsvollstreckung gegen ihn unzulässig. Dies trifft beispielsweise zu, wenn der Arbeitnehmer andauernd krank ist[631] oder der Arbeitgeber sich vergeblich gegen Dritte wehrt, die Druck auf ihn ausüben[632]. Die Feststellung der Unzulässigkeit der Zwangsvollstreckung wird jedoch sehr zurückhaltend ausgeübt, da das Vollstreckungsverfahren nicht dazu da ist, den Sachentscheid umzukrempeln[633].

---

626 Vgl. MüKo/Schwerdtner, vor § 620, N 634; KSchR/Zwanziger, Einleitung, N 731.

627 Vgl. § 888 Abs. 1 ZPO.

628 Vgl. LAG Köln 21.10.1996, LAGE § 888 ZPO Nr. 39; KSchR/Zwanziger, Einleitung, N 731.

629 Vgl. LAG Frankfurt 15.01.1993, LAGE § 888 ZPO Nr. 29. Die Zwangshaft darf gemäß §§ 911, 913 ZPO die Dauer von sechs Monaten nicht überschreiten und lediglich einmalig angeordnet werden.

630 Vgl. LAG Frankfurt 13.07.1987, LAGE § 888 ZPO Nr. 12; BGH 02.031983, NJW 1983, 1859; Baumbach/Lauterbach/Albers/Hartmann, § 888 ZPO, N 18.

631 Vgl. LAG Köln 21.10.1995, LAGE § 888 ZPO Nr. 39.

632 Vgl. LAG Düsseldorf 07.07.1997, LAGE § 888 ZPO Nr. 25.

633 Vgl. KSchR/Zwanziger, Einleitung, N 733.

Gegen die zwangsweise Durchsetzung der Beschäftigung kann sich der Arbeitgeber durch die Beantragung der Unwirksamkeit der Zwangsvollstreckung in Form einer sog. Vollstreckungsgegenklage wehren und auf diese Weise die Einstellung der Zwangsvollstreckung erreichen[634]. In dieser Klage kann der Arbeitgeber Einwendungen gegen den Weiterbeschäftigungsanspruch geltend machen, die erst nach Abschluss der letzten mündlichen Verhandlung entstanden sind[635]. Die Vollstreckungsgegenklage ist begründet, wenn dem Kläger eine Einwendung zusteht, welche die Wirkung hat, dass der ursprünglich angeordnete (Weiterbeschäftigungs)anspruch nicht mehr geltend gemacht werden kann[636]. Die Einwendung gegen Vollstreckung kann mit dem Argument der geänderten Sachlage erfolgreich geltend gemacht werden. Eine derart geänderte Sachlage kann vom Unternehmer durch eine geringfügige personelle Umstellung – nach dem Zuspruch des Weiterbeschäftigungsanspruchs des Gekündigten durch das Gericht – ohne grossen Aufwand erreicht werden, so dass die Effizienz der zwangsweisen Durchsetzung zu bezweifeln ist.

e) Tatsächliche Inanspruchnahme

Da neuere empirische Daten zur Inanspruchnahme des Weiterbeschäftigungsanspruches während des Verfahrens nur in sehr eingeschränktem Masse zur Verfügung stehen, werden Daten aus dem Jahre 1981 als Ausgangspunkt herangezogen. Diese sind jedoch insbesondere dahingehend nicht mehr aktuell, als zum Zeitpunkt dieser Erhebungen der sog. allgemeine Weiterbeschäftigungsanspruch noch nicht höchstrichterlich anerkannt war.

Nach dieser Erhebung wurden lediglich bei ca. 0,5% der vor Gericht angefochtenen Kündigungen die Arbeitnehmer auf Antrag gemäss § 102 Abs. 5 BetrVG während des Verfahrens weiterbeschäf-

634 Vgl. § 767 Abs. 1 ZPO.

635 Vgl. § 767 Abs. 2 ZPO.

636 Vgl. Musielak ZPO, § 767, N 21.

tigt[637]. Zur damaligen Zeit versuchten etwa ein halbes Prozent aller gekündigten Personen eine Weiterbeschäftigung ausserhalb des betriebsverfassungsrechtlichen Anspruches geltend zu machen. In der Hälfte dieser geltend gemachten Fälle kam es tatsächlich zu einer Weiterbeschäftigung[638]. Diese Zahl dürfte aufgrund der höchstrichterlichen Anerkennung dieses Anspruchs im Jahre 1985 seither leicht angestiegen sein.

Nach Einschätzung von Praktikern des deutschen Arbeitsrecht im Jahre 2004 kommt es heute insgesamt in knapp 4% aller vor Gericht verhandelten Kündigungsschutzklagen zu einer Weiterbeschäftigung während des Verfahrens[639]. Darin ist die vorläufige Beschäftigung aufgrund des gesetzlichen Anspruches gemäss § 102 Abs. 5 BetrVG sowie des sog. allgemeinen Weiterbeschäftigungsanspruches – vor und nach erstinstanzlichem Urteil – enthalten. Die vorläufige

637 Vgl. Falke/Höland/Rhode/Zimmermann, Band II, S. 854.

638 Vgl. Falke/Höland/Rhode/Zimmermann, Band II, S. 855.

639 Die Autorin befragte im Juni 2004 Praktiker des deutschen Arbeitsrechts zu ihrer Einschätzung über die tatsächliche Häufigkeit der Weiterbeschäftigung während und nach Abschluss des Verfahrens in Deutschland. Im Einzelnen wurde nach der Prozentzahl der vorläufigen Weiterbeschäftigung während des Verfahrens bezogen auf alle Kündigungsschutzklagen und nach der Häufigkeit der diesbezüglichen Antragstellung gefragt. Im Rahmen dieser Umfrage wurde weiterhin sowohl der geschätzte Prozentwert derjenigen, die mittels Kündigungsschutzklage als auch derjenigen, die infolge gütlicher Einigung die dauerhafte Rückkehr an den Arbeitsplatz nach Abschluss der Verfahrens erreichten, erfragt. Es wurden hierzu alle Direktoren deutscher Arbeitsgerichte angeschrieben. Von den 126 Angeschriebenen antworteten 61 mit verwertbaren Daten. Weiter wurden 40 auf Arbeitsrecht spezialisierte Rechtsanwälte renommierter Grosskanzleien angeschrieben. Hiervon konnten 16 Antworten verwertet werden. Diese Praktiker des deutschen Arbeitsrechts gaben ihre Einschätzung zu den oben dargestellten Fragen preis. Die Rechtsanwälte wurden zusätzlich noch zu ihrer Einschätzung über die Gründe der angegebenen Häufigkeit des jeweiligen Rechtsinstituts und zur Altersverteilung befragt. Die Ergebnisse dieser Umfrage sollen einen Eindruck darüber vermitteln, wie sich die relative Häufigkeit der tatsächlichen Weiterbeschäftigung heute in der Praxis darstellt; siehe Anhang.

Weiterbeschäftigung wird jedoch bemerkenswerter Weise in ca. 64% der Kündigungsschutzklagen beantragt; es wurde aus verschiedenen Gründen als Kunstfehler bezeichnet, diesen Antrag nicht zu stellen[640]. Im Vergleich zu den Daten aus dem Jahre 1981 ist die geschätzte Häufigkeit der vorläufigen Weiterbeschäftigung insgesamt demnach von ca. 0,75% auf ca. 4% gestiegen. Im Hinblick darauf, dass durch die Rechtsprechung der Anwendungsbereich des Weiterbeschäftigungsanspruchs im Jahre 1985 massiv erweitert wurde, dürfte die absolute Steigerung nicht allzu gravierend sein. Im Vergleich zur Einschätzung der Häufigkeit der diesbezüglichen Antragstellung (ca. 64%), zeigt sich jedoch eine deutliche Diskrepanz.

Als Begründung für die generell seltene tatsächliche Weiterbeschäftigung wird vor allem die Tatsache gesehen, dass der Arbeitnehmer diese in den meisten Fällen nicht wirklich wünscht und die beauftragten Rechtsanwälte diese lediglich aus prozesstaktischen Gründen stellen[641]. Vor allem die Scheu der gekündigten Arbeitnehmer vor der persönlichen Konfrontation mit ihrem Arbeitgeber und den bisherigen Arbeitskollegen wird als Grund für die Ablehnung der Weiterbeschäftigung angeführt. Die Kränkung über die Verschmähung der Arbeitsleistung, die durch die Kündigung zu Tage tritt, sei oft sehr hoch[642]. Gerade Arbeitnehmer in gehobener Position sind oft durch die Kündigung in ihrer persönlichen Identität getroffen, da sie häufig binnen kurzer Zeit aufgefordert werden unter Abgabe aller

640 Es wurde betont, dass dieser Antrag aus prozesstaktischen Gründen sehr wichtig sei, um eine bessere Verhandlungsposition bei späteren allfälligen Vergleichsverhandlungen aufzubauen. Andererseits kann nur aufgrund dieses Antrages die Weiterbeschäftigung aus einem Urteil vollstreckt werden, was aufgrund eines blossen Feststellungsurteils, in dem die Unwirksamkeit der Kündigung festgestellt wird, nicht möglich ist. Von Seite der Gerichte wurde auch betont, dass die häufige Antragstellung mit einer für die Rechtsanwälte daraus resultierenden zusätzlichen Gebühr zusammenhinge; vgl. Umfrage der Autorin im Anhang; vgl. hierzu auch Reidel, NZA 2000, 454.

641 Vgl. Umfrage der Autorin im Anhang.

642 Vgl. hierzu auch Höland, Arbeitsrechtliches Gespräch, S. 23.

Schlüssel und Arbeitsmittel den Betrieb zu verlassen. Dadurch wird ein zuvor oft angesehener Mitarbeiter zu einem Gegner. Auch die Zusammenarbeit mit früheren Arbeitskollegen kann sich unter diesen Umständen gerade in Zeiten grosser Massenarbeitslosigkeit als sehr unangenehm für den Betroffenen erweisen[643]. Bei Ausspruch der Kündigung ist die Solidarität noch am grössten, nimmt mit Zeitablauf jedoch ab. Insbesondere wenn sich jemand tatsächlich wieder auf den Arbeitsplatz zurückklagt, nimmt die Solidarität rapide ab, da häufig schon eine personelle Reorganisation stattgefunden hat. Diese Tendenz ist unabhängig von dem Grund, aus dem die Kündigung erfolgte. Der Arbeitsplatz des Gekündigten wird häufig rasch durch einen anderen Mitarbeiter besetzt, soweit die Kündigung aus Gründen erfolgte, die in der Person des Arbeitnehmers liegen. Erfolgte die Kündigung aus einem betriebsbedingten Grund, so fällt der Arbeitsplatz in den meisten Fällen weg und es liegt berechtigter Weise die Sorge in der Luft, dass ein anderer Mitarbeiter gekündigt werden könnte, soweit sich der Gekündigte erfolgreich zurückklagt.

Insbesondere kurz nach dem Erhalt einer Kündigung sind viele jedoch zunächst psychisch derart gehemmt, dass sie sich auch mit Hilfe des einstweiligen Rechtsschutzes nicht wieder in den Betrieb begeben könnten. Es hat sich in der Praxis gezeigt, dass die Chance auf Weiterbeschäftigung umso grösser ist, je früher sie geltend gemacht wird[644]. Das heisst, dass aufgrund der einmal entstandenen Entfernung aus dem Betrieb die Aussichten und damit auch das Interesse des Arbeitnehmers an der Weiterbeschäftigung im Laufe des Kündigungsschutzprozesses immer mehr abnehmen. Die Bindung zum ehemaligen Betrieb verringert sich rapide, wenn der Arbeitnehmer nicht mehr das interne Alltagsgeschehen miterlebt und der frühere Arbeitsplatz möglicherweise neu besetzt wird. Zum Zeitpunkt der Verhandlung vor Gericht haben sich die Parteien meistens derart

643 Vgl. Wolter, NZA 2003, 1068, (1071); Umfrage der Autorin.

644 Vgl. Falke/Höland/Rhode/Zimmermann, Band I, S. 441; Wolter, NZA 2003, 1068, (1071).

von einander entfernt, dass eine Weiterbeschäftigung nach erstinstanzlichem Urteil (wie es der sog. allgemeine Weiterbeschäftigungsanspruch vor allem vorsieht) unrealistisch erscheint, selbst wenn die materiellen Voraussetzungen vorliegen[645].

In den meisten Fällen treten Arbeitnehmer lieber eine neue Arbeitsstelle an, anstatt den ihnen möglicherweise zustehenden Weiterbeschäftigungsanspruch zu realisieren[646]. Lediglich ältere Arbeitnehmer beharren geringfügig vermehrt auf der tatsächlichen Weiterbeschäftigung, was wohl daran liegt, dass ab einem gewissen Alter in den meisten Berufen eine neue Anstellung nur schwer zu finden ist[647].

3. Schweiz

Auch im schweizerischen Recht geniessen Personen im Falle missbräuchlicher Kündigung unter bestimmten Voraussetzungen einstweiligen Rechtsschutz. Diese provisorische Form des Rechtschutzes hat in den letzten Jahrzehnten in allen Rechtsgebieten an Bedeutung gewonnen[648].

Einen derartigen Kündigungsschutz, der auf die (vorläufige) Weiterführung des Arbeitsverhältnisses und damit auf Bestandsschutz gerichtet ist, gibt es im schweizerischen Recht jedoch nur im Zusammenhang mit Kündigungen, die als Reaktion auf die Beschwerde gegen eine Diskriminierung ausgesprochen werden. Mit dem vorläufigen Schutz vor sog. Rachekündigungen hat das GlG im Jahr 1995 eine für das schweizerische Recht neuartige Methode des Kündigungsschutzes für privatrechtliche Arbeitsverhältnisse einge-

---

645 Vgl. Wolter, NZA 2003, 1068, (1071).

646 Vgl. Sherman, The American journal of comparative law 1981, 467, (484).

647 Vgl. hierzu Engelmann, NZA 1998, 1218, (1219); Umfrage der Autorin.

648 Vgl. Spühler, Vorsorgliche Massnahmen als Weichenstellung, S. 1; Greiner, Grundsätzliche Probleme des vorsorglichen Rechtschutzes, S. 12.

führt. Die erfolgreiche Anfechtung der Kündigung führt zu deren Aufhebung und damit zur automatischen Weiterführung des Arbeitsverhältnisses[649].

Bundesrätliche und parlamentarische Diskussionen seit Anfang der achtziger Jahre führten nach jahrelangen Bemühungen am 24.03.1995 zur Verabschiedung des GlG[650], welches Angleichung des schweizerischen Rechts an den Rechtsstandard der EU bedeutet[651]. Aus politischen Gründen waren diverse Kompromisse notwendig, die gerade den Schutz vor Rachekündigung gegenüber Wünschen eines Teils des Parlaments abschwächten[652]. Trotz zahlreicher Abschwächungen enthält das GlG einen für das schweizerische Recht vollkommen neuartigen Kündigungsschutz für privatrechtliche Arbeitsverhältnisse, da nun erstmals eine missbräuchliche Kündigung angefochten werden kann, was im Erfolgsfall die Weiterbeschäftigung zur Folge hat[653]. Damit ist im schweizerischen Arbeitsrecht der Grundsatz durchbrochen, dass die Kündigung, sei sie missbräuchlich oder nicht, bestehen bleibt und lediglich eine Entschädigung als Rechtsfolge vorgesehen ist[654].

Im schweizerischen GlG und in der schweizerischen Literatur wird meistens der Begriff „provisorische Wiedereinstellung" durch Gerichtsentscheid verwendet[655]. Dies ist nicht ganz exakt ausgedrückt, da gerade bei längeren Kündigungsfristen zu dem Zeitpunkt, in dem das Gericht über die „provisorische Wiedereinstellung" ent-

649 Vgl. Klett, Schutz, S. 169; Klett, Rachekündigung, S. 245.

650 Am 01.01.1996 trat das GlG in Kraft. Vgl. zur ausführlichen historischen Entwicklung der einzelnen Diskussionen um die Einführung des GlG: Nordmann, S. 19 ff.

651 Vgl. Mader, Gleichstellungsgesetz, S. 20.

652 Vgl. AmtlBull NR 1994, 498 ff.; Schulz, Anstellung, S. 56.

653 Vgl. Art. 10 Abs. 1 GlG.

654 Vgl. Nordmann, S. 248.

655 Vgl. Art. 10 Abs. 3 GlG und für die Literatur vgl. beispielsweise Rehbinder, Arbeitsrecht, S. 163; Nordmann, S. 250; Mader, Gleichstellungsgesetz, S. 38.

scheidet, die Kündigungsfrist oftmals noch gar nicht abgelaufen ist und demnach keine „Wiedereinstellung", sondern eine „Weiterbeschäftigung" angeordnet werden müsste[656]. Im Folgenden wird aus Gründen der korrespondierenden Funktionalität der Rechtsinstitute der in der deutschen Rechtssprache geläufige Terminus „Weiterbeschäftigung" verwendet.

Teilweise wird in der schweizerischen Fachliteratur gefordert, dass die neue Form des Kündigungsschutzes rechtspolitische Signalwirkung für alle anderen Fälle der missbräuchlichen Kündigung haben solle[657], und zwar vor allem mit der Begründung, dass die nur im Falle der Rachekündigung gemäss Art. 10 GlG vorgesehene Rechtsfolge der Weiterbeschäftigung eine grundlose gesetzgeberische Bevorzugung dieses Tatbestandes gegenüber anderen Fällen missbräuchlicher Kündigung sei. Ob eine weitere Ausdehnung dieser Rechtsfolge wirklich sinnvoll ist, soll anhand rechtsvergleichender Feststellungen in den folgenden Abschnitten betrachtet werden.

a) Voraussetzungen der Anordnung der provisorischen Weiterbeschäftigung

Gemäss Art. 10 Abs. 3 Satz 2 GlG kann der Richter für die Dauer des Verfahrens die Weiterbeschäftigung anordnen, soweit die Voraussetzungen für die Aufhebung der Kündigung in glaubhafter Weise dargetan sind[658].

(1) Anfechtung der Kündigung

Eine Rachekündigung im Sinne des GlG zieht die Anfechtbarkeit der Kündigung nach sich[659]. Bei der Beratung dieses Gesetzes wurde allerdings auch diskutiert, ob die Rachekündigung anfechtbar oder

656 Vgl. Nordmann, S. 250; Klett, Schutz, S. 175.

657 Vgl. Rehbinder, Arbeitsrecht, S. 163; eingeschränkt auch Stöckli, ArbR 1997, 9, (26).

658 Vgl. Nordmann, S. 251; Klett, Schutz, S. 176.

659 Vgl. Art. 10 Abs. 1 GlG.

nichtig sein solle[660]. Dabei wurde die Nichtigkeit als Sanktion verworfen, weil sie sich nur für klare Sachverhalte eigne, das Vorliegen einer Rachekündigung aber meist nur in Kenntnis aller Umstände beurteilt werden könne[661]. Die Unterscheidung zwischen diesen beiden Sanktionen ist von erheblicher Bedeutung, da die Nichtigkeit vom zuständigen Richter jederzeit und ohne Parteiantrag von Amts wegen festgestellt werden kann, während die Anfechtung vom Gekündigten fristgerecht beim Gericht zu erfolgen hat, damit die Kündigung aufgehoben werden kann[662]. Das Tätigwerden des Gekündigten entsprach offensichtlich aus Gründen der Rechtssicherheit und Praktikabilität besser dem gesetzgeberischen Ziel.

Auch in England und Deutschland bedarf der vorläufige Rechtsschutz bei ungerechtfertigter Kündigung des ausdrücklichen Begehrens des Arbeitnehmers; von Amts wegen kann die Fortsetzung des Arbeitsverhältnisses nicht angeordnet werden[663]. Anders als in England und Deutschland muss der Gekündigte in der Schweiz mit der Anfechtung der Kündigung jedoch nicht noch separat die provisorische Weiterbeschäftigung verlangen. Das Parlament erachtete es als zu formalistisch, vom Arbeitnehmer zwei Rechtsbegehren zu verlangen[664].

660 Die Nichtigkeit wurde insbesondere im Schlussbericht der Arbeitsgruppe „Lohngleichheit für Mann und Frau“ vorgeschlagen, vgl. BBl 1993 I 1309.

661 Vgl. AmtlBull NR 1994, 496; Nordmann, S. 249. Die Sanktion der Anfechtbarkeit steht im Gegensatz zu den in Art. 336c OR geregelten nichtigen Kündigungen zur Unzeit. Dieser Unterschied bezüglich der Sanktionen wird damit begründet, dass die Tatbestände der Kündigung zur Unzeit in der Regel ohne weiteres erkennbar sind, während das Vorliegen einer Rachekündigung im Sinne des GlG einer umfassenden richterlichen Überprüfung bedarf.

662 Vgl. Nordmann, S. 249.

663 Vgl. hierzu oben: C, I, 1, b; C, I, 2, b, (4); C, I, 2, d.

664 Vgl. Nordmann, S. 328.

Die erfolgreiche Anfechtung der Kündigung nach GlG setzt voraus, dass sich der Arbeitnehmer zuvor über eine Diskriminierung beschwert hat und daraufhin eine Kündigung ausgesprochen worden ist[665]. Es kommt dabei – mit der Schranke des offensichtlichen Rechtsmissbrauchs – nicht darauf an, ob die Beschwerde über die Diskriminierung begründet ist[666].

Zeitlich gesehen ist die Anfechtungsmöglichkeit der Kündigung gegeben, wenn diese ohne begründeten Anlass während der Dauer des (innerbetrieblichen) Beschwerdeverfahrens[667] oder auch wenn sie in einem Zeitraum von sechs Monaten nach dem Abschluss dieses Verfahrens ohne begründeten Anlass erfolgte[668]. Erfolgt die Kündigung nach dem Ablauf der sechsmonatigen Schutzfrist, so entfällt die Option der Anfechtbarkeit. Es bleibt jedoch dann die Möglichkeit, im Falle einer Rachekündigung eine Entschädigung gemäss Art. 336 Abs. 1d i.V.m. 336a OR geltend zu machen; der besondere Schutz durch das GlG entfällt jedoch.

Alternativ zur Weiterführung des Arbeitsverhältnisses kann die gekündigte Person gemäss Art. 10 Abs. 4 GlG auf die Weiterführung des Arbeitsverhältnisses verzichten und stattdessen eine Entschädigung nach OR[669] geltend machen.

---

665 Vgl. Bigler-Eggenberger/Kaufmann/Barone, Art. 10 GlG, N 6 ff.

666 Vgl. BBl I 1308.

667 Innerbetriebliche Beschwerde über die Diskriminierung oder ein diesbezügliches Schlichtungs- bzw. Gerichtsverfahren.

668 Vgl. Art. 10 Abs. 2 GlG; Bigler-Eggenberger/Kaufmann/Barone, Art. 10 GlG, N 17 ff.

669 Die Entschädigung darf gemäss Art. 336a Abs. 2 OR den Betrag des Lohnes für sechs Monate nicht überschreiten.

(2) Wahrscheinlichkeitsprognose

Gemäss Art. 10 Abs. 3 Satz 2 GlG kann der Richter die Weiterbeschäftigung nur dann anordnen, wenn die Voraussetzungen für die Aufhebung der Kündigung wahrscheinlich erfüllt sind. Bei der Anordnung einer Weiterbeschäftigung soll der Richter aufgrund einer summarischen Prüfung der Klage den wahrscheinlichen Verfahrensausgang aufgrund der Parteiaussagen und unter Würdigung aller vorhandenen Beweismittel prognostizieren[670].

Wahrscheinlich ist das Vorliegen einer Rachekündigung, wenn die zeitlichen und sachlichen Voraussetzungen des Kündigungsschutzes durch den Arbeitnehmer glaubhaft gemacht werden und der Beklagte nicht sofort liquid einen begründeten Anlass für die Kündigung nachweisen kann[671]. Diese Situation liegt beispielsweise vor, wenn der Arbeitnehmer glaubhaft machen kann, dass der Arbeitgeber – unmittelbar nach Erhebung einer Klage auf gleichwertige Entlohnung – die Kündigung ausgesprochen hat und wenn dieser den Vorwurf, Rache genommen zu haben, nicht glaubhaft widerlegen kann[672]. Der Arbeitgeber kann den Vorwurf der Rache abwehren, wenn er beweisen kann, dass die Kündigung auf einem begründeten Anlass beruhte[673]. Ein solcher liegt vor, wenn bei vernünftiger Betrachtungsweise die Kündigung gerechtfertigt ist. Der Grund muss dabei nicht so schwer wiegen, dass sogar eine fristlose Kündigung möglich wäre[674]. Diese Pflicht des Arbeitgebers bedeutet eine Umkehr der Beweislast[675], welche einen entscheidenden Vorteil für den

670 Vgl. Kett, Rachekündigung, S. 252; Zürcher Kommentar / Staehelin, Art. 336b OR, N 9; Klett Schutz S 176.

671 Vgl. Klett, Rachekündigung, S. 252.

672 Vgl. Nordmann, S. 251.

673 Vgl. BBl 1993 I 1308; Klett, Schutz, S. 173.

674 Die Botschaft verweist diesbezüglich auf Art. 336 Abs. 2, b und Art. 340c Abs, 2 OR; vgl. Botschaft betr. Kündigungsschutz BBl 1984 II 609; Brunner/Bühler/Waeber, Art. 336 OR, N 10.

675 Vgl. Nordmann, S. 289.

Kläger gegenüber der Rachekündigung im Sinne des OR bedeutet, bei der es diese Nachweispflicht des Kündigungsgrundes seitens des Arbeitgebers nicht gibt.

Auch im englischen und deutschen Recht ist vor der gerichtlichen Anordnung der Weiterbeschäftigung eine Prognose der rechtlichen Lage des einzelnen Falles unerlässlich. Beim deutschen gesetzlichen Weiterbeschäftigungsanspruch nach § 102 Abs. 5 BetrVG erfolgt diese Untersuchung nicht durch das Gericht. Es wird vielmehr davon ausgegangen, dass durch die zwingend vorgeschaltete Stellungnahme des Betriebsrates, die Kündigung sei unwirksam, eine genügende Prognose gestellt worden sei. Beim sog. allgemeinen Weiterbeschäftigungsanspruch prognostiziert das Gericht den Erfolg der Kündigung und damit auch den Erfolg ihrer Anfechtung[676]. Auch im englischen Recht wird die vorläufige Fortsetzung des Arbeitsverhältnisses nur angeordnet, wenn das Gericht davon überzeugt ist, dass die Kündigung unfair im Sinne des einschlägigen Gesetzes war.

(3) Ermessen des Gerichts

Die Anordnung der provisorischen Weiterbeschäftigung steht im schweizerischen Recht nach dem Wortlaut des Gesetzes[677] im freien Ermessen des Gerichts[678]. Das Institut der provisorischen Weiterbeschäftigung erfüllt jedoch nur seinen Zweck, wenn das Gericht bei Glaubhaftmachung einer Rachekündigung nur dann die Weiterbeschäftigung nicht anordnet, wenn triftige Gründe dagegen sprechen[679].

676 Vgl. im Einzelnen oben: C, I, 2, c.

677 Vgl. Art. 10 Abs. 3 Satz 2 GlG: „Das Gericht kann die provisorische Wiedereinstellung der Arbeitnehmerin oder des Arbeitnehmers für die Dauer des Verfahrens anordnen, […]“.

678 Vgl. Decoppet, S. 39.

679 Vgl. Nordmann, S. 252.

(4) *Verhältnis zur Diskriminierungskündigung*

Der im Vergleich zum sonstigen schweizerischen Kündigungsschutz ausgeprägtere Schutz vor Rachekündigungen im Rahmen des GlG ist nicht zu verwechseln mit Schutz vor diskriminierenden Entlassungen im Sinne des Art. 9 GlG. Eine solche liegt vor, wenn die diskriminierende Handlung die Entlassung selbst ist. Eine Entlassung solcher Art ist ebenfalls durch das GlG sanktioniert[680]. Eine diskriminierende Entlassung wird jedoch im Gegensatz zur ebenfalls durch das GlG sanktionierten Rachekündigung lediglich mit einer Entschädigungsverpflichtung des Arbeitgebers sanktioniert[681].

b) *Gerichtliche Geltendmachung und Durchsetzbarkeit*

Um eine richterlich diktierte Weiterbeschäftigung zu erlangen, muss die betroffene Person im schweizerischen Recht die Kündigung nach Art. 10 Abs. 3 GlG vor Ende der Kündigungsfrist beim zuständigen Gericht oder bei der für obligatorisch erklärten Schlichtungsstelle anfechten[682]. Diese Frist ist entsprechend der jeweiligen Kündigungsfrist unter Umständen sehr kurz und beträgt im äussersten Fall sieben Tage oder einen Monat[683]. Auch wenn die Kündigung mit einer Frist ausgesprochen wurde, welche kürzer als die vertragliche oder gesetzliche ist oder wenn die Kündigung gar fristlos ausgesprochen wurde, so ist die Frist für die Anfechtung mit der vertraglichen oder gesetzlichen Kündigungsfrist gleichzusetzen[684]. Die relativ knappe Bemessung dieser Frist wurde in der Botschaft zum GlG damit begründet, dass gerade durch die kurze Frist eine reelle Möglichkeit gegeben sei, das Arbeitsverhältnis weiterzuführen bzw. aufrechtzuer-

---

680 Vgl. Art. 3 Abs. 2 i.V.m. Art. 9 GlG.

681 Vgl. Art. 9 GlG. Dieser Art. verweist auf Art. 336b OR.

682 Vgl. Klett, Schutz, S. 180; Nordmann, S. 326.

683 Vgl. zur Länge der einzelnen Kündigungsfristen: A, V, 1, c.

684 Vgl. Bigler-Eggenberger/Kaufmann/Barone, Art. 10 GlG, N 30.

halten[685]. Ist die Schlichtungsstelle durch den Kanton für obligatorisch erklärt worden, so muss der Gekündigte zwingend innerhalb der Kündigungsfrist zunächst das Schlichtungsverfahren einleiten, bevor eine Klage erhoben werden kann[686]. Scheitert das Schlichtungsverfahren, so bleiben dem Betroffenen drei Monate zum Einreichen der gerichtlichen Klage[687].

Die Anordnung der provisorischen Weiterbeschäftigung ist eine vorsorgliche richterliche Massnahme[688], weshalb sie nicht durch eine Schlichtungsstelle verfügt werden kann, selbst wenn diese obligatorisch angerufen werden muss[689].

Prinzipiell wäre der Anspruch auf Weiterbeschäftigung nach dem GlG gerichtlich erzwingbar[690]. Der Richter könnte bei der Nichtbefolgung der Anordnung der provisorischen Weiterbeschäftigung eine Strafe gemäß Art. 292 StGB gegen den Arbeitgeber anordnen. Eine Realexekution dieses Anspruchs wird jedoch eher als theoretische Möglichkeit des Gesetzes gesehen und für nicht durchführbar erachtet, da die Bereitstellung des Arbeitsplatzes eine Pflicht ist, die persönliches Handeln des Arbeitgebers voraussetzt und nicht von einem Dritten erfüllt werden kann[691]. Soweit ersichtlich ist es in der Praxis seit Einführung des GlG noch nie zu einer solchen Anordnung gekommen.

---

685 Vgl. BBl. 1993 I 1309; Nordmann, S. 327.

686 Vgl. Vogel/Spühler, ZPO, S. 311; Nordmann, S. 318.

687 Vgl. Art. 11 Abs. 3 GlG.

688 Vgl. Klett, Schutz, S. 180; Zürcher Kommentar / Staehelin, Art. 336b, N 9.

689 Vgl. Nordmann, S. 328.

690 Vgl. Nordmann, S. 259.

691 Pflichten, die sich demgegenüber dafür eignen, unter Inanspruchnahme direkten Zwangs durch den Staat vorgenommen zu werden, sind: Pflichten auf Herausgabe beweglicher Sachen, Pflichten auf Räumung unbeweglicher Sachen oder Pflichten zur Beseitigung beweglicher Sachen; vgl. Vogel/Spühler, ZPO, S. 406; Decoppet, S. 39.

Ein Entschädigungsanspruch für den Fall der Nichtbefolgung der richterlich angeordneten Weiterbeschäftigung durch den Arbeitgeber ist, im Gegensatz zum englischen Recht, im schweizerischen Recht nicht vorgesehen. Der Gekündigte hat nach schweizerischem Recht jedoch die Möglichkeit, während des Verfahrens auf die Weiterbeschäftigung zu verzichten und stattdessen eine Entschädigung im Sinne des Art. 336a OR geltend zu machen[692]. Von dieser Möglichkeit wird Gebrauch gemacht, wenn sich vor Gericht abzeichnet, dass der Arbeitgeber nicht zur Fortführung des Arbeitsverhältnisses bereit ist oder die Kündigung nach Ablauf der sechsmonatigen Schutzfrist androht[693].

c) Tatsächliche Inanspruchnahme

Mit welcher Häufigkeit die Weiterbeschäftigung aufgrund GlG in der Praxis vorkommt, ist schwer festzustellen, da es keine rechtstatsächlichen Erhebungen hierzu gibt. Indem die Häufigkeit der Inanspruchnahme der (dem gerichtlichen Verfahren vorgeschalteten) Schlichtungsstellen betrachtet wird, kann jedoch zu einem Annäherungswert gekommen werden. Rund vier Jahre nach Inkrafttreten des GlG zeigte sich, dass die in allen Kantonen bestehenden Schlichtungsstellen relativ wenig beansprucht werden[694]. Dies bedeutet, dass die durch das GlG ermöglichten rechtlichen Mittel im Konfliktfall relativ selten in Anspruch genommen werden.

Auch die Befragung einiger schweizerischer Gleichstellungsbüros durch die Autorin im Jahre 2004 liess den Eindruck entstehen, dass

692 Vgl. Art. 10 Abs. 4 GlG.

693 In drei der sechs Fälle, die seit Inkrafttreten des GlG vor der Schlichtungsstelle des Kantons Zürich den Kündigungsschutz gemäß 10 GlG zum Thema hatten, wählten Klägerinnen bewusst eine Entschädigung gemäß Art. 10 Abs. 4 GlG.

694 Vgl. JAR 2001, 42.

jene sich selten mit rein juristischen Fragen zu beschäftigen haben[695]. Die Schlichtungsstelle für Diskriminierungsstreitigkeiten im Erwerbsleben des Kantons Schwyz teilte beispielsweise mit, dass der Schlichtungsstelle pro Jahr durchschnittlich ein Fall zur Beurteilung unterbreitet wird; die Weiterbeschäftigung war dabei bisher jedoch noch nie ein Thema. Auch die Schlichtungsstelle des Kantons Zug hatte seit 1996 erst vier Fälle zum Gleichstellungsgesetz zu bearbeiten. Keiner dieser Fälle betraf Art. 10 GlG. Die Schlichtungsstelle des Kantons Nidwalden bearbeitete seit Inkrafttreten des Gesetzes noch keinen Fall nach GlG. Bei der Schlichtungsstelle des Kantons Zürich wurden im Jahre 2000 dahingegen 13 Schlichtungsbegehren eingereicht[696], jedoch berichtet auch diese Schlichtungsstelle, dass der Weiterbeschäftigungsanspruch nach Art. 10 GlG in der Praxis kaum gestellt werde, was daran liege, dass zum Zeitpunkt der Erledigung der Schlichtungsverfahren nahezu alle Klägerinnen aus der Privatwirtschaft bereits ihre Arbeitsplätze verlassen hatten[697].

Teilweise wird davon ausgegangen, dass der neue Rechtsschutz des Art. 10 GlG sehr selten in Anspruch genommen werde, weil diejenigen Gekündigten, welche eine Kündigung gerichtlich anfechten, nach dem Ablauf der Kündigungsfrist solange keinen Lohn erhalten,

---

695 Im Mai 2004 befragte die Autorin zehn Vertreter von Gleichstellungsbüros und vier weitere öffentliche Stellen der Schweiz, die sich vornehmlich mit Gleichstellung befassen nach der geschätzten Häufigkeit der Inanspruchnahme der Rechte gemäß Art. 10 GlG. Vertreter von sieben Gleichstellungsbüros antworteten und machten entsprechende Einschätzungen. Drei Vertreter der sonstigen befragten öffentlichen Stellen antworteten verwertbar. Diese Umfrage ergab, dass die Rechte aus Art. 10 GlG in den Gebieten aller Befragten nur sehr selten bis gar nicht in Anspruch genommen werden. Das Ergebnis dieser Umfrage ist nicht repräsentativ und hat lediglich den Zweck, als Anhaltspunkt für die Einschätzung der tatsächlichen Häufigkeit der Inanspruchnahme des schweizerischen Weiterbeschäftigungsanspruches nach Art. 10 GlG in der Praxis zu dienen.

696 Vgl. Torcasso, 5 Jahre Gleichstellungsgesetz, S. 19.

697 Vgl. Torcasso, 5 Jahre Gleichstellungsgesetz, S. 19.

bis das Gericht die Kündigung aufhebt. Da bis dahin mehrere Monate, bei der Durchschreitung mehrerer Instanzen sogar Jahre, verstreichen können, führe die lange andauernde Unsicherheit in finanzieller und persönlicher Hinsicht dazu, dass die Gekündigten auf die Durchführung des Weiterbeschäftigungsverfahrens verzichten und es vorziehen, sich eine andere Stelle zu suchen[698].

Selbst wenn zunächst das Weiterbeschäftigungsverfahren angestrengt wurde, so wird häufig schlussendlich doch auf die Möglichkeit einer Entschädigungszahlung nach Art. 10 Abs. 4 GlG zurückgegriffen, da eine richterlich angeordnete Weiterbeschäftigung unerträgliche Perspektiven mit Schikanen und Mobbing eröffnen würde. Es besteht wegen des zerrütteten oder doch stark beeinträchtigten Vertrauensverhältnisses vor allem in kleineren Betrieben kein Anreiz mehr, gegen den Willen des Arbeitgebers weiter zu arbeiten.

4. Vergleichende Würdigung

a) Zweck des Instituts

Die Möglichkeiten der Arbeitnehmer, welche aus der Inanspruchnahme des vorläufigen Rechtsschutzes erwachsen, sind in allen drei betrachteten Ländern von der Funktion her gleich. Die Rechtsinstitute haben alle die zumindest zeitlich befristete Fortführung des Arbeitsverhältnisses zum Ziel und geben dem Arbeitnehmer (zumindest vorläufig) die Möglichkeit, diese gerichtlich einzuklagen. Die diesbezüglichen Regelungen verfolgen das Ziel, den Bestand des Arbeitsverhältnisses im Falle einer ungerechtfertigten Kündigung zu schützen; in jedem dieser Länder ist ein zumindest vorübergehendes richterlich diktiertes Beschäftigungsverhältnis vorgesehen. Dieses Rechtsinstitut der vorläufigen Fortsetzung ist ein wichtiges Glied des

698 Vgl. Bigler-Eggenberger/Kaufmann/Barone, Art. 10 GlG, N 35.

Bestandsschutzes von Arbeitsverhältnissen, welcher an sich für jeden sozialen Staat ein selbstverständliches Gebot ist.

Das Anliegen um diesen vorläufigen Rechtsschutz geht von dem Gedanken aus, dass ohne jenen eine Weiterbeschäftigung nach endgültiger gerichtlicher Feststellung mangelnder Rechtfertigung der Kündigung nicht mehr oder sehr viel schlechter durchsetzbar ist[699]. Durch den Weiterbeschäftigungsanspruch soll die effektive Rückkehr in das Arbeitsverhältnis erleichtert und auch die finanzielle Absicherung gewährleistet werden. In der Schweiz haben Gekündigte in der Zeit nach Ablauf der Kündigungsfrist prinzipiell keinen Lohnanspruch, soweit die Kündigung nicht richterlich aufgehoben wird. Wäre kein vorläufiger Rechtsschutz vorgesehen, so wäre die Anfechtung einer Rachekündigung illusorisch, da der Rechtsstreit durch mehrere Instanzen einige Jahre dauern kann. Auch in England endet der Lohnanspruch spätestens mit Ende der Kündigungsfrist. Dagegen ist der Lohnanspruch nach deutschem Recht nicht schon in Gefahr, wenn während des Prozesses keine Weiterbeschäftigung im einstweiligen Rechtsschutz beantragt wird. Es genügt prinzipiell die Erhebung der Kündigungsschutzklage, um den Arbeitgeber in Annahmeverzug zu versetzen[700], und damit steht dem Arbeitnehmer auch der Lohn seit Ausspruch der Kündigung zu, soweit das Gericht die Kündigung im Hauptverfahren für unwirksam einstuft. Der Nachteil dieses Vorgehens besteht in der Unsicherheit über den Ausgang des Verfahrens. Hat der Arbeitnehmer dagegen seine tatsächliche Beschäftigung eingeklagt und auch tatsächlich gearbeitet, so steht ihm nach deutschem Recht, wie auch das Urteil des Gerichts bezüglich der Kündigung ausfällt, der Lohn für die verrichtete Arbeit zu. Dies gilt auch im schweizerischen Recht: Der Anspruch auf Entlohnung der im richterlich diktierten Weiterbeschäftigungsverhältnis geleisteten Arbeit besteht auf jeden Fall[701].

---

699 Vgl. Schellhaass, ZfA 1984, 139, (147).

700 ArbR-Handbuch/Schaub, § 139, N 1.

701 Vgl. Bigler-Eggenberger/Kaufmann/Barone, Art. 10 GlG, N 40.

In allen drei Ländern wird die Rechtslage summarisch überprüft, um über die Anordnung der Weiterbeschäftigung zu entscheiden, wobei massgebend ist, ob die Interessen des Arbeitnehmers an der Beschäftigung oder diejenigen des Arbeitgebers an der Nichtbeschäftigung im Einzelfall überwiegen.

b) Gesetzliche Bereiche und Herleitung des Anspruchs

Die Fortsetzung des Arbeitsverhältnisses kann in den einzelnen Rechtsordnungen nach Kündigungen mit unterschiedlichen Gründen beansprucht werden. Im schweizerischen Recht existiert der Anspruch auf Weiterbeschäftigung nur bei Rachekündigungen wegen Einforderung einer geschlechtlichen Gleichstellung im Arbeitsleben. Die dem schweizerischen Kündigungsschutzrecht sonst fremde Sanktion wurde im GlG eingeführt, um Handlungen, mit denen sich Diskriminierte zur Wehr setzen, rechtlich abzusichern bzw. erst zu ermöglichen. Es wird vermutet, dass die übrigen Bestimmungen des GlG möglicherweise „toter Buchstabe" geblieben wären, wenn nicht diese für das schweizerische Privatrecht neuartige Sanktion der Weiterbeschäftigung in das GlG mitaufgenommen worden wäre[702]. In England und Deutschland dagegen sehen die Gesetze gegen Diskriminierung nicht gesondert einen Anspruch auf Weiterbeschäftigung im Falle einer Kündigung vor[703], doch kann der Arbeitnehmer die vorläufige Weiterbeschäftigung im deutschen Recht allenfalls nach den allgemeinen Regeln des Kündigungsschutzes erreichen.

Im englischen Recht ist die erzwingbare Fortsetzung des Arbeitsverhältnisses während des Verfahrens – wie auch im schweizerischen Recht – nur in durch das Gesetz erwähnten Einzelfällen vorgesehen[704]. Dass in Deutschland im Gegensatz zu England und der Schweiz der Weiterbeschäftigungsanspruch während des Verfahrens

702 Bigler-Eggenberger/Kaufmann/Barone, Art. 10 GlG, N 3.

703 Vgl. Rebhahn, ZfA 2003, 163, (214).

704 Zu den einzelnen Tatbeständen vgl. C, I, 1, a.

prinzipiell für alle Fälle der Kündigung besteht, ist ein Ausfluss des generellen Beschäftigungsanspruchs während des laufenden ungekündigten Arbeitsverhältnisses[705]. Jedoch beschränkt sich der Weiterbeschäftigungsanspruch während des Kündigungsschutzprozesses vor dem Urteil der ersten Instanz auch nach deutschem Recht auf Ausnahmefälle; dieser Anspruch wird vor dem Urteil der ersten Instanz nur dann zugesprochen, wenn die Kündigung offensichtlich unwirksam ist[706].

Im Gegensatz zum deutschen Recht besteht im englischen schon der Beschäftigungsanspruch während des laufenden Arbeitsverhältnisses prinzipiell nicht[707]. Gemäss konstanter englischer Rechtsprechung ist nur in gewissen Fällen eine Beschäftigungspflicht im Arbeitsvertrag impliziert oder sie kann sich aus den sonstigen Umständen ergeben[708]. Eine Pflicht zur Beschäftigung des Arbeitnehmers besteht insbesondere bei Ausbildungsverträgen sowie dort, wo eine dauernde Ausübung der Tätigkeit zur Erhaltung der Fähigkeiten des Arbeitnehmers notwendig ist[709]. Auch kann die Bereitstellung der Arbeitsmöglichkeit vom Arbeitgeber erwartet werden, wenn die Entlohnung des Arbeitnehmers von der Beschäftigung an sich abhängt, wie dies bei Akkordarbeit oder Tätigkeiten auf Provisions-

---

705 Vgl. oben C, I, 2, a.

706 Vgl. hierzu oben: C, I, 2, c), (3).

707 Vgl. Turner v. Sawdon [1901] 2 KB 653; Collier v. Sunday Referee Publishing Co. Ltd., [1940] 2 KB 647, (650). Der erkennende Richter Asquith führte im Rahmen der letzt zitierten Entscheidung aus: „Vorausgesetzt, ich bezahle meiner Köchin regelmässig die vereinbarte Entlohnung, so kann sie sich nicht darüber beklagen, wenn ich mich entscheide, gelegentlich oder immer ausser Haus zu essen".

708 Vgl. William Hill Organisation v. Tucker [1998] IRLR 313; Langston v. AUEW [1974] ICR 1974 No. 1: 180, (184); Kilian, RIW 1999, 186, (188).

709 Diese Notwendigkeit wird beispielsweise bei Schauspielern jeglicher Art durch die Rechtsprechung anerkannt; vgl. Langston v. AUEW [1974] ICR 1974 No. 1: 180, (184).

basis sein kann[710]. Dieser in Ausnahmefällen gewährte Beschäftigungsanspruch ist jedoch – im Gegensatz zum deutschen Recht – nicht die Grundlage und Erklärung für die Existenz des vorläufigen Rechtsschutzes auf Fortsetzung des Arbeitsverhältnisses. Vielmehr ist der auf gesetzliche Ausnahmefälle beschränkte Bestandsschutz während des Kündigungsschutzverfahrens in England ein Ausdruck des besonderen Schutzes einzelner innerbetrieblicher Güter wie beispielsweise der Gewerkschaftstätigkeit, welche nicht durch die Kündigung des Arbeitgebers beeinträchtigt werden können sollen.

Auch der schweizerische Kündigungsschutz während des Prozesses im Rahmen des GlG ist nicht wie der deutsche die Folge eines während des laufenden Arbeitsverhältnisses bestehenden Beschäftigungsanspruchs. Ein solcher existiert im schweizerischen Arbeitsvertragsrecht, vergleichbar dem englischen Recht, nur sehr eingeschränkt[711]. Im Falle von Absatzstockungen, Betriebsunterbrechungen, Unfähigkeit des Arbeitnehmers, Störung des Betriebfriedens und vor allem in der Zeit nach einer Kündigung (während der Kündigungsfrist) besteht im schweizerischen Recht unbestrittenermassen kein Beschäftigungsanspruch, da ein Arbeitsverhältnis in diesen Stadien nicht mehr eine derart ausgeprägte Fürsorge des Arbeitgebers erfordere[712]. Vielmehr hat sich das – dem deutschen Weiterbeschäftigungsanspruch inhaltlich sehr ähnliche – Rechtsinstitut, welches im Falle von Rachekündigungen zum Tragen kommt, aus der generellen Annäherung des schweizerischen Rechts an das europäische Recht ergeben.

---

710 Diese Ausnahme wurde bereits sehr früh durch die Rechtsprechung anerkannt; vgl. Devonald v. Rosser & Sons, [1906] 2 KB 728; Addis v. Gramophone Co. Ltd. [1909] AC 488; Langston v. AUEW [1974] ICR 1974 No. 1: 180, (184); Stein / von Pappenheim, S. 28.

711 Die Existenz des allgemeinen Beschäftigungsanspruchs ist in der Schweiz umstritten. Für Bühnenkünstler und Berufssportler ist er anerkannt. Bei allen anderen Arbeitnehmern ist er umstritten; vgl. hierzu BGE 87 II 143, Rehbinder, Arbeitsrecht, S. 111.

712 Vgl. BGE 99 Ib 129, 133.

Da in England und der Schweiz in der Regel kein Beschäftigungsanspruch während des laufenden ungekündigten Arbeitsverhältnisses besteht, ist es auch nicht notwendig, diesen generell durch das Instrument des einstweiligen Rechtsschutzes abzusichern. Darum kann die Fortführung des Arbeitsverhältnisses während des Verfahrens in diesen beiden Rechtsordnungen lediglich dann durch einstweiligen Rechtschutz erlangt werden, wenn ein zusätzliches Rechtsgut (die Absicherung der Inanspruchnahme der Rechte aus dem GlG in der Schweiz und die Absicherung von Rechtsgütern wie Gewerkschaftsaktivität oder -mitgliedschaft in England) durch die Kündigung bedroht ist.

c) Gerichtliche Geltendmachung und Durchsetzbarkeit

In allen drei Ländern kann die Fortsetzung des Arbeitsverhältnisses im Wege des einstweiligen Rechtsschutzes unter erleichterter Beweisführung geltend gemacht werden[713]. Das Gericht soll die vorläufige Fortführung anordnen, soweit es überzeugt ist, dass die Voraussetzungen des jeweiligen Anspruches vorliegen und soweit die Weiterbeschäftigung als angemessen betrachtet wird[714].

Soweit der Arbeitgeber im englischen Recht sich in der gerichtlichen Verhandlung nicht bereit erklärt, den Arbeitnehmer weiter zu beschäftigen, ordnet das Gericht – wenn es von der unfairness der Kündigung überzeugt ist – die Fortsetzung des Arbeitsverhältnisses an. Diese Anordnung legt die Pflicht des Arbeitgebers, den Lohn

713 Vgl. Sec. 129 ERA 1996; §§ 936, 920 Abs. 2, 294 ZPO; Art. 10 Abs. 3 i.V.m. Abs. 1 GlG. In der deutschen Rechtsordnung kann der Weiterbeschäftigungsanspruch für den Zeitraum nach dem Urteil der ersten Instanz auch ausserhalb des einstweiligen Rechtsschutzes geltend gemacht werden.

714 Vgl. für England Sec. 129 ERA 1996; vgl. für Deutschland die Notwendigkeit der umfassenden Interessenabwägung im Rahmen der Anordnung des Weiterbeschäftigungsanspruches; vgl. BAG 27.02.1985, NZA 1985, 702; vgl. für die Schweiz Art. 10 Abs. 3 Satz 2 GlG, welche als Kann-Bestimmung konzipiert ist; vgl. Nordmann, S. 252.

weiterhin auszubezahlen und die erforderlichen Leistungen für die sonstigen Vorteile des Arbeitnehmers aus dem Arbeitsverhältnis zu erbringen, fest. Wünscht der Arbeitgeber den Arbeitnehmer jedoch aus dem Betrieb zu entfernen, so kann der Arbeitgeber jenen nach Belieben freistellen. Die tatsächliche Beschäftigungspflicht kann nicht angeordnet werden[715].

Im deutschen und schweizerischen Recht beinhaltet die einstweilig verfügte Fortsetzung des Arbeitsverhältnisses dagegen auch die tatsächliche Beschäftigung des Arbeitnehmers.

Was hat es für Auswirkungen, wenn sich der Arbeitgeber weigert, der gerichtlichen Anordnung nachzukommen? Nach englischem Recht soll das Gericht nach seinem Ermessen eine gesetzlich in der Höhe nicht begrenzte Entschädigungspflicht zu Gunsten der klagenden Person anordnen, soweit der Arbeitgeber den gerichtlich angeordneten Pflichten nicht nachkommt[716].

Interessanter ist es jedoch, was die Rechtsordnungen Deutschlands und der Schweiz als Konsequenz für die Nichtbefolgung der gerichtlichen Anordnung mit dem Inhalt der Weiterbeschäftigungsverpflichtung vorsehen. Nach deutschem Recht ist der Inhalt die Beschäftigungspflicht, d.h. die Bereitstellung des Arbeitsplatzes nach den Regelungen der ZPO durch die Festsetzung eines Zwangsgeldes und gegebenenfalls auch durch Zwangshaft prinzipiell vollstreckbar. Diese Zwangshandlungen können jedoch, wie bereits gezeigt[717], durch den Arbeitgeber mit simplen prozessualen Mitteln abgewendet werden. Danach wäre die Zwangsvollstreckung schlicht unwirksam.

Selbst für den Fall, dass der Arbeitgeber sich nicht mit den angesprochenen prozessrechtlichen Gegenmitteln gegen die Zwangsvollstreckung zur Wehr setzt, ist auch mit den Mitteln der staatlichen Gewalt das ursprüngliche Ziel des kündigungsschutzrechtlichen vor-

---

715 Vgl. hierzu oben: C, I, 2, b).

716 Vgl. Sec. 132 Abs. 4 i.V.m. Abs. 5 und 6 ERA 1996.

717 Vgl. hierzu oben: C, I, 2, d), (3).

läufigen Rechtschutzes nur sehr beschränkt erreichbar. Ohne den Zwangsmitteln Zwangsgeld und -haft jegliche Wirksamkeit abzusprechen, scheinen sie zumindest in diesem Fall nicht tauglich. Die gedeihliche Zusammenarbeit dürfte durch zwangsweise Durchsetzung nicht erreichbar sein.

Nach deutschem Recht kann die gekündigte Person jedoch auch eine Entschädigung beantragen, soweit der Arbeitgeber in der durch das Gericht festzusetzenden Frist den Arbeitnehmer entgegen der gesetzlichen Anordnung nicht weiterbeschäftigt[718]. Die Festsetzung dieser dem Klagenden zustehenden Entschädigung liegt im Ermessen des Gerichts, wobei der Schaden des Antragstellers zu berücksichtigen ist. Ein solcher Antrag gemäss § 61 Abs. 2 ArbGG schliesst jedoch die Vollstreckung der Verurteilung zur Weiterbeschäftigung aus[719]. Die Möglichkeit, den gestellten Weiterbeschäftigungsanspruch als Druckmittel bei einer möglichen Aushandlung der Höhe der Abfindung – für diesen Zweck wird der Antrag auf Weiterbeschäftigung nach Aussagen von Praktikern des deutschen Arbeitsrechts in erster Linie gestellt[720] – einzusetzen, besteht dann nicht mehr. In diesem Fall kommt es darauf an, welcher Betrag als höher eingeschätzt wird.

---

718 Vgl. § 61 Abs. 2 ArbGG; Gremelmann/Matthes/Müller-Glöge/Prütting, § 61 ArbGG, N 34; Hauck/Helml, ArbGG, § 61 ArbGG, N 11.

719 Vgl. Grunsky, ArbGG, § 61 ArbGG, N 8; Hauck/Helml, ArbGG, § 61 ArbGG, N 13.

720 Vgl. oben: C, I, 2, e.

Auch in der schweizerischen Rechtsprechung und Literatur wird die Vollstreckung der tatsächlichen Weiterbeschäftigung als nicht durchführbar erachtet[721]. Eine im Rahmen der Vollstreckung angeordnete Busse würde wie im deutschen Recht der Staatskasse zufallen. Jedoch hat auch hier die klagende Person im Rahmen des Art. 10 Abs. 4 GlG die Möglichkeit, noch während des Verfahrens statt der Weiterbeschäftigung eine Entschädigung geltend zu machen. Diese Alternative bietet sich an, wenn sich im Rahmen des Verfahrens herausstellt, dass der Arbeitgeber prinzipiell gegen eine Weiterbeschäftigung ist. Auch in diesem Fall steht der klagenden Person „zumindest" eine Entschädigung zu, soweit sich die Weiterbeschäftigung nicht erreichen lässt. Mit einer vom Gericht festzulegenden Entschädigung können das vom Arbeitnehmer erlittene persönliche Unrecht und die materiellen Nachteile besser berücksichtigt werden als bei Verfügung einer Busse zu Gunsten der Staatskasse.

Der Rechtsvergleich zeigte, dass wenn der Arbeitgeber der gerichtlichen Anordnung über die vorläufige Fortsetzung des Arbeitsverhältnisses nicht nachkommt, es durchweg zu einer Entschädigungspflicht des Arbeitgebers kommt. Im englischen Recht kann bereits aufgrund rechtlicher Voraussetzungen die tatsächliche Weiterbeschäftigung gegen den Willen des Arbeitgebers nicht gerichtlich durchgesetzt werden. Zu demselben Ergebnis gelangt man jedoch aufgrund der nicht darstellbaren Erzwingbarkeit der tatsächlichen Weiterbeschäftigung in den anderen beiden Rechtsordnungen.

721 Vgl. Urteil Appellationshof des Kantons Bern, Nr. 305/II/98; Torcasso, 5 Jahre Gleichstellungsgesetz, S. 19; Vogel/Spühler, ZPO, S. 406; Decoppet, S. 39.

d) *Dringlichkeit*

Die gekündigte Person muss nach englischem Recht den Antrag auf vorläufige Weiterführung des Arbeitsverhältnisses innerhalb von sieben Tagen stellen[722]. Im schweizerischen Recht (GlG) muss das Gesuch um Weiterbeschäftigung innerhalb der Kündigungsfrist beim Gericht gestellt werden[723].

Nach deutschem Recht ist der Antrag auf Weiterbeschäftigung prinzipiell auch nach längerer Prozessdauer noch möglich, doch muss das erfolgreiche Begehren um Weiterbeschäftigung mit dem Nachweis der Dringlichkeit verbunden sein, so dass jedes Zuwarten während der Dauer des Prozesses dem Arbeitnehmer schadet, da eine einstweilige Anordnung des Gerichts mit Fortschreiten des Rechtsstreits immer unwahrscheinlicher wird. Nach einem erstinstanzlichen Urteil besteht grundsätzlich kein Rechtsschutzbedürfnis mehr für eine vorläufige Weiterbeschäftigungsverfügung; denn dieses Urteil stellt fest, ob das Arbeitsverhältnis fortbesteht oder nicht, und bei Obsiegen des Arbeitnehmers enthält das Urteil bei entsprechendem Klageantrag auch die Verpflichtung des Arbeitgebers zur Weiterbeschäftigung[724]. Die Dringlichkeit wird rechtstatsächlich durch die Gerichte nur angenommen, wenn zwischen der Kündigung und dem Antrag auf Weiterbeschäftigung wenig Zeit vergangen ist[725].

---

722 Vgl. 128 Abs. 2 ERA 1996; Sec. 161 Abs. 2 TULR(C)A.

723 Vgl. Art. 10 Abs. 3 GlG.

724 Stellte der Arbeitnehmer lediglich einen Antrag auf Feststellung, dass das Arbeitsverhältnis durch die Kündigung nicht aufgelöst wurde, so kann er nach einem der Kündigungsschutzklage stattgebenden Urteil bei dem zuständigen Arbeitsgericht eine Weiterbeschäftigungsverfügung beantragen; vgl. Brill, BB 1980, 621, (625).

725 Vgl. Reidel, NZA 2000, 454, (460); HK-KSchG/Dorndorf, § 1 KSchG, Anhang 2, N 53; LAG Hamm 18.02.1986, NZA 1986, 399.

Den Regelungen der drei Länder ist gemeinsam, dass entsprechend dem Sinn der vorläufigen Anordnung die Zeit zwischen Kündigung und fraglichem Begehren kurz sein soll. Im Rahmen des englischen Rechts und des schweizerischen GlG wurde diesem Zeitdruck durch kurze Fristen Ausdruck gegeben. Nach deutschem Recht liegen die Voraussetzungen für die gerichtliche Anordnung der Weiterbeschäftigung in der Regel nur vor, wenn wenig Zeit verflossen ist, was in der Praxis ebenso zur Einhaltung kurzer Fristen führt.

e) Tatsächliche Inanspruchnahme

Da über die Häufigkeit der tatsächlichen Inanspruchnahme dieses Rechtsschutzes in England keine Daten zur Verfügung stehen, beschränken sich die nachfolgenden Ausführungen im Wesentlichen auf die Inanspruchnahme in Deutschland und der Schweiz. Die Beanspruchung des vorläufigen Rechtsschutzes im Rahmen des Kündigungsschutzprozesses ist in diesen beiden Ländern sehr gering.

Der Grund für die geringe Inanspruchnahme dieses Rechtes dürfte zum Teil in der Gefahr der finanziellen Belastung durch den drohenden jahrelangen Prozess liegen. Langandauernde Unsicherheit in persönlicher und finanzieller Hinsicht, die durch den Rechtsstreit um den Arbeitsplatz entsteht, wird durch Arbeitnehmer vermieden.

Der zweite schwerwiegende Grund für die seltene Beanspruchung des vorläufigen Rechtschutzes liegt wohl in dem weit verbreiteten Missbehagen der Gekündigten, mit dem bisherigen Arbeitgeber und den früheren Arbeitskollegen konfrontiert zu werden; der gedemütigte Arbeitnehmer scheut negative Reaktionen des Kündigenden (Arbeitgeber in kleineren Betrieben oder der Vorgesetzte, der die Kündigungsentscheidung fällt, in grösseren Betrieben) und der bisherigen Mitarbeiter, selbst wenn die Kündigung ohne gesetzlich relevanten Grund ausgesprochen worden ist; denn auch wenn dieser Grund nicht rechtlich relevant ist, so steht er doch zwischen den

Parteien[726]. Das Verhältnis des Gekündigten zu den Mitarbeitern, die prinzipiell nicht gegen den Gekündigten eingestellt sein müssten, wird problematisch, da die Mitarbeiter noch in dem Betrieb angestellt sind und das vermutlich auch bleiben wollen. Diese werden sich deshalb zumindest nicht offensichtlich gegen den Kündigenden stellen. Diese Tendenz könnte aus einem Solidaritätsgedanken der Arbeitnehmer heraus auch umgekehrt sein, was in Zeiten hoher Arbeitslosigkeit jedoch sehr unwahrscheinlich ist.

Nach diesen Ausführungen kann es auch nicht verwundern, dass das Institut der richterlich verfügten Weiterbeschäftigung nach schweizerischem GlG kaum in Anspruch genommen wird, müssen doch dem Begehren nach Weiterbeschäftigung eine Beschwerde wegen Diskriminierung (oftmals auch über eine sexuelle Belästigung) und die daran anschliessende Kündigung vorangehen. Nach einer Beschwerde steht aber ein so schwerer Vorwurf im Raum, dass an eine gedeihliche Weiterbeschäftigung kaum zu denken ist. Die Schlichtungsstelle des Kantons Zürich hält beispielsweise in einem am 21.05.1999 erzielten Vergleich dazu fest, dass eine Weiterbeschäftigung nicht (mehr) in Frage käme, wenn das Verhältnis der Parteien nach haltlosen Anschuldigungen endgültig zerstört sei[727].

726 Dies trifft vor allem zu, wenn es sich um eine Kündigung aus arbeitnehmerbezogenen Gründen, wie es auch die Rachekündigung ist, handelt. Jedoch auch bei nicht gerechtfertigten betriebsbedingten Kündigungen kann es durch die Auswahl des Gekündigten zu persönlichen Differenzen kommen. Handelt es sich um eine gerechtfertigte betriebsbedingte Kündigung, so scheidet eine Weiterbeschäftigung in den allermeisten Fällen aus; vgl. hierzu C, I, 2, b und c.

727 Vgl. Fall 35 der Internetdokumentation der Schlichtungsstelle des Kantons Zürich. Schlichtungsstelle Geschäft Nr. 99/4. Abzurufen online über: http://www.stzh.ch/glg/fall21_40/fall35.htm.

Daher wird es häufig vorgezogen, auch nach einer zu Unrecht erfolgten Kündigung sich möglichst früh um einen neuen Arbeitsplatz zu bemühen[728]. Das erübrigt in zahlreichen Fällen den Streit um die Weiterbeschäftigung während des Verfahrens und führt dazu, dass im Kündigungsschutzprozess eine Entschädigung angestrebt wird.

Gewerkschaftlich organisierte Arbeitnehmer und Vertrauensleute der Gewerkschaften versuchen in Deutschland wesentlich häufiger als andere Lohnabhängige, die tatsächliche Weiterbeschäftigung während des Prozesses gerichtlich zu erreichen[729]. Es ist einleuchtend, dass genau in diesem Personenkreis eine gehäuftere Inanspruchnahme dieses Rechtes beobachtet werden kann. Gewerkschaftsnahe oder -aktive Personen sind kampfbereiter und scheuen es vermutlich weniger, sich auch nach einer Kündigung für ihren Arbeitsplatz – auch unter Inkaufnahme persönlicher Spannungen oder Konfrontationen – einzusetzen. Der auf die Fortführung des Arbeitsverhältnisses gerichtete vorläufige Rechtsschutz der englischen Rechtsordnung ist gerade im Fall der Vertrauensleute der Gewerkschaft gesetzlich geregelt. Die gesetzliche Spezialregelung zu dem grundsätzlich nicht existierenden Rechtsinstitut des vorläufigen Rechtschutzes im englischen Kündigungsschutzrecht setzt demnach – wie es scheint – genau an der richtigen Stelle an. Gesetzlich geregelt wird damit so wenig wie möglich, jedoch ist für diejenige Personengruppe, die diesen Rechtschutz am ehesten in Anspruch nimmt – vor allem aus dem Grund, die gewerkschaftlichen und sonstigen Arbeitnehmeraktivitäten zu garantieren –, die Beantragung des vorläufigen Rechtsschutzes während des Kündigungsschutzprozesses möglich.

Rechtsvergleichend lässt sich feststellen, dass der Schutz vor ungerechtfertigter Kündigung während des Prozesses in den drei Rechtsordnungen unter unterschiedlichen materiellrechtlichen Vor-

---

728 Vgl. Bigler-Eggenberger/Kaufmann/Barone, Art. 10 GlG, N 34; Sherman, The American journal of comparative law 1981, 467, (484).

729 Vgl. Falke/Höland/Rhode/Zimmermann, Band I, S. 416.

aussetzungen erreicht, in differenten gesetzlichen Anwendungsbereichen in Anspruch genommen und unter leicht variierenden Voraussetzungen gerichtlich geltend gemacht werden kann. Die Häufigkeit der tatsächlichen Inanspruchnahme dieses Rechtschutzes ist jedoch trotz der unterschiedlichen Anzahl von Situationen, in der dieser Rechtsschutz in den einzelnen Rechtsordnungen greift, sehr ähnlich. Diese Form des vorläufigen Rechtsschutzes wird auffallend selten in Anspruch genommen.

II. Schutz nach Abschluss des Verfahrens

Nach dem Abschluss des Verfahrens, in dem die mangelnde Rechtfertigung der Kündigung gerichtlich festgestellt wurde, ist entweder die gerichtliche Feststellung der Unwirksamkeit der Kündigung und demzufolge die unbefristete Fortsetzung des Arbeitsverhältnisses oder das Zusprechen einer Entschädigung denkbar.

1. Fortsetzung des Arbeitsverhältnisses

a) England

Als Folge der gerichtlich festgestellten unfairen Kündigung sieht das englische Gesetz die Weiterbeschäftigung an demselben Arbeitsplatz (reinstatement), die Wiedereinstellung an einem anderen Arbeitsplatz (reengagement)[730] oder die Zahlung einer Abfindung durch den Arbeitgeber vor[731]. Das Gesetz legt eine bestimmte Rangfolge dieser

730 Vgl. Sec. 113, 114, 115 ERA 1996.

731 Vgl. Sec. 117 iVm 113 ff. ERA 1996; Ausführungen zur Entschädigung unter C, II, 2, a, (1).

drei Rechtsfolgen fest: Primär soll das Gericht reinstatement anordnen. Ist diese nach seinem Ermessen undienlich, so soll als nächste Lösung reengagement angeordnet werden. Erst wenn auch diese Rechtsfolge im jeweiligen Fall nicht als passend angesehen wird, kann dem Antragsteller nach Ermessen des Gerichts eine finanzielle Kompensation zugesprochen werden[732].

1971 wurde im englischen Recht im Rahmen der Einführung der allgemeinen gesetzlichen Sanktionierung der unfairen Kündigung dem Arbeitnehmer die Möglichkeit eröffnet, im Falle der Feststellung der Unfairness der jeweiligen Kündigung die Fortführung der arbeitsvertraglichen Beziehung zu verlangen[733]. Bei der ersten gesetzlichen Einführung dieser Art der Sanktion im Jahre 1971 war jedoch zunächst lediglich das reengagement vorgesehen[734]. 1974 sodann wurde durch den Trade Union and Labour Relations Act (TULRA) zwischen reinstatement und reengagement unterschieden[735], die in der Fachliteratur zusammenfassend als reemployment bezeichnet werden[736]. Durch den Industrial Relations Act (IRA) von 1971 und den TULRA von 1974 wurde jedoch den Arbeitsgerichten das reemployment lediglich empfohlen und erst der Employment Protection Act (EPA) von 1975 verpflichtete das Gericht, eine der beiden Formen des reemployment vorrangig zur Entschädigung anzuordnen, und setzte ferner Sanktionen für den Fall der Nichtbeachtung der gerichtlichen Anordnung fest[737]. An dieser vorrangigen gesetzlichen Stellung des reemployment hat sich bis zur geltenden Version

732 Vgl. Sec. 117 ERA 1996.

733 Vgl. Dickens/Hart/Jones/Weekes, The Industrial Law Journal 1981, 160, (161).

734 Vgl. Sec. 106 Abs. 4 Industrial Relations Act (IRA).

735 Vgl. Sched. I, Pt. III, para. 17 TULRA.

736 Vgl. Jefferson, Principles, S. 358; Dickens/Hart/Jones/Weekes, The Industrial Law Journal 1981, 160.

737 Vgl. Williams, MLR 1975, 292, (293); Dickens/Hart/Jones/Weekes, The Industrial Law Journal 1981, 160.

des einschlägigen ERA 1996 nichts geändert[738]. Wie sich das Verhältnis der einzelnen Sanktionen rechtstatsächlich darstellt, sei in einem der folgenden Abschnitte eingehend untersucht[739].

Die reemployment-Regelungen im englischen Gesetz wurden in erster Linie eingeführt, um die Arbeitsplatzsicherheit zu fördern und um Arbeitskämpfe zu vermeiden[740]. Zuviel Energie wurde bis dahin in die Konfliktaushandlung zwischen den Parteien investiert, so dass die Produktivität der Wirtschaft insgesamt gefährdet war[741]. Die Einführung dieser Regelungen war vor allem von gewerkschaftlicher Seite nicht unumstritten, da die Gewerkschaften durch die Stärkung der individuellen Rechte des Arbeitnehmers einen eigenen Stärkeverlust und auch die Verringerung des politischen Zusammenhalts der gesamten Arbeitnehmerschaft befürchteten.

(1) Voraussetzungen

Das Gericht muss in der Verhandlung dem Antragsteller die Konsequenzen aller drei Rechtsfolgen bekannt geben[742], wobei eine Unterlassung des Gerichts dessen Entscheidung nicht unwirksam werden lässt[743]. Bei dem Ermessensentscheid über die Anordnung einer der drei möglichen Rechtsfolgen soll das Gericht in erster Linie den Willen des Antragstellers berücksichtigen[744].

---

738 Vgl. Sec. 112 i.V.m. 113 ERA 1996.

739 Vgl. C, II, 1, a, (4).

740 Vgl. Williams, MLR 1975, 292, (296); Dickens/Hart/Jones/Weekes, The Industrial Law Journal 1981, 160, (161).

741 Vgl. Rhode, Wirksamkeit des rechtlichen Kündigungsschutzes, S. 174.

742 Vgl. Pirelli General Cable Works Ltd. v. Murray [1979] IRLR 190; Lewis, MLR 1982, 384, (385); Bowers, Employment Law, S. 323.

743 Vgl. Cowley v. Manson Timber Ltd. [1994] ICR 252, (255); Cowley v. Manson Timber Ltd. [1995] ICR, 367, (373).

744 Vgl. Sec. 116 Abs. 1 a ERA 1996.

Primäre Voraussetzung zur Anordnung eines reemployment ist das Verlangen des Arbeitnehmers nach Weiterbeschäftigung[745], da kein Gericht eine solche gegen den Willen des Klägers anordnen würde[746].

(a) Reinstatement

Nach gerichtlicher Anordnung eines reinstatement ist der Arbeitnehmer gemäss Sec. 114 ERA 1996 zu behandeln, als wäre er niemals entlassen worden[747]. Der Arbeitnehmer hat damit das Recht, an seinen alten Arbeitsplatz zu den Bedingungen vor Ausspruch der Kündigung zurückzukehren und in jeder Hinsicht so gestellt zu werden, als ob er bis zum Zeitpunkt der Weiterbeschäftigung ohne Unterbruch beschäftigt worden wäre[748]. Alle Vorteile, die aus dem Arbeitsverhältnis erwachsen sind, bleiben bestehen. Dazu gehören neben dem Lohn vor allem: Renten- und Urlaubsansprüche, anrechenbare ununterbrochene Betriebszugehörigkeit, Bonusleistungen etc.[749].

(b) Reengagement

Wenn das Gericht es ablehnt, einen Anspruch auf reinstatement zuzusprechen, so muss es erwägen, ob es dem Antragsteller gemäss Sec. 115 ERA 1996 einen Anspruch auf Wiedereinstellung an einem anderen Arbeitsplatz (reengagement) zuspricht[750].

---

745 Vgl. Sec. 116 Abs. 1 a ERA 1996.

746 Vgl. Jefferson, Principles, S. 359.

747 Vgl. Bowers, Employment Law, S. 323; Lockton, Employment Law, S. 229; Deakin/Morris, S. 491.

748 Vgl. Sec. 114 Abs. 2 ERA 1996; Jefferson, Principles, S. 358; Döse-Digenopoulos, S. 66.

749 Vgl. Jefferson, Principles, S. 358.

750 Vgl. Lockton, Employment Law, S. 229; Bone/Suff, S. 147.

Der Anspruch auf reengagement ist flexibler als ein Anspruch auf reinstatement. Er beinhaltet, dass der Arbeitnehmer berechtigt ist, mindestens an einen bezüglich Verdienst und sonstigen Eigenschaften vergleichbaren Arbeitsplatz zurückzukehren[751]. Dieser muss nicht zwingend im bisherigen Unternehmen zur Verfügung gestellt werden, sondern kann sich auch im Betrieb des Rechtsnachfolgers oder in einer anderen Gesellschaft desselben Konzerns befinden[752]. Das Gericht muss im Urteil die Einzelheiten des neuen Arbeitsvertrages wie Name des Arbeitgebers, Art und Anfangszeitpunkt der Anstellung, Zeitpunkt der Lohnauszahlung, Höhe des Lohnes, sonstige Rechte des Arbeitnehmers, wie beispielsweise Rentenansprüche festhalten[753]. Der neue Arbeitsvertrag wird durch das Gestaltungsurteil des Gerichts begründet[754].

Im Gegensatz zu Weiterbeschäftigung im Rahmen eines reinstatement hat der Arbeitnehmer bei einem reengagement keinen Anspruch auf die Anrechnung von Vorteilen aus dem vorausgegangenem Arbeitsverhältnis vor der ungerechtfertigten Kündigung, da ein neues, vom alten vollkommen unabhängiges Arbeitsverhältnis begründet wird.

(2) Auslegungskriterien

Die Auswahl einer der drei gesetzlich vorgesehenen Rechtsfolgen erfolgt, wie bereits oben erwähnt[755], nach Ermessen des Gerichts, wobei die gesetzlich angeordnete Rangfolge berücksichtigt werden soll. Weiterhin ist gesetzlich bestimmt, dass bei der Ermessensent-

751 Vgl. hierzu: Rank Xerox (UK) Ltd. v. Stryczek [1995] IRLR 568.

752 Vgl. Sec. 115 Abs. 1 ERA 1996.

753 Vgl. Sec. 115 Abs. 2 Abs. 2 ERA 1996; Jefferson, Principles, S. 359; Smith/Thomas, Industrial Law, S. 432.

754 Vgl. Sec. 115 Abs. 2 ERA 1996; Stein / von Pappenheim, S. 73.

755 Vgl. C, II, 1, a, (1).

scheidung des Gerichts der Wunsch des Arbeitnehmers einerseits und im weiteren Sinne die vorhandenen Einsatzmöglichkeiten des Arbeitgebers andererseits gegeneinander abzuwägen sind.

(a) Praktikabilität

In Ausübung seines Ermessens soll das Gericht gemäss Sec. 116 Abs. 1 b ERA 1996 beurteilen, ob ein reemployment des Arbeitnehmers für den Arbeitgeber praktikabel ist.

Für die Beurteilung der Praktikabilität wurden von der englischen Rechtsprechung eine Reihe von Anhaltspunkten herausgearbeitet[756]. Praktikabel ist einerseits nicht gleichzusetzen mit „passend“[757]. Andererseits ist Praktikabilität auch nicht mit „Unmöglichkeit“[758] zu verwechseln. Immer wieder wurde betont, dass das Gericht dem Arbeitgeber nicht vorschreiben könne, wie dieser seine Geschäfte zu führen habe, weshalb bei der Beurteilung der Praktikabilität die individuellen Belange des Arbeitgebers ausreichend beachtetet werden sollen[759]. Keine Praktikabilität liegt vor, wenn die Weiterbeschäftigung oder Wiedereinstellung negative Reaktionen der

756 Vgl. Bowers, Employment Law, S. 324; Lewis, MLR 1982, 384, (387).

757 Vgl. Qualcast (Wolverhampton) Ltd. v. Ross [1979] ICR 386, (387).

758 Vgl. Port of London Authority v. Payne [1994] ICR 555, (574).

759 Vgl. Smith/Thomas, Industrial Law, S. 432; Bowers, S. 324.

übrigen Belegschaft auslöst[760], wenn es (vor allem in kleineren Betrieben) dadurch zu persönlichen Konflikten käme[761] oder wenn in der Folge eine andere Kündigung ausgesprochen werden müsste[762].

(b) Angemessenheit

Wenn der Arbeitnehmer durch sein Verhalten zur Kündigung beigetragen hat, muss das Gericht zusätzlich darüber befinden, ob die Weiterbeschäftigung bzw. die Wiedereinstellung des Arbeitnehmers angemessen ist[763]. Die Tatsache, dass die unfaire Kündigung zu einem hohen Grad durch das Verhalten des Antragstellers hervorgerufen wurde, kann die Anordnung der Weiterbeschäftigung ausschliessen[764], doch kann vorrangig zur Anordnung einer finanziellen Kompensation die Anordnung der Wiedereinstellung (reengagement) angemessen sein[765].

---

760 Vgl. Coleman v. Magnet Joinery Ltd. [1974] ICR 25, (30). Beispielsweise, wenn durch die Weiterbeschäftigung bzw. Wiedereinstellung einen Streik hervorgerufen würde, vgl. Langston v. AUEW (No 2) [1974] ICR 510, (524).

761 Vgl. Ennesy Co SA v. Minoprio [1978] IRLR 489. Auch wenn die Vertrauensbasis zwischen den Parteien zerstört ist, ist die Weiterbeschäftigung bzw. Wiedereinstellung nicht praktikabel; vgl. Wood Group Heavy Industrial Turbines Ltd. v. Crossan [1998] IRLR 680.

762 Vgl. Freemans plc v. Flynn [1984] ICR 874, (879).

763 Vgl. Sec. 116 Abs. 1 c ERA 1996; City of Oxford Motor Services Ltd. v. Daud (1978) EAT, No. 691/78.

764 Vgl. Lewis, MLR 1982, 384, (389).

765 Vgl. Jefferson, Principles, S. 360.

(3) Gerichtliche Geltendmachung und Durchsetzbarkeit

(a) Klage

Nach englischem Recht kann die Weiterbeschäftigung innerhalb einer Frist von drei Monaten nach dem effektiven Kündigungsdatum durch die Erhebung einer Klage wegen unfairer Kündigung beantragt werden. Lautet das Urteil auf Weiterbeschäftigung des Klägers, so bestimmt das Gericht, innerhalb welcher Frist der Arbeitgeber den Arbeitnehmer wieder im Betrieb aufzunehmen hat[766].

(b) Durchsetzbarkeit

Für die Durchsetzung des Urteils mit dem Inhalt der tatsächlichen Weiterbeschäftigung im englischen Recht ist – wie auch bei der vorläufigen Beschäftigung während des Verfahrens[767]– kein gerichtliches Mittel vorgesehen[768]. Die englischen Gerichte haben auch nicht die Berechtigung, einen Arbeitgeber bei Nichtbefolgung der gerichtlich angeordneten Weiterbeschäftigung mit Gefängnis- oder Geldstrafe zu belegen[769].

Das englische Gesetz[770] sieht jedoch vor, dass der Arbeitgeber, soweit er sich nicht an ein Reinstatement- oder Reengagementurteil hält, dem zu Unrecht gekündigten Arbeitnehmer eine zusätzliche Entschädigung (additional award) zu entrichten hat[771]. Der additional award ist keine Abgangsentschädigung für den Arbeitnehmer, sondern bestrafendes Rechtsmittel mit Abschreckungsfunktion, das jedoch – wie auch die Entschädigung bei Nichtbefolgung der gericht-

766 Vgl. Stein / von Pappenheim, S. 73.

767 Vgl. oben: C, I, 1, b.

768 Vgl. Bone/Suff, 148; Bowers, Employment Law, S. 326; Sherman, The American Journal of Comparative Law 1981, 467, (508).

769 Vgl. Bowers, Employment Law, S. 326; Jefferson, Principles, S. 363.

770 Vgl. Sec. 117 Abs. 3 ERA 1996.

771 Vgl. Deakin/Morris, S. 493; Smith/Thomas, Industrial Law, S. 433.

lich angeordneten vorläufigen Weiterbeschäftigung während des Verfahrens – nicht an den Staat sondern an den gekündigten Arbeitnehmer zu entrichten ist[772].

Dieser zusätzliche award bemisst sich auf nicht weniger als 26 und maximal 52 Wochengehälter[773] und muss vom Gericht in pflichtgemässer Ausübung seines Ermessens innerhalb dieser Spanne festgelegt werden[774], wobei das Wochengehalt, wie auch beim redundancy payment und den sonstigen awards, maximal £ 270,00 beträgt[775]. Bei seinem Ermessensentscheid berücksichtigt das Gericht vor allem die Gründe, weshalb der Arbeitgeber der gerichtlichen Anordnung nicht nachgekommen ist[776], während der dem Arbeitnehmer tatsächlich erwachsene Nachteil für diese Entscheidung belanglos ist[777].

Der Arbeitgeber hat jedoch die Möglichkeit zu beweisen, dass es nicht praktikabel war, der Weiterbeschäftigungsanordnung des Gerichts nachzukommen[778]. Tritt der Arbeitgeber diesen Beweis erfolgreich an, so kann er die Anordnung des additional award vermeiden. Diese gesetzlich vorgesehene Ausweichmöglichkeit wurde heftig kritisiert, da dem Arbeitgeber dadurch ein zweites Mal die Möglichkeit eingeräumt werde, die mangelnde Praktikabilität der Weiterbeschäftigung des zu Unrecht gekündigten Arbeitnehmers darzutun[779].

---

772 Vgl. George v. Beecham Group [1977] IRLR 43; Sec. 17 Abs. 1, HS 1 ERA 1996.

773 Die Höhe des additional award wurde durch Sec. 33 Abs. 2 Employment Relations Act 1999 vom 25. Oktober 1999 auf generell 26 bis 52 Wochengehälter angehoben; vgl. Bowers, Employment Law, S. 326.

774 Vgl. Morganite Electrical Carbon Ltd. v. Donne [1988] ICR 18.

775 Vgl. Sec. 227 ERA 1996, zuletzt geändert durch Employment Rights (Increase of Limits) Order 2003.

776 Vgl. Mabrizi v. National Hospital for Nervous Diseases [1990] IRLR 133.

777 Vgl. Electronic Data Processing Ltd. v. Wright [1986] IRLR 8; Bowers, S. 326.

778 Sec. 117 Abs. 4 ERA 1996.

779 „[...] giving the employers two bites of the cherry. They can raise it both pre- and postorder.“; Jefferson, Principles, S. 362. Der blosse Einspruch der

Diese Kritik ist zutreffend, denn die zweite Beweismöglichkeit beschränkt sich nicht auf Tatsachen, die sich seit der gerichtlichen Anordnung der Weiterbeschäftigung ergeben haben[780]. Nicht praktikabel ist nach Gerichtsgebrauch die Weiterbeschäftigung beispielsweise dann, wenn ein anderer Arbeitnehmer des Betriebes gekündigt werden müsste, damit der Weiterbeschäftigungsanordnung nachgekommen werden könnte[781].

Ein additional award kann ebenfalls zugesprochen werden, wenn der Arbeitgeber den Arbeitnehmer zwar weiterbeschäftigt, jedoch zu anderen Konditionen, als das Gericht angeordnet hat[782].

(4) Tatsächliche Weiterbeschäftigungsrate

Die Zahl der Weiterbeschäftigungen ist in England trotz der Gesetzesvorschrift, wonach die Weiterbeschäftigung bzw. Wiedereinstellung durch das Gericht vorrangig anzuordnen ist, sehr gering; die Angaben zur Häufigkeit schwanken zwischen 1%[783] und maximal 5%[784] aller erfolgreichen Klagen aus Arbeitnehmersicht.

Die geringe Rate der Weiterbeschäftigung in England hat vielfältige Gründe: Erstens erheben Gesetz und Rechtsprechung rechtliche

---

mangelnden Praktikabilität bei Gericht, welcher jedoch keine inhaltliche Begründung enthält, genügt zur Überzeugung des Gerichts jedoch nicht; vgl. Jefferson, Principles, S. 362.

780 Vgl. Jefferson, Principles, S. 362.

781 Vgl. Freemans plc v. Flynn [1984] ICR 874, (879); zu weiteren Beispielen vgl. oben C, III, 2, a9, (3), (b).

782 Vgl. Sec. 117 Abs. 1 b ERA 1996. Ein englisches Gericht hat zwei Klägern, die ursprünglich als Wachpersonal eingestellt waren, einen additional award zugesprochen, nachdem der vom Gericht zur Weiterbeschäftigung verpflichtete Arbeitgeber ihnen Arbeiten zugewiesen hatte, die nur noch sehr wenige Verpflichtungen im Sicherheitsbereich enthielten; vgl. Artisan Press v. Strawley and Parker [1986] IRLR 126.

783 Vgl. Bowers, Employment Law, S. 240; Rebhahn, RdA 2002, 272, (280).

784 Vgl. Lockton, Employment Law, S. 229; Deakin/Morris, S. 492; Kronke, Regulierungen auf dem Arbeitsmarkt, S. 279.

Hürden für die Erlangung dieses Schutzes. So ordnet Sec. 116 1b ERA 1996 an, dass das Gericht die Weiterbeschäftigung nur dann anordnen soll, wenn sie für den Arbeitgeber auch praktikabel ist. Die Gerichte interpretieren den Rechtsbegriff der Praktikabilität relativ restriktiv, so dass in den meisten Fällen eine Weiterbeschäftigung nur als praktikabel angesehen wird, wenn der Arbeitgeber diese Möglichkeit selbst in Betracht zieht oder die Person des Arbeitnehmers Besonderheiten aufweist, die eine Entschädigung als nicht angemessen erscheinen lassen[785]. Diese gesetzliche Regelung und ihre Anwendung in der Rechtsprechung beinhalten einerseits sehr viel Realismus; die Wahrscheinlichkeit einer Weiterbeschäftigung verringert sich von vorneherein erheblich, soweit der Arbeitgeber den Gekündigten nicht weiterbeschäftigen möchte. Der Sinn dieser Kündigungsschutzregelung müsste aber gerade darin bestehen, dass das Gericht – soweit es dies für angebracht hält – die Weiterbeschäftigung auch dann anordnen kann, wenn der Arbeitgeber dies nicht für praktikabel hält. Die verschwindend geringe Weiterbeschäftigungsrate erklärt sich zusätzlich damit, dass vor allem im Verständnis der Richter das Kündigungsschutzrecht – trotz der gesetzlich vorgesehenen Möglichkeit der Anordnung der Weiterbeschäftigung bzw. Wiedereinstellung – noch an den allgemeinen Grundsätzen des Vertrags- bzw. Schadensrechtes ausgerichtet wird. Demnach kann eine Partei die andere zur Fortsetzung des Arbeitsvertragsverhältnisses nicht zwingen[786].

Zweitens kommt es selten zu einer Weiterbeschäftigung bzw. Wiedereinstellung, weil diese sehr selten durch die klagenden Arbeitnehmer beantragt werden. Die Sorge der Arbeitnehmer, dass der Arbeitgeber sie nicht weiterbeschäftigen möchte und er ihnen des-

---

785 Eine Entschädigung ist beispielsweise nicht angemessen, wenn sich der Gekündigte in der Ausbildung befindet oder aus einem anderen Grund verstärkten Kündigungsschutz in Anspruch nehmen kann; vgl. zum Ganzen: Dickens/Hart/Jones/Weekes, Kündigungsschutz, gerichtliche und außergerichtliche Konfliktschlichtung, 161.

786 Vgl. Kronke, Regulierungen auf dem Arbeitsmarkt, S. 279; vgl. hierzu auch oben: C, I, 1.

halb in Zukunft Schwierigkeiten am Arbeitsplatz machen würde, sei weit verbreitet und führe dazu, dass die Weiterbeschäftigung bereits selten beantragt würde[787].

Problematisch ist auch, dass – selbst wenn die Voraussetzungen für die Anordnung einer Weiterbeschäftigung vorliegen – in den allermeisten Fällen eine ununterbrochene Beschäftigung nicht möglich wäre. Meistens sind zur Zeit der Entscheidung des Gerichts die vertraglichen Beziehungen bereits beendet. Kurze Kündigungsfristen[788] lassen wenig Zeit für Verhandlungen über eine möglicherweise nahtlose Weiterbeschäftigung. Wie bereits oben dargestellt[789] ist die Weiterbeschäftigung wesentlich realistischer, wenn es nicht zu einem Unterbruch der Beschäftigung kommt.

Unabhängig von der gerichtlichen Anordnung der Weiterbeschäftigung kommt es in der englischen Praxis häufiger zur tatsächlichen Weiterbeschäftigung bzw. Wiedereinstellung aufgrund von Verhandlungen zwischen höheren Gewerkschaftsrepräsentanten und dem Arbeitgeber[790]. In diesen Verhandlungen kommt es zu Regelungen, die individueller auf die Bedürfnisse der Arbeitsvertragsparteien zugeschnitten sind. Die Weiterbeschäftigungsrate ist beispielsweise wesentlich höher als die durch gerichtliche Beantragung erreichte, wenn Gewerkschaftsvertreter in Verhandlungen für den Gekündigten einen Verzicht auf Lohnnachzahlung zusagen[791].

---

787 Vgl. Dickens/Hart/Jones/Weekes, Kündigungsschutz, gerichtliche und außergerichtliche Konfliktschlichtung, 163.

788 Vgl. zu den einzelnen Kündigungsfristen der englischen Rechtsordnung oben: B, V, 1, a.

789 Vgl. oben: C, I, 4, d.

790 Vgl. Döse-Digenopoulos, S. 100; Dickens/Hart/Jones/Weekes, Kündigungsschutz, gerichtliche und außergerichtliche Konfliktschlichtung, 165.

791 Vgl. Sherman, The American journal of comparative law 1981, 467, (506).

b) Deutschland

Verneint ein deutsches Gericht bei seiner Überprüfung der Kündigung deren soziale Rechtfertigung, so besteht das Arbeitsverhältnis prinzipiell fort, da die Kündigung unwirksam ist. Dies folgt aus dem Grundgedanken des KSchG, das in erster Linie den weiteren Bestand des Arbeitsverhältnisses zum Ziel hat und nur sekundär die Auszahlung einer Abfindung[792]. Gelangt ein deutsches Gericht in einem Kündigungsschutzverfahren jedoch zum Schluss, eine Kündigung sei in sozial gerechtfertigter Weise ausgesprochen, so ist das Arbeitsverhältnis bei ordentlicher Kündigung mit Ablauf der Kündigungsfrist[793] ohne weiteres beendet. Nach diesem sog. Alles-Oder-Nichts-Prinzip[794] stehen dem Arbeitnehmer im Falle einer sozial gerechtfertigten Kündigung keine weiteren Ansprüche zu.

Die Beschränkung auf die Wirksamkeit der sozial gerechtfertigten Kündigung[795] wurde durch das KSchG im Jahre 1951 eingeführt. Seither wurde an dem Prinzip der Unwirksamkeit jeder Kündigung,

792 Das KSchG ist ein „Bestandsschutzgesetz und kein Abfindungsgesetz"; vgl. BAG 05.11.1964, AP Nr. 20 zu § 7 KSchG 1951 mit Anm. Herschel; BAG 07.05.1987 AP Nr. 19 zu § 9 KSchG.

793 Bei gerechtfertigter ausserordentlicher Kündigung erlischt das Arbeitsverhältnis mit Zugang des Kündigungsschreibens.

794 Vgl. Schlachter, RdA 1999, 118, (119).

795 Zu den Voraussetzungen der sozial gerechtfertigten Kündigung vgl. oben: B, III, 2, b).

die nicht auf einem der gesetzlichen Gründe basiert, festgehalten. Die Konzeption des noch heute geltenden KSchG ist das Ergebnis eines Kompromisses der Sozialpartner, Gewerkschaften und Arbeitgeberverbände.

(1) Unwirksamkeit der Kündigung

Soweit die mangelnde soziale Rechtfertigung und damit die Unwirksamkeit der Kündigung festgestellt werden, läuft das Arbeitsverhältnis weiter. Die Folge der Fortsetzung des Arbeitsverhältnisses steht im Gegensatz zum englischen Recht nicht im Ermessen des Gerichts, sondern ergibt sich aus der Sanktionsart Unwirksamkeit.

Dies gilt nicht, wenn die Fortführung des Vertragsverhältnisses für eine der Parteien unzumutbar ist; dann kann gemäß der Ausnahmeregelung § 9 KSchG die Anordnung einer Entschädigung statt der Fortsetzung beantragt werden. Jedoch räumt auch diese Bestimmung im Falle einer sozialwidrigen Kündigung der Fortsetzung des Arbeitsverhältnisses den Vorrang ein[796]. Im deutschen Recht steht dem Gericht kein der englischen Regelung vergleichbares Mass an Ermessensspielraum bezüglich der Rechtsfolgen zu. Eine andere Rechtsfolge als die Unwirksamkeit der Kündigung kann gegebenenfalls durch die Parteien beantragt, jedoch nicht ex officio angeordnet werden[797].

Die Praktikabilität der Weiterbeschäftigung, wie sie im engli schen Recht durch das Gericht beurteilt wird, ist in Deutschland mangels Ermessensspielraum des Gerichts prinzipiell unerheblich. Jedoch wird durch ein deutsches Gericht bei Überprüfung des Kündigungsgrundes (in einem früheren Stadium) eine umfassende Interessenabwägung bei jedem Kündigungsgrund vorgenommen[798]. Hierbei werden die Interessen und Belange des Arbeitgebers von der Funktion her ähnlich beachtet wie bei der gerichtlichen Einschätzung

796 Vgl. KR/Spilger, § 9 KSchG, N 8.

797 Vgl. Hoyningen-Huene/Linck, KSchG, § 9 KSchG, N 18.

798 Vgl. hierzu oben: B, III, 2, b, (3), (c).

der Praktikabilität der Weiterbeschäftigung durch englische Gerichte. Auch die Frage, ob der Arbeitnehmer durch sein Verhalten zur Kündigung beigetragen hat, ist im Gegensatz zum englischen Recht für die Sanktion unerheblich, wird jedoch im Rahmen der Entscheidung über das Vorliegen eines bestimmten Kündigungsgrundes berücksichtigt.

Nach Abschluss des Kündigungsschutzprozesses steht dem Arbeitnehmer – soweit das Gericht die Kündigung für sozial nicht gerechtfertigt eingestuft hat und das Arbeitsverhältnis deswegen durch die Kündigung nicht beendet wird – aufgrund des allgemeinen Beschäftigungsanspruches die tatsächliche Beschäftigung zu. Hat dagegen das Gericht die Kündigung im Prozess für sozial verträglich erklärt, steht dem Arbeitnehmer nach Abschluss des Verfahrens kein Beschäftigungsanspruch mehr zu, da das Arbeitsverhältnis nach Ablauf der Kündigungsfrist beendet ist.

(2) Gerichtliche Geltendmachung und Durchsetzbarkeit

(a) Kündigungsschutzklage

Möchte der Arbeitnehmer den Bestandsschutz des KSchG in Anspruch nehmen, setzt das seine Initiative in Form der fristgerechten Erhebung der Kündigungsschutzklage binnen drei Wochen ab Zugang der Kündigung gemäss § 4 Satz 1 KSchG voraus[799]. Nach dem Ablauf der gesetzlichen Frist gilt die Kündigung als von Anfang an wirksam[800]. Durch diese Regelung soll im Interesse beider Vertragsparteien eine lange Periode der Unklarheit hinsichtlich der Existenz des Arbeitsverhältnisses vermieden werden[801]. Die dreiwöchige Frist der §§ 4, 7 KSchG ist wesentlich kürzer als diejenige, innerhalb derer die mangelnde Rechtfertigung einer Kündigung nach englischem Recht geltend gemacht werden kann. Die ratio legis für die kurze

799 Vgl. Stahlhacke/Preis/Vossen, N 1716.

800 Vgl. § 7, 1. Halbsatz KSchG.

801 Vgl. BAG 14.09.1994, NZA 1995, 417; BAG 25.04.1996, NZA 1996, 1227.

Frist nach deutschem Recht besteht darin, dass die tatsächliche Weiterbeschäftigung nach kurzer Zeit leichter ist als nach langer[802]. Da die deutsche Rechtsordnung durchweg längere Kündigungsfristen vorsieht[803], was in Verbindung mit der wesentlich kürzeren Frist der gerichtlichen Geltendmachung knappere Abstände zu einer gerichtlichen Entscheidung und damit zu einer möglichen Weiterbeschäftigung schafft, stellt die deutsche Rechtsordnung zumindest Umstände bereit, die eine tatsächliche Weiterbeschäftigung wahrscheinlicher werden lassen müssten. Wie sich diese Umstände auf die rechtstatsächliche Häufigkeit der Weiterbeschäftigung nach ungerechtfertigter Kündigung auswirkten, wird in einem folgenden Abschnitt untersucht[804].

(b) Antrag auf (Weiter-)Beschäftigung

Um eine mögliche (Weiter-)Beschäftigung im direkten Anschluss an den Kündigungsschutzprozess erster Instanz vollstrecken zu können, muss im Zuge der Klage neben dem Antrag auf gerichtliche Feststellung, dass das Arbeitsverhältnis durch die im Streit stehende Kündigung nicht beendet wurde, ein Antrag auf (Weiter-)Beschäftigung gestellt werden. Hierbei handelt es sich um den gleichen Anspruch, der Schutz während des Verfahrens gewährt[805]. Es muss ein diesbezüglicher Antrag neben demjenigen auf Feststellung der Unwirksamkeit der Kündigung gestellt werden, damit im Urteil nicht nur festge

802 Vgl. oben: C, I, 4, d.

803 Vgl. oben: B, V, 1 b.

804 Vgl. unten: C, II, b, (3).

805 Der betriebsverfassungsrechtliche Weiterbeschäftigungsanspruch gemäss § 102 Abs. 5 BetrVG bzw. der allgemeine Weiterbeschäftigungsanspruch, welcher aus dem allgemeinen Persönlichkeitsrecht abgeleitet wird; BAG vom 27.03.1985, vgl. hierzu oben: C, I, 2, b) und c).

stellt wird, dass das Arbeitsverhältnis durch die unwirksame Kündigung nicht aufgelöst wurde, sondern der Arbeitgeber zusätzlich vollstreckbar zur Weiterbeschäftigung des Arbeitnehmers verurteilt wird.

Bei der Vollstreckung dieses Antrags treten die gleichen Probleme wie bei der Vollstreckung der vorläufigen Weiterbeschäftigung auf. Es kann diesbezüglich auf die obigen Ausführungen verwiesen werden[806].

(3) Tatsächliche Inanspruchnahme

In der Praxis kommt es – wie auch in England – im Verhältnis zur gesetzlichen Konzeption in sehr wenigen Fällen zur tatsächlichen langfristigen Fortsetzung des Arbeitsverhältnisses.

Auch zur Häufigkeit der dauerhaften Fortsetzung von Arbeitsverhältnissen gibt es nur in sehr eingeschränkter Weise aktuelle rechtstatsächliche Daten, so dass als Ausgangspunkt wiederum auf eine einschlägige Erhebung aus dem Jahre 1981 zurückgegriffen werden muss. Im Jahre 1981 wurde durch eine repräsentative Studie herausgefunden, dass in Deutschland lediglich 1,7% der klagenden Arbeitnehmer auf dem Wege eines streitigen Urteils die Rückkehr an den Arbeitsplatz erreichen[807].

Befragungen von Praktikern des deutschen Arbeitsrechts durch die Autorin deuten darauf hin, dass sich die Häufigkeit der Fortsetzung des Arbeitsverhältnisses seit dieser Zeit nicht auffallend verändert hat. Nach Einschätzung der befragten Praktiker kehren ca. 3% aller Kläger einer Kündigungsschutzklage durch das Gerichtsverfahren an den Arbeitsplatz zurück[808]. Im Gegensatz zur Praxis Englands

806 Vgl. hierzu oben: C, I, 2, d), (3).

807 Vgl. Falke/Höland/Rhode/Zimmermann, Band II, S. 973.

808 Vgl. Umfrage der Autorin im Anhang.

kommt es nach Einschätzung der befragten Praktiker in Deutschland nur in Ausnahmefällen zu einer dauerhaften Weiterbeschäftigung aufgrund gütlicher Verhandlungen bzw. eines Vergleichs[809].

Die Gründe, warum es in der Praxis selten zu einer dauernden Weiterbeschäftigung kommt, stimmen weitestgehend mit jenen überein, die bezüglich der provisorischen Weiterbeschäftigung erwähnt worden sind[810]; das zerrüttete Vertrauensverhältnis der Parteien wird hier an oberster Stelle angeführt.

c) Schweiz

Eine dauerhafte Weiterbeschäftigung nach der gerichtlichen Feststellung, dass eine Kündigung sachlich nicht legitimiert ist, ist im schweizerischen Recht – im Gegensatz zu den Rechtsordnungen Englands und Deutschlands – prinzipiell nicht gesetzlich vorgesehen.

Von dem Grundsatz, dass das Gericht im Anschluss an eine Kündigung grundsätzlich nicht die Weiterbeschäftigung anordnen kann, gibt es zwei Ausnahmen. In diesen Fällen ordnet das Gericht zwar nicht die dauerhafte Weiterbeschäftigung an, diese folgt aber aus der Sanktion der ungerechtfertigten Kündigung. Nach einer gerichtlich angeordneten und auch tatsächlich vollzogenen Weiterbeschäftigung gemäss Art. 10 Abs. 1 i.V.m. Abs. 3 GlG läuft das Arbeitsverhältnis prinzipiell auch nach dem endgültigen Entscheid der Justizorgane weiter, obwohl die Weiterbeschäftigung durch das Gericht lediglich bis zum Ende des Verfahrens angeordnet wird. Dies begründet sich damit, dass eine erfolgreich angefochtene Kündigung – wie auch im deutschen KSchG prinzipiell vorgesehen – vom Gericht aufgehoben bzw. für unwirksam erklärt wird und damit in

809 Vgl. Umfrage der Autorin im Anhang.

810 Vgl. hierzu oben: C, I, 2, e.

beiden Fällen keine rechtliche Wirkung mehr hat. Der verstärkte Schutz vor einer neuerlichen Kündigung durch Art. 10 Abs. 1 GlG beträgt dann ab dem Abschluss des Verfahrens noch sechs Monate[811].

Auch nach der gerichtlichen Feststellung der Nichtigkeit im Rahmen des zeitlichen Kündigungsschutzes ist insofern die Fortsetzung angeordnet, als die Kündigung nichtig ist und das Arbeitsverhältnis weiterläuft. Die Fortsetzung als Folge des zeitlichen Kündigungsschutzes hat jedoch nicht den Zweck, den Arbeitnehmer generell vor einer ungerechtfertigten Kündigung zu schützen, sondern soll es dem Arbeitnehmer lediglich ersparen, in einer ohnehin schwierigen Zeit, der sog. Unzeit (Dienstleistung im Landesinteresse, unverschuldete Krankheit oder unverschuldeter Unfall, Schwangerschaft und Niederkunft sowie Dienstleistung für eine Hilfsaktion im Ausland), sich auch noch um einen neuen Arbeitsplatz bemühen zu müssen[812]. Nach Ablauf der für den jeweiligen Tatbestand vorgesehenen Sperrfrist ist die Kündigung ungehindert möglich, die wiederum allenfalls eine Entschädigung nach sich zieht, soweit ein Tatbestand der missbräuchlichen Kündigung erfüllt ist.

Eine dauerhafte Weiterbeschäftigung als Folge einer vom Motiv her gesetzlich nicht tolerierten Kündigung ist im schweizerischen Recht dementsprechend nicht prinzipiell vorgesehen. Die Weiterbeschäftigung gegen den Willen des Arbeitsgebers als Folge der missbräuchlichen Kündigung wurde durch den Gesetzgeber als unzweckmässig oder gar undurchführbar angesehen, weshalb die Reintegration des Arbeitnehmers grundsätzlich abzulehnen sei[813].

---

811 Vgl. Art. 10 Abs. 2 GlG.

812 Vgl. Humbert, S. 127, 147; Hefti, Schutz vor ordentlichen Kündigungen, S. 69; Nordmann, S. 50.

813 Vgl. Botschaft betr. Kündigungsschutz BBl 1984 II 600.

d) Vergleichende Würdigung

In England und Deutschland ist gesetzlich vorgesehen, dass das Arbeitsverhältnis bei nicht vorhandener Rechtfertigung der Kündigung primär auf gerichtliche Anordnung hin weiterlaufen soll. Dahingegen sieht die schweizerische Rechtsordnung in der Regel keine dauerhafte Fortsetzung vor, welche durch das Gericht anzuordnen wäre.

In England ist der Tatsache, dass sich ein Arbeitsverhältnis nur unter sehr schweren Bedingungen für beide Parteien – jedoch in erster Linie für den Arbeitnehmer – weiterführen lässt, durch das vom Gericht zu beachtende Merkmal der Praktikabilität Rechnung getragen. Die Weiterführung des Arbeitsverhältnisses wird bis auf sehr wenige Ausnahmefälle nur dann angeordnet, wenn dies praktikabel ist, was in der Praxis bedeutet, dass die Weiterführung nicht gegen den Willen des Arbeitgebers angeordnet wird[814]. Sollte die Fortführung des Arbeitsverhältnisses dennoch entgegen dem Willen des Arbeitgebers angeordnet werden, so kann er durch Leistung einer Entschädigung die Fortführung des Arbeitsverhältnisses vermeiden. Auch in der deutschen Praxis scheint es so zu sein, dass grundsätzlich von beiden Parteien davon ausgegangen wird, dass eine Fortführung des Arbeitsverhältnisses nicht viel Sinn hat, wenn sie zumindest von einer Partei (dem Arbeitgeber) nicht gewünscht ist. Dieser Tendenz folgt in allen drei betrachteten Ländern die seltene Inanspruchnahme des Rechtes auf vorläufige Fortsetzung des Arbeitsverhältnisses während des Kündigungsschutzprozesses.

Der umgekehrte Fall, dass der Arbeitnehmer zur Ableistung seiner Arbeit gezwungen werden könnte, ist in allen drei Rechtsordnungen durch gesetzliche Reglungen von der Vollstreckbarkeit ausgenommen. Im Gegensatz dazu ist (nur) im deutschen Recht gesetzlich vorgesehen, dass die korrespondierende Pflicht des Arbeitgebers (Bereitstellung des Arbeitsplatzes) nach der ZPO vollstreckt werden

814 Vgl. Dickens/Hart/Jones/Weekes, Kündigungsschutz, gerichtliche und außergerichtliche Konfliktschlichtung, 161.

kann[815]. Wie sich jedoch schon bei dem Anspruch auf vorläufige Weiterbeschäftigung gezeigt hat, ist trotz dieser gesetzlichen Möglichkeit die direkte Vollstreckung der Beschäftigung faktisch auch in der deutschen Rechtsordnung nicht möglich[816]. In den Rechtsordnungen Englands und der Schweiz wird die direkte Vollstreckung der vorläufigen Fortsetzung des Arbeitsverhältnisses während des Kündigungsschutzverfahrens (Zurverfügungstellung des Arbeitsplatzes durch den Arbeitgeber) dagegen von vorneherein als nicht durchführbar angesehen[817]. Übereinstimmend sind jedoch in allen drei betrachteten Rechtsordnungen bei der vorläufigen Fortsetzung des Arbeitsverhältnisses entsprechende Ausweichmöglichkeiten in Form finanziellen Ausgleichs – soweit sich die tatsächliche Weiterbeschäftigung als nicht durchführbar erweist – gesetzlich vorgesehen[818]. Im englischen und deutschen Recht gilt das auch für die Vollstreckung der dauerhaften Fortsetzung des Arbeitsverhältnisses[819].

Wie bereits erwähnt, fällt ein mögliches Zwangsgeld nach deutschem Recht der Staatskasse zu[820], dies im Gegensatz zur englischen Lösung, bei welcher der Arbeitgeber, welcher die Weiterbeschäftigung verweigert, zur Zahlung einer Entschädigung an den Arbeitnehmer verurteilt werden kann. Dies scheint die wesentlich ehrlichere und praktikablere Lösung zu sein, da das eigentliche Ziel durch staatlichen Zwang ohnehin nicht erreichbar ist. Der wegen Nichtbe-

---

815 Vgl. § 888 Abs. 1 ZPO; vgl. hierzu Ausführungen zur Vollstreckbarkeit des vorläufigen Weiterbeschäftigungsanspruches, C, I, 2, d, (3).

816 Vgl. hierzu die obigen Ausführungen zur Vollstreckbarkeit des vorläufigen Weiterbeschäftigungsanspruches; C, I, 2, d, (3). Im Gegensatz zur Vollstreckung von Pflichten auf Herausgabe beweglicher Sachen, Pflichten auf Räumung unbeweglicher Sachen oder Pflichten zur Beseitigung beweglicher Sachen; vgl. Vogel/Spühler, ZPO, S. 406; Decoppet, S. 39.

817 Vgl. hierzu oben: C, I, 3, b, (2); C, II, 1, a, (3), (b).

818 Vgl. Sec. 132 ERA 1996; indirekt auch Art. 10 Abs. 4 GlG; § 61 Abs. 2 ArbGG.

819 Vgl. Sec. 117 ERA 1996; § 61 Abs. 2 ArbGG.

820 Vgl. hierzu oben: C, I, 2, d), (3).

folgung der gerichtlichen Anordnung durch den Arbeitgeber zu leistende Betrag kommt auf diese Weise wenigstens dem Gekündigten zu. Auch im deutschen Recht besteht bei Verzicht auf die Vollstreckung die Möglichkeit einer Entschädigungspflicht des Arbeitgebers zu Gunsten des Entlassenen[821]. Aus prozesstaktischen Gründen steht die Effizienz dieser Ausweichmöglichkeit im deutschen Recht in Frage[822].

Das Bedürfnis, ein Arbeitsverhältnis auch tatsächlich beenden zu können und sich nicht durch ein Gericht die Fortsetzung gegen den Willen mindestens einer Partei aufdrängen lassen zu müssen, hat sich weitgehend – unabhängig von der gesetzlichen Situation – in der Praxis aller drei betrachteten Rechtsordnungen seinen Weg geebnet. In der Schweiz zeichnet sich dieses Bedürfnis dadurch ab, dass – trotz der erst 1989 gesetzlich eingeführten drastischen Änderungen des Kündigungsschutzes – die Fortsetzung in der Regel nicht als mögliche Rechtsfolge einer gesetzlich nicht tolerierten Kündigung festgelegt wurde. In England und Deutschland dagegen ist die Fortsetzung zwar gesetzlich als primäre Rechtsfolge einer ungerechtfertigten Kündigung intendiert, jedoch hat sich in beiden Ländern rechtstatsächlich gezeigt, dass die Weiterbeschäftigung nur in verschwindend geringer Anzahl vorkommt.

Der Hauptgrund für die seltene Inanspruchnahme durch die Arbeitnehmerseite scheint in beiden Ländern – wie bereits erwähnt – die Scheu vor persönlichen Konflikten am alten Arbeitsplatz zu sein; zudem scheint es den Arbeitnehmern zu widerstreben, einer Gegenpartei Leistungen zu erbringen, die hierfür durch die Kündigung Geringschätzigkeit zum Ausdruck gebracht hat. Das durch eine Kündigung und vor allem durch den anschliessenden Kündigungs-

821 Vgl. § 61 Abs. 2 ArbGG.

822 Vgl. C, I, 4, c.

schutzprozess einmal zerstörte Vertrauensverhältnis scheint in den allermeisten Fällen nicht wieder soweit herstellbar zu sein, dass eine Fortführung des Arbeitsverhältnisses mit seinen engen persönlichen Beziehungen möglich wäre[823].

2. *Entschädigung*

In allen drei betrachteten Ländern ist als Sanktion der ungerechtfertigten Kündigung die finanzielle Entschädigung durch den Arbeitgeber unter bestimmten Umständen gesetzlich vorgesehen.

a) *England*

Als Folge einer unfairen Kündigung ist nach englischem Gesetz in letzter Linie (wenn die Weiterbeschäftigung bzw. Wiedereinstellung durch das Gericht nicht als tauglich angesehen wird) eine finanzielle Entschädigung vorgesehen. Diese Entschädigung setzt sich im Allgemeinen aus zwei Teilansprüchen zusammen. Diese sind erstens ein Grundanspruch (basic award) und zweitens ein Entschädigungsanspruch (compensatory award)[824]. Unter bestimmten Umständen kann ein Anspruch auf eine zusätzliche Entschädigung (special award) hinzukommen[825].

---

823 Vgl. Umfrage der Autorin im Anhang.

824 Vgl. Jefferson, Principles, S. 364; Bowers, Employment Law, S. 327.

825 Der Anspruch auf einen special award entsteht vor allem im Bereich des Sonderkündigungsschutzes. Da dieser in der vorliegenden Arbeit nicht gesondert behandelt ist, wird an dieser Stelle auch auf den unter diesen Umständen entstehenden Anspruch auf eine zusätzliche Entschädigung nicht weiter eingegangen; vgl. hierzu weiterführend beispielsweise Lockton, Employment Law, S. 231.

(1) Basic award

Der basic award ist eine Entschädigung für den Verlust des Arbeitsplatzes[826], für den damit einhergehenden Verlust der kontinuierlichen Beschäftigung, welche zu höheren Anwartschaften führt, unter anderem auf ein höheres redundancy payment[827]. Der basic award steht dem Arbeitnehmer sogar dann zu, wenn er keine tatsächlichen Lohneinbussen durch die Kündigung erlitten hat[828].

Die Höhe dieses Anspruchs wird wie beim redundancy payment in der Regel mit einem Wochenentgelt pro Beschäftigungsjahr berechnet[829]. Die Höhe des Anspruchs hängt somit von drei Faktoren ab: Dem Alter des Gekündigten, der Anzahl der Dienstjahre und dem Wochenlohn[830], wobei allerdings der Höchstbetrag des basic award auf derzeit £ 7.500,00 begrenzt ist[831], während es einen gesetzlich festgelegten Mindestbetrag nicht gibt[832]. Von der ermittelten Höhe dieses Anspruchs werden Abzüge gemacht, wenn der Arbeitnehmer die Kündigung schuldhaft mitveranlasst hat[833] oder bereits ein redundancy payment geleistet wurde[834].

---

826 Vgl. Lockton, Employment Law, S. 230.

827 Vgl. Deakin/Morris, S. 495; Schumacher, S. 66.

828 Vgl. Jefferson, Principles, S. 364.

829 Vgl. Sec. 119, 162 ERA 1996; vgl. zur Berechnungsmethode B, V, 2, a), (3).

830 Vgl. Bone/Suff, S. 148.

831 Vgl. Trevor, S. 7.

832 Vgl. Jefferson, Principles, S. 366.

833 Vgl. W. Devis & Sons Ltd. v. Atkins, [1977] AC 931 = 3 All ER 40.

834 Vgl. Sec. 122, Abs. 4 ERA 1996; Boormann v. Allmakes Ltd. [1995] ICR 842.

(2) Compensatory award

Der compensatory award soll den direkten Schaden, der durch den Verlust des Arbeitsplatzes entstanden ist, ausgleichen[835]. Die Höhe dieses award wird durch das Gericht nach billigem Ermessen im Hinblick auf alle Umstände, die zur Kündigung geführt haben, ermittelt[836]. Das Gericht ist dabei gehalten, auch über die regelmässig kurze Kündigungsfrist hinaus den Verdienstausfall des Antragstellers bis zum voraussehbaren Zeitpunkt einer Neubeschäftigung zu beachten, jedoch nicht verpflichtet, mit dem award den Verdienstausfall anzugleichen[837]. In Betracht zu ziehen sind auch durch die unfaire Kündigung entgangene Sachleistungen[838], entgangene Beiträge an die betriebliche Altersvorsorge und Auslagen für die Suche des neuen Arbeitsplatzes[839]. Erleidet der Antragsteller durch den Verlust des Arbeitsplatzes keinerlei finanziellen Nachteil, so wird durch das Gericht kein compensatory award zugesprochen[840], da mit diesem lediglich materielle (und nicht immaterielle) Schäden ausgeglichen werden sollen[841].

Der Höchstbetrag dieser Entschädigung beträgt derzeit £ 53.500[842]. Sonstige Schadenersatzansprüche wegen vertragswidriger Kündigung (beispielsweise Kündigung unter Missachtung der Kündigungsfrist, wrongful dismissal genannt) bleiben neben dem An-

835 Vgl. Sec. 123 Abs. 1 ERA 1996.

836 Vgl. Sec. 123 Abs. 1 ERA 1996; Jefferson, Principles, S. 366; Stein / von Pappenheim, S. 74.

837 Vgl. Cox v. Camden LBC, [1996] IRLR 389.

838 Vgl. Bowers, Employment Law, S. 334.

839 Vgl. Gardiner-Hill v. Roland Berger Technics Ltd., [1982] IRLR 498; Bingham v. Hobourn Engineering Ltd., [1992] IRLR 298.

840 Vgl. British United Shoe Machinery Co Ltd. v. Clarke, [1978] ICR 70.

841 Vgl. Schumacher, S. 107.

842 Vgl. Sec. 123, 124 ERA 1996, zuletzt geändert im Februar 2003, online einsehbar unter: http://www.eoc-law.org.uk. Dort auf „remedy for unfair dismissal" klicken.

spruch auf einen compensatory award bestehen, werden jedoch angerechnet[843]. Weiterhin kann der Anspruch auf ein compensatory award in der Höhe gemindert sein, wenn das Verhalten des Arbeitnehmers die Kündigung provoziert hat oder er seinen finanziellen Schaden, der durch die Kündigung entstanden ist, nicht so gering wie möglich hält[844]. Auch soweit ein geleistetes redundancy payment den basic award überschreitet, kann die Höhe des compensatory award entsprechend reduziert werden[845].

Rechtstatsächlich ist die Höhe der festgelegten compensatory awards bei weitem nicht so hoch, wie dies möglich wäre. Die durchschnittliche Höhe eines solchen award liegt bei wenigen Monatsgehältern, was zur Folge hat, dass dieser Entschädigungsanspruch die Arbeitgeber von einer Kündigung nicht abschreckt[846].

b) Deutschland

Das deutsche Kündigungsschutzrecht zielt, wie oben dargestellt[847], prinzipiell auf den Fortbestand des Arbeitsverhältnisses ab, so dass eine Entschädigung als Rechtsfolge einer nicht sozialverträglichen Kündigung grundsätzlich zumindest durch das Gesetz nicht vorgesehen ist. Wie bereits erwähnt[848], sieht das Gesetz als Ausnahme von diesem sog. Bestandsschutzprinzip in §§ 9, 10 KSchG den Auflösungsantrag vor, wonach jede Partei, wenn die Fortführung des

843 Vgl. Stein / von Pappenheim, S. 75.

844 Vgl. Bessenden Properties Ltd. v. Corness, [1977] ICR 821n; Jefferson, Principles, 374.

845 Vgl. Digital Equipment Ltd v. Clements (Nr. 2), [1998] ICR 258; Bone/Suff, S. 149; Bowers, Employment Law, S. 336.

846 1995–1996 lag die durchschnittliche Höhe aller compensatory awards bei £ 2.499; vgl. hierzu Deakin/Morris, S. 502; Jefferson, Principles, S. 375.

847 Vgl. oben: C, II, 1, b).

848 Vgl. oben: C, II, 1, b), (1).

Arbeitsverhältnisses trotz sozialer Unverträglichkeit der Kündigung nicht zumutbar ist, die gerichtliche Auflösung gegen die Zahlung einer angemessenen Abfindung an den Arbeitnehmer beantragen kann[849].

(1) Auflösungsantrag

Bei Unzumutbarkeit der Fortsetzung des Arbeitsverhältnisses können beide Parteien der Arbeitsrechtstreitigkeit im Falle der Sozialwidrigkeit der Kündigung statt der Fortsetzung die Beendigung des Arbeitsverhältnisses verlangen, verbunden mit einer Abfindung für den Arbeitnehmer[850]. Keine der beiden Parteien hat jedoch bezüglich der Beendigung ein Gestaltungsrecht[851]. Das Gericht kann die Auflösung des Arbeitsverhältnisses lediglich auf Antrag vornehmen, auch wenn es diese selbst für zweckmässig hält[852]. Der Antrag muss spätestens in der letzten mündlichen Verhandlung der Berufungsinstanz gestellt werden[853].

Der Antrag des Arbeitnehmers ist gemäss § 9 Abs. 1 Satz 1 KSchG begründet, wenn ihm die Fortsetzung des Arbeitsverhältnisses nicht mehr zuzumuten ist. Das trifft insbesondere dann zu, wenn vor oder nach der sozialwidrigen Kündigung oder während des Verfahrens vor Gericht vom Arbeitgeber zu vertretende Umstände eintreten, welche die menschliche Würde des Arbeitnehmers verlet-

---

849 Vgl. Kessler, NZA-RR 2002, 1, (2); KR/Spilger, § 9 KSchG, N 9, Stahlhacke/Preis/Vossen, N 1186.

850 Vgl. § 9 Abs. 1 KSchG; APS-Biebl, § 9 KSchG, N 2.

851 Vgl. KSchR/Zwanziger, § 9 KSchG, N 2; Rebhahn, RdA 2002, 272.

852 Vgl. Hoyningen-Huene/Linck, KSchG, § 9 KSchG, N 18.

853 Vgl. § 9 Abs. 1 Satz 3 KSchG; LAG Berlin 05.05.1997, LAGE § 9 KSchG, Nr. 29; beachte jedoch: BAG 23.06.1993, EzA § 64 ArbGG 1979 Nr. 30 mit Anm. Dütz/Kiefer, wonach der Arbeitnehmer nach gewonnenem ersten Rechtzug, in dem er keinen Auflösungsantrag gestellt hat, in einer selbst veranlassten Berufungsinstanz mangels Beschwer keinen Auflösungsantrag mehr stellen kann.

zen[854]. Von der Unzumutbarkeit kann auch dann ausgegangen werden, wenn der Arbeitnehmer mit Grund befürchtet, dass es im Falle seiner Rückkehr in den Betrieb zu Spannungen mit den Arbeitskollegen kommt[855].

Der Arbeitgeber kann mit seinem Auflösungsantrag nur erfolgreich sein, wenn dieser gemäss § 9 Abs.1 Satz 2 KSchG Gründe enthält, die eine den Betriebszwecken dienliche Zusammenarbeit mit dem Arbeitnehmer nicht mehr erwarten lassen[856]. Solche Gründe können beispielsweise in der Störung des persönlichen Verhältnisses zum Arbeitnehmer, einer ungünstigen Wertung seiner Persönlichkeit, seiner Leistung oder Eignung liegen[857]. Wirtschaftliche oder betriebliche Gründe reichen nicht aus[858]. An den Auflösungsantrag des Arbeitgebers sind jedoch generell strengere Anforderungen bezüglich der Gründe, warum das Arbeitsverhältnis nicht weitergeführt werden kann, als an denjenigen des Arbeitnehmers zu stellen[859]. Das BAG betont dies vor allem im Hinblick auf die Zielsetzung des KSchG[860]. Obige Bestimmung enthält wie Satz 1 des gleichen Paragraphen einen unbestimmten Rechtsbegriff, dessen Folgen jedoch nicht im

854 Vgl. die Begründung des Regierungsentwurfs, RdA 1951, 61, (64); BAG 18.01.1962, AP Nr. 20 zu § 66 BetrVG 1952; LAG Nürnberg 05.09.1980, AR-Blattei, Kündigungsschutz, Entsch. 207.

855 Vgl. LAG Hamm 23.5.1975 DB 1975, 1514.

856 Vgl. § 9 Abs. 1 Satz 2 KSchG.

857 Vgl. BAG 14.10.1954, AP Nr. 6 zu § 3 KSchG 1951.

858 Vgl. Keßler, NZA-RR 2002, 1, (8); Hoyningen-Huene/Linck, § 9 KSchG, N 39; KR/Spilger, § 9 KSchG, N 55.

859 Vgl. KR/Spilger § 9 KSchG, N 52; APS/Biebl § 9 KSchG, N 49.

860 Vgl. BAG 05.11.1964, EzA § 7 KSchG Nr. 1; BAG 16.05.1984, EzA § 9 KSchG nF Nr. 16; Kessler, NZA-RR 2002, 1, (8).

Ermessen des Gerichts liegen[861]. Vielmehr hat das Gericht bei Vorliegen der gesetzlichen Voraussetzungen dem Antrag folglich ohne weiteres stattzugeben[862].

Gesetzlich vorgesehen ist in diesen Fällen eine Abfindung in der Höhe bis zu zwölf Monatsverdiensten[863]. Diese Höchstgrenze darf, ausser für ältere Arbeitnehmer im Sinne des § 10 Abs. 2 KSchG[864], nicht überschritten werden[865]. Das Gericht hat die konkrete Höhe nach pflichtgemässem Ermessen zu erwägen und unter Berücksichtigung aller im Einzelfall in Betracht kommenden Umstände festzusetzen[866]. Die Höhe der Abfindung kann somit nicht schematisch festgelegt werden.

---

861 Dies ergibt sich aus dem Gesetzestext: „[...] das Gericht die gleiche Entscheidung auf Antrag des Arbeitgebers zu treffen hat [...]".

862 Vgl. KR/Spilger, § 9 KSchG, N 51.

863 Vgl. § 10 Abs. 1 KSchG.

864 Danach kann sich der Betrag nach richterlichem Ermessen, wenn der Arbeitnehmer das 50. Lebensjahr vollendet hat und das Arbeitsverhältnis mindestens 15 Jahre bestanden hat, auf bis zu 15 Monatsverdienste erhöhen, § 10 Abs. 2 Satz 1 Halbsatz 1 KSchG. Hat der Arbeitnehmer bereits das 55. Lebensjahr vollendet und hat das Arbeitsverhältnis mindestens 20 Jahre bestanden, so ist ein Betrag von bis zu 18 Monatsverdiensten festzusetzen, § 10 Abs. 2 Satz 1 Halbsatz 2 KSchG. Dies gilt jedoch nicht, wenn der Arbeitnehmer zum Auflösungszeitpunkt das Rentenalter erreicht hat.

865 Vgl. Hoyningen-Huene/Linck, § 10 KSchG, N 2; KR/Spilger, § 10 KSchG, N 25.

866 Bei der Bemessung der Höhe sind beispielsweise die Dauer der Betriebszugehörigkeit, Alter und Familienstand, vermutliche Dauer der Arbeitslosigkeit, wirtschaftliche Lage des Arbeitgebers, Aussicht auf eine neue Stelle, das Mass der Sozialwidrigkeit der Kündigung und die schuldhafte Herbeiführung des Auflösungsgrundes durch den Arbeitnehmer zu berücksichtigen; vgl. BAG 25.10.1982, AP Nr. 10 zu § 9 KSchG 1969; BAG 26.06.1986, AP Nr. 3 zu § 10 KSchG 1969; LAG Düsseldorf 29.11.1994, LAGE § 10 KSchG Nr. 2; Erfurter Kommentar / Ascheid, § 10 KSchG, N 7.

In der gerichtlichen Praxis haben sich gleichwohl gewisse Regelsätze zur Bestimmung der Abfindungshöhe eingebürgert[867]. Danach wird pro Beschäftigungsjahr ca. die Hälfte eines Bruttomonatsgehaltes zugesprochen[868]. Diese sog. Faustformel kann jedoch lediglich einen ersten Anhaltspunkt für die Höhe der Abfindung geben, da stets die Besonderheiten des Einzelfalles berücksichtigt werden müssen[869].

(2) Abfindungsanspruch bei Kündigungsverzicht

Zum 01.01.2004 ist das deutsche Kündigungsschutzgesetz teilweise neu gefasst worden. Unter anderem ist ein neuartiger Abfindungsanspruch des Arbeitnehmers nach einer betriebsbedingten Kündigung eingeführt worden, wonach der Arbeitgeber dem Arbeitnehmer eine Abfindung anbieten kann, unter der Bedingung, dass dieser sich nicht in Form der Kündigungsschutzklage gegen die betriebsbedingte Kündigung wehrt[870]. Der mit dem Ablauf der Kündigungsfrist entstehende Anspruch hat drei Voraussetzungen:

– Der Arbeitgeber muss wegen dringender betrieblicher Erfordernisse gemäss § 1 Abs. 2 Satz 1 KSchG kündigen.

– Die Kündigungserklärung muss den entsprechenden Hinweis enthalten und den Arbeitnehmer darüber aufklären, dass er bei Verstreichenlassen der dreiwöchigen Klagefrist eine Abfindung in gesetzlich bestimmter Höhe beanspruchen kann.

– Der Arbeitnehmer darf bis zum Ablauf der Frist des § 4 Satz 1 KSchG keine Kündigungsschutzklage erheben[871].

---

867 Vgl. ArbG Hamm 14.01.1965, BB 1966, 669 ff.; KR/Spilger, § 10 KSchG, N 26.

868 Vgl. Hümmerich, NZA 1999, 342, (343).

869 Vgl. Francken/Hartmann/Bubeck, Die Abfindung, S. 19; Hoyningen-Huene/Linck, § 10 KSchG, N 2, 10.

870 Vgl. § 1 a KSchG; Giesen/Besgen, NJW 2004, 185.

871 Vgl. Willemsen/Annuss, NJW 2004, 177, (181).

Die soziale Rechtfertigung der betriebsbedingten Kündigung ist für diesen gesetzlichen[872], jedoch vertragsähnlichen Abfindungsanspruch belanglos, denn der Gesetzgeber wollte durch die Einführung dieser Regelung die gerichtliche Klärung der Wirksamkeit der betreffenden Kündigung überflüssig machen[873]. Hat der Arbeitgeber eine derartige Abfindung angeboten, so kann er seine Offerte nicht nachträglich vor Gericht zu Fall bringen, mit der Behauptung, es liege keine betriebsbedingte Kündigung vor[874].

Der Anspruch kann, wie bereits erwähnt, nur entstehen, wenn der Arbeitgeber „in der Kündigungserklärung“[875] den Kündigungsgrund nennt und darauf hinweist, dass dem Arbeitnehmer nach Ablauf der Kündigungsfrist ein Anspruch auf Anfindung zusteht. Da die Kündigung nach deutschem Recht der Schriftform bedarf[876], gilt diese in der Regel auch für den genannten Hinweis[877]. Es muss auch ersichtlich sein, dass die Höhe der angebotenen Abfindung den Anforderungen des § 1 a Abs. 2 KSchG genügt. Genügt der Hinweis den Vorgaben des § 1 a KSchG – unabsichtlich oder absichtlich –

872 Vgl. Begründung des FraktE in BT-Dr 15/1204, S. 12; Bader, NZA 2004, 65, (71).

873 „Der gesetzliche Abfindungsanspruch wird als eine einfach zu handhabende, moderne und unbürokratische Alternative zum Kündigungsschutzprozess geregelt.“; vgl. Begründung FraktE, BT-Dr 15/1204, S. 12.

874 Vgl. Willemsen/Annuss, NJW 2004, 177, (182).

875 § 1 a Abs. 1 Satz 2 KSchG.

876 Vgl. § 623 BGB. Vgl. hierzu oben: B, II, 1, b).

877 Vgl. Willemsen/Annuss, NJW 2004, 177, (182); Giesen/Besgen, NJW 2004, 185, (186). A.A. hierzu Bauer/Kriger, die darauf hinweisen, dass wenn der Arbeitgeber unter Zeugen mündlich das Abfindungsangebot gemacht habe, er sich nach Treu und Glauben nicht im Nachhinein auf das Schriftformerfordernis gemäß § 623 BGB und damit auf die Unwirksamkeit seines Angebotes berufen könne; vgl. Bauer/Krieger, NZA 2004, 77 ff.

insgesamt nicht, so entsteht kein Abfindungsanspruch in der gesetzlich vorgesehenen Höhe[878]. In diesem Fall kommt die Zulassung der verspäteten Kündigungsschutzklage in Betracht[879].

Die Höhe der Abfindung gemäss § 1 a KSchG beträgt einen halben Monatsverdienst für jedes Beschäftigungsjahr. Zeiträume von mehr als sechs Monaten werden auf ein Jahr aufgerundet[880]. Bezüglich der Definition des Monatsverdienstes wird auf § 10 Abs. 3 KSchG Bezug genommen; danach gilt als Monatsverdienst, was dem Arbeitnehmer bei der für ihn massgebenden regelmässigen Arbeitszeit in dem Monat, in welchem die Kündigungsfrist abläuft, an Geld und Sachbezügen zusteht[881].

Nach dem per 01.01.2004 geänderten KSchG ist dieser Abfindungsanspruch lediglich eine Möglichkeit für den Arbeitnehmer; es bleibt ihm unbenommen, die Unwirksamkeit der Kündigung innerhalb der dreiwöchigen Klagefrist des KSchG gerichtlich geltend zu machen. Die neu eingeführte Abfindungsmöglichkeit birgt damit ein Risiko für den Arbeitgeber: Sollte sich die Kündigung tatsächlich als unwirksam erweisen, wird er im Rahmen möglicher Vergleichsverhandlungen lediglich noch Abfindungsangebote unterbreiten können, die höher sind als dasjenige nach § 1 a KSchG.

Die Einführung dieser neuen Abfindungsmöglichkeit im deutschen Kündigungsschutz ist jedoch kein Wechsel des Systems, das in erster Linie auf Bestandsschutz ausgerichtet bleibt. Erste Einschätzungen in der Literatur prognostizieren sogar eine weitgehende Bedeutungslosigkeit des neuen Anspruchs für die Praxis[882]. Dieser bringe keine nennenswerte Neuerung bei der einvernehmlichen Beendigung eines Arbeitsverhältnisses, da bereits vor 2004 jeder

878 Vgl. Giesen/Besgen, NJW 2004, 185, (186).

879 Vgl. Bader, NZA 2004, 65, (71).

880 Vgl. § 1 a Abs. 2 KSchG.

881 Vgl. Löwisch, BB 2004, 154, (158).

882 Vgl. Willemsen/Annuss, NJW 2004, 177, (184).

Arbeitgeber frei war, dem Arbeitnehmer mit der Kündigung eine Abfindung anzubieten[883]. Die darüber hinaus bestehenden Möglichkeiten zur Auflösung und Abwicklung von Arbeitsverhältnissen bleiben von § 1 a KSchG unberührt[884].

(3) Abfindungsvergleich

Im Prozessalltag sind die Voraussetzungen für ein Urteil, welches zugleich nach §§ 9, 10 KSchG das Arbeitsverhältnis auflöst und eine Abfindung zuspricht, nur selten erfüllt[885]. Wie häufig in Zukunft von der im Jahre 2004 neu eingeführten gesetzlichen Möglichkeit der Abfindung unter Klageverzicht Gebrauch gemacht wird, ist noch nicht abzusehen. Wie oben erwähnt, wird jedoch nicht von einer grossen praktischen Relevanz der neuen Abfindungsmöglichkeit ausgegangen.

Darüber hinaus wird in Deutschland jedoch oft von der Möglichkeit eines gesetzlich nicht speziell geregelten gerichtlichen Abfindungsvergleichs Gebrauch gemacht[886]. Den Parteien steht es frei, sich vor Gericht einerseits über die Beendigung des Arbeitsverhältnisses und andererseits über eine dem Arbeitnehmer zustehende Abfindung zu einigen. Eine solche Einigung vor Gericht ergibt als Prozessvergleich einen Vollstreckungstitel[887].

Von dieser Möglichkeit wird vor allem dann Gebrauch gemacht, wenn sich im laufenden Kündigungsschutzprozess abzeichnet, dass die Voraussetzungen zur Feststellung der sozialen Rechtfertigung der Kündigung nicht erfüllt sind. Der Anreiz für Arbeitgeber, sich auf

883 Stein, Bestandsschutz und Agenda 2010, online abrufbar unter http://www.aus-portal.de.

884 Vgl. Giesen/Besgen, NJW 2004, 185, (189).

885 Vgl. Hümmerich, NZA 1999, 342.

886 Vgl. Schubert, Der Anwalt im Arbeitsrecht, § 12, N 42; Hümmerich, NZA 1999, 342; (343).

887 Vgl. Francken/Hartmann/Bubeck, Die Abfindung, S. 21.

einen solchen Vergleich einzulassen, besteht darin, das Prozessrisiko, welches durch richterliche Hinweise abschätzbarer wird, einzudämmen. Auch kann die verbreitete Abneigung der Arbeitgeber gegen die Aufarbeitung von Vergangenem sowie der Wunsch, sich dem aktiven Geschäft widmen zu können, zu erhöhter Vergleichsbereitschaft führen[888]. Der Arbeitnehmer ist nicht gezwungen, sich auf derlei Verhandlungen einzulassen. Er wird es nur tun, wenn er kein Interesse an der Fortsetzung des Arbeitsverhältnisses hat. Doch darf auch seitens des Arbeitnehmers der Wert des Wegfalls des Prozessrisikos nicht unterschätzt werden.

Die Parteien können die Abfindungshöhe grundsätzlich frei bestimmen. Sie sind nicht an den Abfindungshöchstbetrag gemäss § 10 KSchG gebunden[889]. Auch hier hat sich indessen die sog. Faustformel von einem halben Bruttomonatsgehalt pro Beschäftigungsjahr etabliert. Eine rechtstatsächliche Untersuchung zeigte, dass an Gerichten Deutschlands vergleichsweise ausgehandelte Abfindungen meistens in dieser Grössenordnung protokolliert werden[890].

(4) Diskussion der rechtstatsächlichen Situation der Häufigkeit einer Abfindung

Wie bereits erörtert[891], ist das Interesse der Arbeitnehmer an der Fortsetzung des Arbeitsverhältnisses sehr gering, so dass es aufgrund der – was Entschädigungen nach ungerechtfertigter Kündigung betrifft – sehr eingeschränkten gesetzlichen Möglichkeiten im deutschen Rechtssystem sehr häufig zu einem derartigen Prozessvergleich über die Beendigung des Arbeitsverhältnisses und die Auszahlung einer Abfindung kommt. In wie viel Prozent der Fälle dies jedoch tatsächlich der Fall ist, lässt sich nicht definitiv beurteilen, bzw. durch

888 Vgl. Hümmerich, NZA 1999, 342, (343).

889 Vgl. MünchArbR/Berkowsky, § 151, N 19; Francken/Hartmann/Bubeck, Die Abfindung, S. 24.

890 Vgl. Hümmerich, NZA 1999, 342, (349 ff. Anhang).

891 Vgl. C, II, 1, b), (3).

unterschiedliche Betrachtungsweisen ergeben sich dramatisch abweichende Einschätzungen. In der juristischen Fachliteratur und der deutschen Presse hat sich eine rege Diskussion darüber entwickelt, ob das deutsche KSchG systematisch zu reformieren sei, da die Entschädigung – obwohl heute nur sehr eingeschränkt gesetzlich möglich – bei ungerechtfertigter Kündigung als Sanktion an die Stelle der gesetzlich als Normalfall intendierten Fortsetzung des Arbeitsverhältnisses getreten sei.

(a) Darstellung der Reformbefürworter

Befürworter einer Reform des Kündigungsschutzsystems argumentieren, dass das auf Bestandsschutz ausgerichtete KSchG der rechtstatsächlichen Situation in Deutschland widerspreche[892] und dass die Rechtspraxis im Laufe der Zeit das KSchG seiner Bestandsschutzfunktion gewissermassen entkernt habe. Das Gesetz sei zur reinen Staffage für einen sich bei jedem Gerichtsfall wiederholenden Ritus degeneriert, bei dem alle Beteiligten von Bestandsschutz bzw. Fortsetzung des Arbeitsverhältnisses reden, schliesslich aber mit richterlicher Billigung eine Abfindung vereinbart werde. Die Auszahlung von Abfindungen sei also in der Praxis an die Stelle des gesetzlich intendierten Bestandsschutzes getreten[893]. Der Rechtsstreit um die ungerechtfertigte Kündigung sei de facto zu einem reinen und hoch komplizierten Streit um die Höhe der Abfindung geworden[894].

Weiter wird argumentiert, dass ca. 90% der durch den Arbeitgeber ausgesprochenen Kündigungen zu einem gerichtlichen oder aussergerichtlichen Abfindungsvergleich führen würden, was für eine gewaltige Diskrepanz zwischen Gesetzesidee und Rechtsleben spräche[895]. Diese in der Debatte meist ohne Quellenverweis verwendete

892 Vgl. Kreßel, NZA 1997, 1138; Willemsen, NJW 2000, 2779, (2780).

893 Vgl. Buchner, NZA 2002, 533, (535); Bauer, NZA 2002, 529 ff.

894 Vgl. Fischer, NJW 2002, Editorial Heft 12; Schiefer, NZA 2002, 770, (777).

895 Vgl. Rüthers, NJW 2002, 1601, (1602).

vorgebrachte Darstellung der Abfindungspraxis wird von Praktikern bestätigt oder sogar noch extremer dargestellt[896].

Im Zuge der Reformdiskussion wird teilweise auf ausländische Kündigungsschutzsysteme verwiesen und gefordert, das deutsche System an ein „realitätsnäheres", wie beispielsweise dasjenige der Schweiz, anzugleichen[897]. „Das Kündigungsschutzrecht sollte sich der Realität anpassen – und nicht umgehrt"[898], so könnte man die Forderungen der Reformbefürworter zusammenfassen.

(b) Darstellung der Reformgegner

Die Gegner eines Systemwechsels geben zu bedenken, dass die Realität bei der Beendigung von Arbeitsverhältnissen bei genauerer statistischer Analyse völlig anders aussehe, als die Reformbefürworter unterstellen[899]. Es müsse vorab hinterfragt werden, wie sich die tatsächliche Situation bezüglich Abfindungen bzw. Bestandsschutz in der Kündigungsschutzpraxis statistisch darstelle, um behaupten zu können, dass das Gesetz an der tatsächlichen Situation vorbeigehe.

Eine breit angelegte Untersuchung der Infratest Sozialforschung in Zusammenarbeit mit dem Wirtschafts- und Sozialwissenschaftlichen Institut (WSI) der Hans Böckler Stiftung[900] legt dar, dass ledig-

896 Von der Autorin persönlich befragte Praktiker des Arbeitsrechts:
- Ein Richter an einem deutschen ArbG (Mai 2003),
- ein deutscher Fachanwalt für Arbeitsrecht (Dezember 2003),
- ein rechtlicher Vertreter eines deutschen Arbeitgeberverbandes (November 2003).

897 Vgl. Willemsen, NJW 2000, 2779, (2981).

898 Vgl. Willemsen, NJW 2000, 2779, (2780).

899 Vgl. Bielenski/Hartmann/Pfarr/Seifert, AuR 2003, 81 ff.

900 Im Zeitraum von Juli bis September 2001 wurde durch Infratest Sozialforschung in Zusammenarbeit mit dem Wirtschafts- und Sozialwissenschaftlichen Institut (WSI) der Hans Böckler Stiftung eine schriftlich-postalische Befragung von 2.407 Personen zu dem Thema „Beendigung von Arbeitsverhältnissen" durchgeführt. Die befragten Personen waren im Herbst 2000

lich ca. 15% sämtlicher Arbeitgeberkündigungen mit der Auszahlung einer Abfindung enden[901], wobei der Prozentsatz derer, die eine Abfindung erhielten, zwischen ca. 2% in Betrieben mit bis zu fünf Beschäftigten und ca. 25% in Betrieben mit mehr als 500 Arbeitnehmern divergiere[902].

Diese Untersuchung ergab ferner, dass „nur" 46% derer, die auf eine Kündigung des Arbeitgebers hin Klage beim Arbeitsgericht erhoben, mit Beendigung des Arbeitsverhältnisses eine Abfindung erhielten, was schwerlich als die von Reformbefürwortern teilweise behauptete „überwiegende Mehrheit"[903] der strittigen Kündigungen bezeichnet werden könne. In Anbetracht der Tatsache, dass lediglich 11% der Arbeitnehmer, welche eine Kündigung erhalten, Klage erheben, lautet das Ergebnis obiger Studie, dass nur 5% (46% von 11%) aller Kündigungen, mit einer durch Klage erreichten Abfin-

---

mit Hilfe einer repräsentativen Screening-Befragung unter mehr als 60.000 Personen aus regelmässig befragten Haushalten des NFO TPI Access-Panels ermittelt worden; vgl. Bielenski/Hartmann/Pfarr/Seifert, AuR 2003, 81 ff.; Höland, Arbeitsrechtliches Gespräch, S. 19 ff.

901 Vgl. Bielenski/Hartmann/Pfarr/Seifert, AuR 2003, 81, (88).

902 Vgl. Höland, Arbeitsrechtliches Gespräch, S. 19.

903 Vgl. beispielsweise Hromadka, ZfA 2002, 383 ff.; Rüthers, NJW 2002, 1601, (1602); Jahresgutachten 2002/2003 des Sachverständigenrates zur Begutachtung der gesamtwirtschaftlichen Entwicklung, BT-Drucks. 15/100, Ziffer 412, 470 ff.

dung enden[904]. Im Hinblick darauf, dass 15% jeglicher Kündigungen abgefunden werden, ergibt sich, dass ca. 10% aller arbeitgeberseitig Gekündigten mit einer freiwilligen Abfindung (d.h. ohne gerichtliche Auseinandersetzung) bedacht werden.

(c) Anmerkungen

Die unterschiedliche Wahrnehmung der tatsächlichen Situation der Abfindungshäufigkeit erklärt sich also vor allem durch die unterschiedlichen Bezugsgrössen[905]. So bezieht sich das in der Literatur durch die Befürworter der Reform wiedergegebene Bild häufig lediglich auf die vor Gericht verhandelten Kündigungen. Auch die Ergebnisse der Infratest/WSI-Untersuchung zeigen, dass bei den gerichtlich angegangenen Kündigungen der Prozentsatz der durch Abfindung erledigten Fälle wesentlich höher ist als bei der Gesamtheit der von Arbeitgebern ausgesprochenen Kündigungen[906]. Die Anzahl der gerichtlich geltend gemachten Kündigungen ist jedoch mit 11% niedriger als weitgehend angenommen[907] und hat sich in den letzten 25 Jahren nur um wenige Prozentpunkte, von 8% auf 11%, erhöht[908].

---

904 A = Alle Arbeitgeberkündigungen (gerichtlich angegangene und gerichtlich nicht angegangene) = 100%.

B = Anteil (in %) von A, der mit einer Abfindung endet = 15%.

C= Anteil (in %) von A, der klagt = 11%.

D = Anteil (in %) von C, der via Klage eine Abfindung erhält = 46%.

E = Anteil (in %) von A, der via Klage eine Abfindung erhält = 5%.

F = Anteil (in %) von A, der ohne Klage eine Abfindung erhält = 10%; (E + F = B).

905 Vgl. Höland, Arbeitsrechtliches Gespräch, S. 20.

906 46%. Vgl. oben.

907 Vgl. Höland, Arbeitsrechtliches Gespräch, S. 20.

908 Für das Jahr 1979 wurde eine Klagequote von 8% festgestellt; vgl. Falke/Höland/Rhode/Zimmermann, Band II, S. 659–661. Im Rahmen der jüngeren rechtstatsächlichen Untersuchung durch Infratest und WSI aus dem Jahre 2002 wurde eine Klagequote von 11% ermittelt.

Der alleinige Blick auf die gerichtlich angefochtenen Kündigungen gibt also kein richtiges Bild der rechtstatsächlichen Situation der Relation zwischen Fortsetzungen der Arbeitsverhältnisse und Abfindungen zu Gunsten der Arbeitnehmer.

Auch die zeitliche Entwicklung der Bestandsschutzfunktion sollte näher betrachtet werden. Die Quote der Abfindungsvergleiche von 46% im Jahre 2002 hat sich im Vergleich zu den Ergebnissen der MPI-Studie zum Kündigungsschutz im Jahre 1978/1981 in den letzten 25 Jahren nicht wesentlich erhöht, sondern ist unter Berücksichtigung der im Jahre 1979 gerichtlich erledigten Kündigungsstreitigkeiten und der Klagerücknahmen mit grosser Plausibilität sogar von 52% auf 46% gefallen[909].

Diese Aussage lässt sich allerdings nur durch ein Annäherungsverfahren gewinnen, da in der MPI-Studie von 1978/1981 nicht ausdrücklich die damalige Abfindungsvergleichsquote herausgearbeitet wurde. Diese lässt sich jedoch aus dem prozentualen Anteil aller gerichtlichen Vergleiche in Kündigungsstreitigkeiten an der Gesamtzahl der 1979 vor den Arbeitsgerichten erledigten Kündigungssachen errechnen. Dieser Anteil beträgt 60%. Von diesen 60% waren wiederum 63% Vergleiche, die eine Abfindung vorsahen[910]. Somit sind 38% aller vor den Arbeitsgerichten erledigten Kündigungssachen durch Vergleiche erledigt worden, die Abfindungen vorsahen[911].

Um eine möglichst wirklichkeitsgetreue Abfindungsvergleichsquote aus der damaligen Zeit zu erlangen, sollten zusätzlich die Klagerücknahmen beachtet werden. 19% aller vor den Arbeitsgerichten anhängigen Kündigungssachen wurden durch Klagerücknahme erle-

---

909 Vgl. Höland, Arbeitsrechtliches Gespräch, S. 21.

910 G = Alle von den Arbeitsgerichten erledigte Kündigungssachen = 100%.

H = Anteil (in %) von G, der durch einen gerichtlichen Vergleich erledigt wird = 60%.

I = Anteil (in %) von H, der eine Abfindung vorsieht = 63%, (I = 38% von G).

911 Vgl. Falke/Höland/Rhode/Zimmermann, Band II, S. 967 ff.

digt. In 25% aller Klagerücknahmen wurde die Fortsetzung oder die Wiederaufnahme des Arbeitsverhältnisses vereinbart[912]. Mit grosser Wahrscheinlichkeit haben die Parteien sich in den restlichen 75% der Streitfälle auf die Auszahlung einer Abfindung geeinigt[913]. Dies lässt sich daraus schliessen, dass der zunächst klagende Arbeitnehmer anderenfalls die Klage nicht zurückgenommen hätte. Daraus ergibt sich, dass es in 14% aller von den Arbeitsgerichten erledigten Kündigungssachen zu einem Abfindungsvergleich nach einer Klagerücknahme gekommen ist[914].

Werden nun diese beiden errechneten Werte (38% + 14%) der jeweiligen prozentualen Abfindungsfälle addiert, gelangt man zu einer damaligen Vergleichsquote mit Abfindungen von 52%, die sogar höher liegt als die gerichtliche Vergleichsquote über Abfindungen (46%) aus dem Jahre 2002. Von einer drastischen Veränderung der tatsächlichen Verhältnisse bezüglich der Häufigkeit von Abfindungen nach ungerechtfertigter Kündigung kann demnach nicht ausgegangen werden.

Auf der einen Seite steht also die Forderung nach Veränderung, die davon ausgeht, dass die Absicht des Gesetzgebers (Bestandsschutz) von der Praxis (Abfindungen) vollkommen überholt worden sei. Dagegen wird vorgetragen, dass dieses Argument einer genaueren statistischen Prüfung nicht standhalte. Oben wurde festgestellt, dass es sowohl Anfang der Achtziger Jahre wie auch in neuerer Zeit nur in einer sehr eingeschränkten Anzahl von gerichtlich angegangen

912 Vgl. Falke/Höland/Rhode/Zimmermann, Band II, S. 969 ff.

913 Vgl. Höland, Arbeitsrechtliches Gespräch, S. 21.

914 G = Alle von den Arbeitsgerichten erledigte Kündigungssachen.
J = Anteil (in %) von G, der durch Klagerücknahme erledigt wurden = 19%.
K = Anteil (in %) von J, in dem nicht Weiterführung des Arbeitsverhältnisses vereinbart wurde = 75%, (K = 14% von G).

Kündigungen zur Fortsetzung des Arbeitsverhältnisses kommt[915]. Auch die Abfindungsvergleichsquote veränderte sich mit grosser Wahrscheinlichkeit, wie oben dargestellt, nicht wesentlich.

Es sei also die Frage erlaubt, ob die Rationalität des KSchG nicht genau darin besteht und schon immer bestanden hat, dem Arbeitnehmer durch die Bestandsschutzsystematik einen präventiven Schutz vor Kündigungen zu verschaffen und gerade durch die offene Gesetzesformulierung „bewusste Unsicherheit"[916] für den kündigungswilligen Arbeitgeber zu erzeugen, um somit schlussendlich Kündigungen von Anfang an zu vermeiden.

Auch wenn bereits vor ca. 25 Jahren nach einer Kündigung ein Kündigungsschutzverfahren nur in ca. 1,7% der Fälle zur Rückkehr an den Arbeitsplatz führte[917] und dieser Wert heute nicht viel höher bei ca. 3% liegt[918], so ist der Wert der Rechtsposition, die dem Arbeitnehmer durch den Bestandsschutz erwächst, auch finanziell nicht zu unterschätzen, da der Arbeitnehmer in einem Abfindungsvergleich oder einem Aufhebungsvertrag nicht ohne Gegenleistung auf die sich aus dem Bestandsschutz ergebenden Rechte verzichtet[919].

Die Reformbefürworter könnten an dieser Stelle bemerken, dass es genau darum gehe, diesen Umweg zu vermeiden, und es besser sei, sich zu der eigentlich angestrebten Abfindung auch gesetzlich zu bekennen.

Wäre jedoch von vorneherein eine gesetzliche, tarifartig festgelegte Abfindung als Sanktion einer ungerechtfertigten Kündigung vorgesehen, so käme eine den Einzelfall berücksichtigende Abwägung nicht zum Zuge. Durch die als „Ritual" bezeichneten Verhandlungen vor Gericht wird im Zuge einer gesetzlich angeordneten In-

---

915 Vgl. hierzu oben: C, II, 1, b, (3).

916 Höland, Arbeitsrechtliches Gespräch, S. 21.

917 Vgl. Falke/ Höland/Rhode/Zimmermann, Band II, S. 973.

918 Vgl. Umfrage der Autorin im Anhang.

919 Vgl. Dorndorf, BB 2000, 1938.

teressensabwägung versucht, die gerechte Höhe der Abfindung für den einzelnen Fall zu ermitteln. Auch ist das Erklärungs- und Rehabilitationsinteresse des Gekündigten nicht zu unterschätzen, welchem durch eine meist öffentliche Verhandlung vor dem Arbeitsgericht nachgekommen wird[920].

(5) Beurteilung

Inwieweit die Intention des Bestandsschutzgesetzes tatsächlich realisiert wird, soll an späterer Stelle unter Miteinbezug des Rechtsvergleichs untersucht werden[921]. Jedenfalls kommt es unbestreitbar in beinahe der Hälfte aller gerichtlich angefochtenen Kündigungen des Arbeitgebers zu einer Abfindung. Bereits dieser Prozentsatz ist hoch in Anbetracht des gesetzgeberischen Willens, den Arbeitsplatz zu erhalten, wobei die Abfindung lediglich als Ausnahmetatbestand gesetzlich vorgesehen ist.

Das kündigungsrechtliche Sanktionssystem Deutschlands ist durch einen Schwebezustand gekennzeichnet. Auf der einen Seite hat sich der Gedanke des Bestandsschutzes nach dem Zweiten Weltkrieg im Interesse der Arbeitnehmerschaft in relativ reiner Form gesetzlich realisiert. Anderseits stösst der Bestandsschutzgedanke in zunehmendem Masse auf das Interesse der Unternehmer an einer

920 Im Rahmen der MPI-Studie von 1978/1981 wurde ermittelt, dass 51% aller befragten Arbeitnehmer im Kündigungsschutzverfahren vor allem die durch die Kündigung persönlich erlittene Ungerechtigkeit thematisieren wollten. Es sollte, unabhängig von einer späteren Weiterbeschäftigung dank des Kündigungsschutzverfahren die Möglichkeit zur Klarstellung bestehen, dass der Arbeitgeber durch die Kündigung des Arbeitnehmers ein durch das Gesetz nicht toleriertes Unrecht angetan habe; vgl. Falke/ Höland/Rhode/Zimmermann, Band I, S. 403, Tabelle III/61; Höland, Arbeitsrechtliches Gespräch, S. 23.

921 Vgl. hierzu unten: C, III.

unbehinderten Flexibilität bezüglich des Produktionsfaktors Arbeit. Im Kraftfeld dieser beiden Pole entwickelt sich die reale Situation hinsichtlich des Kündigungsschutzes.

c) Schweiz

Das schweizerische Gesetz sanktioniert die Missbräuchlichkeit einer Kündigung mit einer sog. Rechtsverletzungsbusse, die der Arbeitgeber an den Arbeitnehmer zu leisten hat[922]. Der Anspruch auf eine Entschädigung wegen missbräuchlicher Kündigung setzt voraus, dass der Gekündigte bis zum Ende der Kündigungsfrist beim Kündigenden schriftlich Einspruch erhebt[923]. Dieser Einspruch soll die Vertragsparteien zu einer Einigung über die Fortsetzung des Arbeitsverhältnisses bringen. Scheitern die Einigungsverhandlungen, so endet das Vertragsverhältnis nach Ablauf der Kündigungsfrist[924]. In der Praxis haben diese Verhandlungen über die Fortführung des Arbeitsverhältnisses nur sehr selten einen positiven Ausgang[925].

Die Höhe der Rechtsverletzungsbusse im jeweiligen Einzelfall wird nach richterlichem Ermessen festgesetzt[926]. Das Gericht hat dabei vor allem die objektive Schwere der Rechtsverletzung zu beachten[927]. Diese wiederum hängt ab von

– der Enge und Dauer der arbeitsvertraglichen Beziehung[928],

---

922 Vgl. Art. 336a OR, bei Einhaltung der Verfahrensvorschriften gemäss Art. 336b OR.

923 Vgl. Art. 336b Abs. 1 OR; Streiff / von Kaenel, Art. 336b OR, N 3; ArbG der Republik und des Kantons Genf 04.12.1989 in Troxler, S. 137.

924 Vgl. Brühwiler, Einzelarbeitsvertrag, Art. 336b OR, N 2; Streiff / von Kaenel, Art. 336b OR, N 4.

925 Vgl. Streiff / von Kaenel, Art. 336b OR, N 4.

926 Vgl. Tarnutzer-Münch, Kündigungsschutz, S. 71.

927 Vgl. BGE 123 III 255; BGE 119 II 191; Zürcher Kommentar / Staehelin, Art. 336a OR, N 6; Nordmann, S: 215.

928 Rechtsprechung und Teile der Lehre sind jedoch auf dem Standpunkt, dass die Dauer des Arbeitsverhältnisses nicht zu berücksichtigen sei, da es um

– der Leistungskraft des pflichtigen Arbeitgebers[929],
– von einem eventuellen Mitverursachen der Kündigung durch den Gekündigten[930].

Wenn sich eine Partei dem Einigungsversuch gemäss Art. 336b OR entzieht, kann dies für die Bemessung der Höhe eine Rolle spielen[931]. Die Entschädigung darf gemäss Art. 336 Abs. 2 OR sechs Monatsgehälter des Arbeitnehmers nicht überschreiten. In der Praxis wird bei einer missbräuchlichen Kündigung durchschnittlich eine Entschädigung in Höhe von einem Monatslohn bis zu dreien zugesprochen[932]. Nur in vereinzelten Fällen wurde der Höchstbetrag von sechs Monatsverdiensten durch ein Gericht zugesprochen[933].

---

die Sanktionierung eines groben Verstosses gegen die Rechtsethik gehe; vgl. BGE 116 II 300; Berner Kommentar / Rehbinder, Art. 336a OR, N 4; a.A. Streiff / von Kaenel, Art. 336a OR, N 3.

929 Die Berücksichtigung dieses Kriteriums wurde bereits in der Botschaft vorgeschlagen; herrschende Lehre und kantonale Rechtsprechung folgten; vgl. Zürcher Kommentar / Staehelin, Art. 336a OR, N 7; Humbert, S. 110; OGer Zürich, JAR 1991, 279; OGer Obwalden, JAR 1992, 233; a.A. Berner Kommentar / Rehbinder, Art. 336a OR, N 4 wonach der nach Art. 336a OR zu leistende Betrag kein Schadensersatz sei, sondern eine Busse, bei der die finanzielle Situation der Parteien keine Rolle spielen könne.

930 Vgl. Botschaft betr. Kündigungsschutz BBl 1984 II 551 (601). Tribunal des prud'hommes de Genève 21.11.1991, JAR 166, (172); BGE 118 II 167; Tribunal cantonal de Neuchâtel 28.01.1991, JAR 1992, 234, (238); BGE 119 II 161 ff.

931 Vgl. Brühwiler, Einzelarbeitsvertrag, Art. 336b, N 2.

932 Vgl. Zürcher Kommentar / Staehelin, Art. 336a OR, N 6; Brühwiler, Einzelarbeitsvertrag, Art. 336a OR, N 2.

933 Vgl. beispielsweise Tribunal cantonal de Neuchâtel 28.01.1991, JAR 1992, 234, (238); BGE 05.12.1995, JAR 1996, 215, (216).

d) Vergleichende Würdigung

In allen drei betrachteten Ländern gibt es die Möglichkeit, einen zu Unrecht Gekündigten mit einer finanziellen Entschädigung abzufinden.

In England und der Schweiz ist dies die reguläre gesetzliche Sanktion bei einer ungerechtfertigten Kündigung. Demgegenüber ist im deutschen KSchG die finanzielle Entschädigung bei ungerechtfertigter Kündigung aufgrund des gesetzlich vorherrschenden Bestandsschutzprinzips als gesetzliche Ausnahme konzipiert. Abweichend von dieser gesetzlich ausgedrückten Priorität auf der Fortsetzung des Arbeitsverhältnisses kommt es – wie in England – in sehr vielen Fällen zu einer Entschädigung anstatt zur Fortsetzung des Arbeitsverhältnisses[934].

(1) Anspruch

Im Unterschied zum schweizerischen und deutschen Entschädigungsanspruch umfasst der englische Anspruch auf einen compensatory award auch die Vergütung für die Zeit der ordentlichen Kündigungsfrist[935]. Dies erklärt sich damit, dass die ungerechtfertigte Kündigung nach englischem Recht trotz mangelnder Rechtfertigung, unter Umständen sofort, rechtswirksam ist[936]. In England herrscht jedoch während dieser gesamten Zeit die sog. Schadensminderungspflicht. Der Arbeitnehmer ist verpflichtet, den durch die ungerechtfertigte Kündigung entstandenen Schaden in aktiver Weise möglichst gering zu halten. Er ist beispielsweise verpflichtet, sich nach der

---

934 Vgl. hierzu oben: C, II, 2, b, (4).

935 Vgl. Schuhmacher, S. 107.

936 Vgl. hierzu näher oben C, I, 1.

Kündigung unverzüglich um einen neuen Arbeitsplatz zu bemühen. Kommt der Arbeitnehmer seiner Schadensminderungspflicht nicht nach, so wird der Anspruch auf ein compensatory award entsprechend gemindert[937].

In Deutschland und der Schweiz herrscht hingegen die Schadensminderungspflicht noch nicht während des Ablaufs der Kündigungsfrist, da sich das Arbeitsverhältnis in dieser Zeit generell noch gemäss Arbeitsvertrag fortsetzt. Deshalb spielt die Schadensminderungspflicht in Deutschland und der Schweiz bei der Bemessung des Anspruchs auf eine Entschädigung eine untergeordnete Rolle. Die Pflicht wird jedoch nach deutschem Recht bei der Berechnung eines dem Arbeitnehmer zustehenden Verzugslohnes gemäss § 615 BGB beachtet, wenn sich der Arbeitnehmer einem anderweitigen Erwerb böswillig entzieht[938].

Der in Deutschland zum 01.01.2004 eingeführte Abfindungsanspruch bei Klageverzicht ist von seiner Funktion her wohl eher mit dem englischen redundancy payment als mit dem englischen Kompensationsanspruch wegen unfairer Kündigung zu vergleichen; denn der Abfindungsanspruch ist grundsätzlich – wie auch der englische Anspruch auf ein redundancy payment – nicht an die Sozialwidrigkeit der Kündigung gekoppelt. Zwischen deutschem Abfindungsanspruch bei Klageverzicht und englischem Anspruch auf ein redundancy payment besteht jedoch der Unterschied, dass nach englischem Recht der genannte Anspruch jenen wegen unfairer Kündigung nicht ausschliesst. Der deutsche Abfindungsanspruch bei Klageverzicht setzt jedoch voraus, dass keine Ansprüche wegen Unwirksamkeit der Kündigung geltend gemacht werden. Der Zweck der englischen Regelung, einem aus wirtschaftlichem Zwang gekündigten Arbeitnehmer, unabhängig von der Wirksamkeit der Kündigung, ein redundancy payment zukommen zu lassen, wird durch die deutsche Regelung

937 Vgl. Stein / von Pappenheim, 75.

938 Vgl. MünchArbR/Boewer, § 78, N 55.

des Abfindungsanspruches bei Klageverzicht gerade nicht erreicht, da sich der deutsche Arbeitnehmer das Recht abschneidet, die Kündigung auf ihre Sozialwidrigkeit hin überprüfen zu lassen.

(2) Funktionen der Entschädigung

In allen drei betrachteten Ländern existiert die Rechtskonstruktion der Entschädigung im Zusammenhang mit der ungerechtfertigten Kündigung, wobei die hierfür verwendeten gesetzlichen Begriffe und die Wertung der einzelnen Funktionen zum Teil divergieren.

Im englischen Recht stehen dem unfair Entlassenen zwei unterschiedliche Ansprüche zu (basic award und compensatory award), die je nach den vorliegenden Tatsachen durch das Gericht separat zugesprochen werden können. Diese beiden Ansprüche haben unterschiedliche Funktionen. Das deutsche Recht verleiht dem Arbeitnehmer einen gesetzlichen Anspruch auf Abfindung, soweit die Fortsetzung des Arbeitsverhältnisses für eine der beiden Parteien nach einer sozial ungerechtfertigten Kündigung unzumutbar ist. Im schweizerischen Recht ist im Falle einer missbräuchlichen Kündigung eine sog. Rechtsverletzungsbusse[939] als Sanktion für den Arbeitgeber vorgesehen.

Allen diesen Entschädigungen gleich ist die übergeordnete Funktion eines ausgewogenen Interessenausgleichs für die gesetzlich nicht tolerierte Kündigung, welche jedoch trotz ihrer mangelnden Rechtfertigung das Arbeitsverhältnis beendet. Innerhalb dieser Funktion existieren bei den einzelnen Entschädigungen unterschiedliche Unterfunktionen, welche im Folgenden erläutert seien.

939 Teilweise auch als gesetzliche Privatbusse, zivilrechtliche Strafe oder privatrechtliche Pönalsanktion bezeichnet; vgl. hierzu Vischer, Arbeitsvertrag, S. 172; Humbert, S. 108; Streiff / von Kaenel, Art. 336a OR, N 2; Botschaft betr. Kündigungsschutz BBl 1984 II 600.

(a) Pönalfunktion für den Arbeitgeber

Die im schweizerischen Recht geltende Rechtsverletzungsbusse ist aus der Sicht des Arbeitgebers eine Sanktion des Rechtsmissbrauchs. Diese Busse hat vor allem Strafcharakter[940]. Die in Deutschland gesetzlich vorgesehene Abfindung soll den Arbeitgeber von leichtfertigen Kündigungen abschrecken[941]. Diese Präventivfunktion ist jedoch nicht der primäre Zweck der Abfindung[942]. Demgegenüber hat der englische compensatory award keinerlei Strafcharakter, während der englische basic award zumindest eine Missbilligungskomponente bezüglich des Verhaltens des Arbeitgebers in sich birgt[943].

Trotz der unterschiedlichen Konzeption der einzelnen Entschädigungssysteme der drei Länder beinhaltet die Zusprechung einer Entschädigung an den Arbeitnehmer immer auch einen Tadel wegen ungerechtfertigter Kündigung gegenüber dem Arbeitgeber. Die Sanktion im Einzelfall soll eine allgemein präventive Wirkung entfalten.

(b) Abgeltung für den Verlust des Arbeitsplatzes für den Arbeitnehmer

Die Hauptfunktion der deutschen Abfindung ist die Entschädigung als vermögensrechtliches Äquivalent für die Aufgabe des als „sozialer Besitzstand“ anzusehenden Arbeitsplatzes[944]. Mit der Gewährung der Abfindung sollen alle unmittelbar mit dem Verlust des Arbeitsplatzes verbundenen Nachteile des Arbeitnehmers abgegolten werden. Auch immaterielle Schäden sind hiervon erfasst[945], so etwa der Verlust einer vertrauten Umgebung, der Zwangsabschied von Arbeitskollegen und

940 Vgl. Tribunal cantonal de Neuchâtel 28.01.1991, JAR 1992, 234, (237); Brühwiler, Einzelarbeitsvertrag, Art. 336a OR, N 1.

941 Vgl. Gamillscheg in FS Bosch, S. 220; KR/Spilger, § 10 KSchG, N 10.

942 Vgl. DLW/Dörner, D, N 1905.

943 Vgl. Bowers, Employment Law, S. 327.

944 Vgl. BAG 25.06.1987, DB 1988, 864.

945 Vgl. KR/Spilger, § 10 KSchG, N 11.

die Umtriebe anlässlich der Suche einer neuen Arbeitsstelle[946]. Die Rechtsprechung des BAG tendiert jedoch auch immer stärker dazu, der Abfindung für den Fall künftiger Arbeitslosigkeit eine veränderte Funktion zuzuweisen, wonach die Abfindung das Arbeitslosengeld aufstocken und somit eine Überbrückungs- und Versorgungsfunktion zu Gunsten des Gekündigten entfalten soll[947].

Die schweizerische Rechtsverletzungsbusse wegen missbräuchlicher Kündigung hat neben der Pönalfunktion gegenüber dem Arbeitgeber eine Funktion der Entschädigung für den erlittenen Rechtsbruch aus Sicht des Arbeitnehmers; insbesondere soll das durch die missbräuchliche Kündigung zugefügte Unrecht und die seelische Unbill abgegolten werden[948].

Sowohl die deutsche Abfindung wie die schweizerische Rechtsverletzungsbusse sollen für den Arbeitgeber eine Pönalfunktion und für den Arbeitnehmer eine Abgeltungsfunktion erfüllen, wobei im deutschen Recht die Abgeltungsfunktion der Entschädigung im Vordergrund steht, während bei der schweizerischen Rechtsverletzungsbusse die Pönal- und Abgeltungsfunktion gleichwertig sind[949].

Auch der englische basic award soll den Verlust des Arbeitsplatzes und die damit verbundenen Nachteile abgelten[950]. Da jedoch der basic award traditionell der kleinere Teil einer Entschädigung nach englischem Recht ist, ist die Abgeltungsfunktion der englischen Entschädigung weniger wichtig als in den beiden anderen Ländern.

946 Vgl. Hümmerich, NZA 1999, 342, (347).

947 Vgl. Kreßel, NZA 1997, 1138, (1140); BAG Teilurteil vom 22.05.1996, NZA 1997, 386, (387) = DB 1997, 280.

948 Vgl. BGer 17.04.1997, ZBJV 1997, 133; BGE 116 II 301; BGE 119 II 160 ff.; Nordmann S. 202. Troxler, 120; a.A.: Berner Kommentar / Rehbinder, Art. 336a OR, N 1.

949 Vgl. Troxler, S. 121.

950 Vgl. Jefferson, Principles, S. 366.

(c) *Entgelt- oder Schadenersatz*

Der englische compensatory award hat in erster Linie die Funktion, den durch die Kündigung entstandenen finanziellen Schaden zu ersetzen[951]. Dazu gehört auch entgangenes Arbeitsentgelt.

Im Gegensatz dazu hat die deutsche Abfindung grundsätzlich nicht die Funktion, entgangenes Arbeitsentgelt zu ersetzen oder sowohl vertraglichen als deliktischen Schaden auszugleichen. Jedoch wird nach neuerer Rechtsprechung auch der Abfindung eine Überbrückungs- und Versorgungsfunktion zugesprochen, was eine Annäherung an die Funktion des englischen compensatory award bedeutet[952]. Ausnahmsweise hat auch die deutsche Abfindung einen Entgeltcharakter, jedoch nur dann, wenn die Auflösung auf einen früheren Zeitpunkt als den Ablauf der Kündigungsfrist erfolgt[953], also bei erfolgreich angefochtener ausserordentlicher Kündigung. Denn eine ordentliche Kündigung beendet nach deutschem Recht das Arbeitsverhältnis, im Gegensatz zur englischen Rechtslage, erst mit Ablauf der Kündigungsfrist. Die unterschiedliche funktionale Gewichtung zeigt sich darin, dass der englische compensatory award lediglich materielle Schäden ersetzt, während die deutsche Abfindung auch immaterielle Schäden ausgleichen soll[954].

Demgegenüber trägt die schweizerische Rechtsverletzungsbusse keinerlei Komponente des Entgeltersatzes in sich. Der bis zum Ablauf der Kündigungsfrist ausstehende Lohn muss, wie im deutschen Recht auch, zusätzlich geleistet werden[955]. Die Tatsache, dass die Rechtsverletzungsbusse nicht die Funktion eines Schadenersatzes hat, tritt bereits in der Botschaft zu Art. 336a OR zu Tage und wurde

---

951 Vgl. Bowers, Employment Law, S. 328, 329; Jefferson, Principles, S. 366.

952 Vgl. Kreßel, NZA 1997, 1138, (1140); BAG Teilurteil vom 22.05.1996, NZA 1997, 386, (387) = DB 1997, 280.

953 Vgl. KR/Spilger, § 10 KSchG, N 12.

954 Vgl. Schumacher, S. 107.

955 Vgl. Nordmann, S. 205.

durch die Lehre und die Rechtsprechung bestätigt[956]. Der Anspruch auf eine Rechtsverletzungsbusse setzt dementsprechend, im Gegensatz zum englischen Anspruch auf einen compensatory award, keine konkrete Vermögenseinbusse oder einen sonstigen Schaden voraus[957].

(3) Höhe der Entschädigung

(a) Höhe im Verhältnis zur Betriebszugehörigkeitsdauer

In allen drei betrachteten Ländern steigt, wie in verschiedenen anderen europäischen Ländern[958], die Höhe der Entschädigung wegen ungerechtfertigter Kündigung mit der Anzahl der geleisteten Dienstjahre.

In England wird pro Beschäftigungsjahr ein Wochenentgelt berechnet. Nach deutschem Recht erhöht sich die Entschädigung nach der sog. Faustformel um durchschnittlich einen Bruttomonatsbezug je Dienstjahr. In der Schweiz richtet sich die Bemessung der Höhe der Entschädigung nach der objektiven Schwere der Rechtsverletzung, welche wiederum von der Dauer des Arbeitsverhältnisses und

956 Vgl. Botschaft betr. Kündigungsschutz BBl 1984 II 601; Zürcher Kommentar / Staehelin, Art. 336a OR, N 3; Berner Kommentar / Rehbinder, Art. 336a OR, N 1; BGE 118 II 167; BGE 119 II 160.

957 Vgl. Zürcher Kommentar / Staehelin, Art. 336a OR, N 5; Troxler, S. 120; BGE 119 II 160.

958 Die Höhe der Entschädigung steigt mit der Dienstzeit auch in Spanien, Portugal, Dänemark Finnland und Italien (hier aber nur bei Kleinbetrieben). In Frankreich, Belgien, Irland Luxemburg und Italien (bei grösseren Betrieben) ist eine von der geleisteten Dienstzeit unabhängige feste Summe als Entschädigung vorgesehen; vgl. hierzu Rebhahn, RdA 2002, 272, (283).

der Intensität der Beziehungen zwischen den Vertragsparteien abhängt[959]. Somit steigt auch in der Schweiz die Höhe der Entschädigung mit der Vertragsdauer.

In allen drei verglichenen Rechtsordnungen wird somit das Bedürfnis befriedigt, das Arbeitsverhältnis umso schwerer kündbar zu machen, je länger es dauert. Die Korrelation der Höhe der Entschädigung mit der Dienstdauer könnte man als Bestandsschutz gradueller Art bezeichnen.

(b) Begrenzung der Höhe

In allen drei Ländern ist die Höhe der Entschädigung gesetzlich begrenzt. Eine Ausnahme hiervon bildet die Entschädigung, die aufgrund eines Abfindungsvergleichs geleistet wird; ob er aussergerichtlich oder gerichtlich abgeschlossen wird, liegt ein vertragsähnliches Verhältnis vor. Das Gesetz schweigt sich daher zu Recht über die Höhe des Betrags aus und überlässt dessen Bemessung voll der Privatautonomie. Gleiches gilt für den Abfindungsanspruch aufgrund des Klageverzichts nach deutschem Recht[960].

Nach deutschem und schweizerischem Recht orientiert sich die Höhe der Entschädigung an dem jeweiligen Monatsgehalt und ist, was den Betrag betrifft, gesetzlich nicht begrenzt. Demgegenüber ist im englischen Recht eine absolute obere Grenze der Abfindung gesetzlich festgelegt. Die Festlegung der Höhe anhand des jeweiligen Monatlohnes hat zur Folge, dass die Kündigung eines Arbeitnehmers mit niedrigem Lohn den Arbeitgeber „billiger“ zu stehen kommt, als die Entlassung eines hochverdienenden Mitarbeiters[961]. Der Sinn dieser Regelung ist fraglich, denn die englische Lösung, wonach ein

959 Vgl. Zürcher Kommentar / Staehelin, Art. 336a OR, N 6. Bezüglich der Berücksichtigung der Dauer des Arbeitsverhältnisses a.A Berner Kommentar / Rehbinder, Art. 336a OR, N 4.

960 Vgl. Willemsen/Annuss, NJW 2004, 177, (181).

961 Vgl. Nordmann, 209; Gremper, S. 194.

bestimmter Höchstbetrag gesetzlich beziffert ist, kommt dem Ideal der Gleichheit näher, während in den beiden anderen Ländern das sog. Leistungsprinzip Eingang in die Abfindungsgesetzgebung gefunden hat.

(c) Rechtstatsächliche Höhe

Die von englischen Gerichten festgelegten awards sind bei weitem nicht so hoch, wie es nach dem Gesetz möglich wäre. Die einem Arbeitnehmer wegen unfairer Kündigung zugesprochene durchschnittliche Entschädigung liegt bei ca. £ 2.500, so dass sie den Arbeitgeber weniger von einer Kündigung abschrecken kann als das gesetzliche Höchstmass[962].

Untersuchungen in Deutschland und in der Schweiz über die gerichtlich festgelegten Abfindungen nennen nur die Zahl der Monate, für welche der Anspruch anerkannt worden ist, nicht aber die absoluten Beträge. Danach erreicht der überwiegende Teil der Abfindungen

962 Vgl. hierzu Deakin/Morris, S. 502; Jefferson, Principles, S. 364.

in Deutschland höchstens sechs Monatseinkommen[963], während in der Schweiz der Durchschnitt zwischen einem Monatslohn und dreien liegt[964].

Demnach wird wie in England auch in Deutschland und der Schweiz die höchstmögliche Entschädigung selten zugesprochen. Trotz der unterschiedlichen Art der Begrenzung scheinen die Gerichte aller drei Länder nicht gewillt zu sein, den gesetzlichen Rahmen der Abfindungen voll auszuschöpfen und damit die Arbeitgeber von Kündigungen tatsächlich abzuschrecken. Es ist jedoch denkbar, dass den Abfindungen nach Gesetz und Judikatur gar nicht die Hauptfunktion der Abschreckung zukommen soll, sondern den anderen möglichen Funktionen mehr Gewicht zukommt.

---

963 58% der Abfindungen erreichten maximal eine Höhe von sechs Monatsgehältern. Im Einzelnen:
- 8% weniger als ein Monatsgehalt,
- 17% ein bis unter zwei Monatsgehälter,
- 12% zwei bis unter drei Monatsgehälter und
- 21% drei bis unter sechs Monatsgehälter.

Ein kleinerer Teil der Abfindungen (41%) waren über sechs Monatsgehälter hoch. Im Einzelnen:
- 22% sechs bis unter 12 Monatsgehälter und
- 19% 12 Monatsgehälter und mehr.

Quelle: Infratest/WSI-Erhebung über beendete Arbeitsverhältnisse 2001. Siehe oben C, II, 2, b), (3). Vgl. Bielenski/Hartmann/Pfarr/Seifert, AuR 2003, 81, (88).

964 Vgl. Zürcher Kommentar / Staehelin, Art. 336a OR, N 6; Brühwiler, Einzelarbeitsvertrag, Art. 336a OR, N 2.

III. Zusammenfassende rechtsvergleichende Bemerkungen

1. *Gesetzliche Sanktion der ungerechtfertigten Kündigung: Fortsetzung oder Entschädigung?*

Bei einer ungerechtfertigten arbeitgeberseitigen Kündigung sind zwei Arten von Sanktionen denkbar: Fortsetzung oder Entschädigung.

In Deutschland ist von Gesetzes wegen bei ungerechtfertigter Kündigung die Sanktion der Fortsetzung des Arbeitsverhältnisses vorgesehen. Die nach den gesetzlichen Massstäben als ungerechtfertigt eingestufte Kündigung vermag das Arbeitsverhältnis nicht zu beenden. Dies folgt aus dem Grundgedanken des KSchG, das in erster Linie den weiteren Bestand des Arbeitsverhältnisses zum Ziel hat und nur in zweiter Linie als Ausnahmeregelung die Ableistung einer Entschädigung[965].

Im englischen Recht sind bei ungerechtfertigter Kündigung beide Sanktionsarten vorgesehen. Primär sollte das Gericht Weiterbeschäftigung anordnen, soweit diese nicht angemessen ist, Wiedereinstellung und erst in letzter Linie Entschädigung[966]. Der Arbeitgeber kann jedoch durch schlichte Verweigerung oder durch Beweis der Unangemessenheit der Fortsetzung diese unter Inkaufnahme einer Entschädigungspflicht verhindern[967]. Rein formal hat der Arbeitgeber nach englischem Recht zwar dennoch – im Gegensatz zu einigen kontinentaleuropäischen Rechtsordnungen – kein gesetzliches Gestaltungsrecht, kraft dessen er die Fortsetzung des Arbeitsverhältnisses durch Zahlung einer Entschädigung ohne weiteres vermeiden könn-

965 Das KSchG ist ein „Bestandsschutzgesetz und kein Abfindungsgesetz"; vgl. BAG 05.11.1964, AP Nr. 20 zu § 7 KSchG 1951 mit Anm. Herschel; BAG 07.05.1987 AP Nr. 19 zu § 9 KSchG.

966 Vgl. Sec. 113 iVm Sec. 112 Abs. 4 ERA 1996.

967 Vgl. Rebhahn, RdA 2002, 272, (283).

te[968]. Seine Entschädigungspflicht ist vielmehr eine Folge der Weigerung, dem Urteil auf Fortsetzung des Vertrags nachzukommen. De facto liegt in England damit indirekt ein Gestaltungsrecht des Arbeitgebers vor. Das englische Recht zielt demgemäss entgegen seinem Wortlaut vornehmlich nicht auf den originären Bestandsschutz in Form des Anspruchs, bei ungerechtfertigter Kündigung auf die Fortsetzung des Arbeitsverhältnisses beharren zu können, sondern auf Beendigung mit einer Entschädigung.

Im schweizerischen Kündigungsschutzsystem beendet grundsätzlich jede Kündigung, ungeachtet ihrer Rechtsmissbräuchlichkeit, das betroffene Arbeitsverhältnis. Als Sanktion einer ungerechtfertigten Kündigung ist hier lediglich eine Entschädigung vorgesehen[969]. Ausgenommen von dem Grundsatz der vertragsauflösenden Wirkung jeder Kündigung sind die während einer (in Art. 336c und d OR definierten) Sperrfrist ausgesprochenen Kündigungen. Solche Kündigungen sind nichtig und das Arbeitsverhältnis ist nicht unterbrochen. Dieser sog. zeitliche Kündigungsschutz ist jedoch kein Schutz vor einer missbräuchlichen Kündigung. Die Kündigung ist jeweils lediglich innerhalb eines bestimmten Zeitraumes nichtig und kann danach ungehindert erneut erfolgen. Die im schweizerischen Kündigungsschutzrecht bewahrte Kündigungsfreiheit ist durch den zeitlichen Kündigungsschutz nicht materiell beschnitten.

Im noch relativ jungen GlG (1996) taucht jedoch eine materielle Ausnahme von dem Grundsatz der generell vertragsauflösenden Wirkung der missbräuchlichen Kündigung auf. Eine solche kann, soweit sie von Art. 10 GlG erfasst ist, angefochten werden, und das Gericht kann die vorläufige Fortsetzung des Arbeitsverhältnisses

968 Dieses Gestaltungsrecht existiert in Frankreich, Schweden, Finnland und Luxemburg ganz allgemein, in Italien in Kleinbetrieben und in Spanien bei Einzelkündigungen; vgl. Rebhahn, RdA 2002, 272, (283).

969 Auch in Belgien und Finnland ist lediglich eine Entschädigung als Sanktion einer ungerechtfertigten Kündigung vorgesehen; vgl. Tschöpe, NZA-RR 2003, 393, (396–397).

anordnen[970]. Diese Rechtsfolge kommt jedoch nur im speziellen Fall der sog. Rachekündigung zum Zuge. Abgesehen von dieser Ausnahme zielt das schweizerische Kündigungsschutzrecht allein auf die Auszahlung einer Entschädigung.

In keinem der betrachteten und auch in keinem sonstigen europäischen Rechtssystem ist eine strafrechtliche Sanktion gegen ungerechtfertige Kündigung vorgesehen[971]; vielmehr werden in allen betrachteten Ländern dem Arbeitgeber ausschliesslich privatrechtliche Pflichten auferlegt[972].

Das deutsche KSchG steht mit der Betonung des Bestandsschutzgedankens nicht nur im Gegensatz zu den beiden anderen verglichenen Kündigungsschutzsystemen, sondern faktisch auch im Gegensatz zu den gesetzlichen Systemen diverser anderer europäischer Länder[973]. Dieses Bild ergibt sich allerdings erst bei näherer Betrachtung. In elf Mitgliedstaaten der EU zielt der Kündigungsschutz primär auf Fortsetzung des Arbeitsverhältnisses. In fünf dieser Staaten kann sich der Arbeitgeber aber nach gerichtlicher Feststellung der mangelnden Rechtfertigung der Kündigung doch noch einseitig für die Auflösung des Arbeitsverhältnisses entscheiden – allerdings unter Inkaufnahme der Zahlung einer Entschädigung. De facto herrscht dieses Prinzip, wie bereits oben erwähnt, auch in England. Lediglich in Portugal, Griechenland, Österreich, den Niederlanden sowie in Italien (dort allerdings nur bei Betrieben mit

---

970 Vgl. Art. 10 Abs. 3 GlG.

971 Lediglich in Griechenland ist die mangelnde Weiterbeschäftigung des Arbeitnehmers durch den Arbeitgeber nach einem entsprechenden Urteil mit einer Strafe bedroht; vgl. Rebhahn, ZfA 2003, 163, (214).

972 Vgl. Rebhahn, ZfA 2003, 163, (214). Zwangsmassnahmen der Vollstreckung bleiben vorbehalten.

973 Vgl. Tschöpe, NZA-RR 2003, 396, (399); Rebhahn, ZfA 2003, 163, (216).

60 oder mehr Arbeitnehmern) kann der Arbeitgeber die vom Gesetz vorgesehene Fortsetzung des Arbeitsverhältnisses nicht durch Entschädigung abwenden[974].

Zur abstrakten Diskussion der Effizienz der beiden Sanktionen sei folgendes angemerkt:

Die Idee einer Entschädigung bei ungerechtfertigter Kündigung ist dem *Arbeitnehmer* a priori willkommen und historisch als Fortschritt anzusehen (besser als nichts). Aber das strategisch-taktische Optimum des Arbeitnehmers ist der, den Schutz vor ungerechtfertigter Kündigung enthaltende, maximale Bestandsschutz (Unkündbarkeit), den er bei einer Kündigung immer in eine Entschädigung umverhandeln kann[975].

Die Entschädigung als Kündigungsschutz hat auch eine Bestandsschutzfunktion, indem – ab einer bestimmten Höhe – die Entschädigung zum präventiven Bestandsschutz wird. Das deutsche BVerfG bemerkte hierzu: „die Erwartung des Arbeitgebers, ein Arbeitsverhältnis nur gegen Abfindung beenden zu können, wirkt sich im Vorfeld arbeitsplatzschützend aus". Hiervon sei auszugehen, da der Arbeitgeber „diese Aufwendungen nur in Fällen in Kauf nehme(n), die ihm besonders dringlich erscheinen" [976]. Über das genaue Ausmass der präventiven Bestandsschutzwirkung beider Systeme kann jedoch nur spekuliert werden, da sie noch nie gemessen wurde[977].

---

974 Vgl. beispielsweise für Portugal: Art. 24.2, 32.4, 13 Decreto-Lei 64-A/89; für Österreich: § 105 Abs. 7 ArbVG; für Italien: Art. 18 Statuto di lavoratori; Rebhahn, ZfA 2003, 163, (216).

975 Von diesem Extremum leitet sich jeglicher Preis der Rechtsposition Bestandsschutz ab; vgl. Dorndorf, BB 2000, 1938.

976 BVerfG 27.01.1998, AP Nr. 17 zu § 23 KSchG unter B, I, 3, c) a.E = NZA 1998, 470, (472).

977 Würde sich diese Wirkung je messen lassen, könnte das Entschädigungssystem durch die Regulierung der Höhe der Entschädigungsverpflichtung leicht an die Wirkung des Fortsetzungssystems angepasst werden.

Beide Sanktionen haben also eine Präventionsfunktion. Die Sanktion Fortsetzung hat zudem eine Bestandsschutzfunktion *nach* erfolgter Kündigung, welche die Sanktion Entschädigung nicht hat. Die Entschädigung hat dafür eine geldwerte Kompensationsfunktion (oder Schutz *bei* Kündigung), welche die erstere nicht hat. Theoretisch ist die Effizienz der Sanktion Bestandsschutz 100%. Die Effizienz der Sanktion Entschädigung hängt von der Höhe der Entschädigung ab. Bis hierhin ist aus Sicht des *Arbeitnehmers* nicht klar, welchem System er den Vorzug geben soll.

Dem *Arbeitgeber* erscheinen Entschädigungen als Kostenfaktor und damit negativ (schlechter als nichts), jedoch sind ihm mehr oder weniger unerwartete Geldentschädigungen etwas Vertrautes. Er wird versuchen diese in Verhandlungen zu minimieren, um sie dann in seine Kalkulation mit einzubeziehen. Im *Bestandsschutzgedanken* anderseits sieht der Arbeitgeber als Unternehmer notwendigerweise eine Statik, die zu dem dynamischen Marktgeschehen, dem er gegenübersteht, in unversöhnlichem Gegensatz steht.

Der *Gesetzgeber* soll den Arbeitnehmer als den Schwächeren des Arbeitsvertrags, soweit er mit ungerechtfertigter Kündigung konfrontiert ist, schützen. Dazu muss er zunächst definieren, was als ungerechtfertigt zu gelten hat. Danach muss er entscheiden, ob er den Arbeitnehmer *gegen* oder *bei* ungerechtfertigter Kündigung schützen will oder beides. Damit ist zugleich vorentschieden, ob der Arbeitgeber in seiner Kündigungsfreiheit mittels der Sanktion Fortsetzung des Arbeitsverhältnisses, mittels der Sanktion Entschädigung oder mittels beider eingeschränkt werden soll.

Alle drei untersuchten Rechtsordnungen haben streng genommen Mischsysteme entwickelt. Jedoch sind die Sanktionierungssysteme insofern entweder dem Typus „fortsetzungsorientiertes Sanktionssystem" oder „entschädigungsorientiertes Sanktionssystem" zuzuordnen, als sie sich überwiegend für die eine oder andere Sanktionsart entschieden haben. Erfüllen nun die beiden Sanktionierungssysteme die oben erwähnte Schutzfunktion in gleichem Masse, wenn wir zunächst lediglich das Gesetz selbst und seine ursprüngliche Intention betrachten?

Das deutsche Bestandsschutzsystem ist vom Grundgedanken beherrscht, dass eine ungerechtfertigte Kündigung, (wie der deutsche Gesetzgeber sie definiert), ein unzumutbares Unrecht ist. Die Normen des deutschen Kündigungsschutzsystems sind also in erster Linie auf den Schutz des Arbeitnehmers *gegen* Kündigung ausgerichtet und konsequenterweise lautet die Sanktion Fortsetzung respektive Bestandsschutz. Dem Arbeitgeber kann andererseits gemäss dieser Philosophie ohne weiteres die Unwirksamkeit der ungerechtfertigten Kündigungen zugemutet werden, denn es ist ja zunächst nicht einzusehen, was diese Kündigung ihm bringen soll, da er doch im Gegenzug mit den wirtschaftlichen, verhaltens- und personenbedingten Kündigungsmöglichkeiten über genügend unternehmerische Freiheit verfügt. Im Gegenteil wird der Unternehmer nach diesem Denkansatz vor seiner eigenen Irrationalität geschützt[978].

Ethisch ist dies die sauberste Lösung: Der Arbeitnehmer wird zu fast 100% *gegen* ungerechtfertigte Kündigung geschützt, indem diese a priori für unwirksam erklärt wird und insofern nicht stattfinden kann; dann braucht es auch keine Entschädigung. Es soll um das ernste Thema *ungerechtfertigte* Kündigung keinen Kuhhandel geben. Diese Regelung hat den Charakter einer dogmatisch-juristischen, ja geradezu einer mosaischen Norm. Es ist die erhobene, korrigierende „sichtbare Hand" des Staates[979] par exellence.

Aus historischer Sicht ist gut nachvollziehbar, weshalb der deutsche Gesetzgeber nach dem Zweiten Weltkrieg dieses – in seinem proletarischen Selbstbewusstsein geradezu heroisch anmutende – Modell wählte. Die Arbeitnehmerseite war politisch sehr stark, während die Arbeitgeberseite durch ihre Rolle im Dritten Reich diskreditiert war. Man muss sich vor Augen führen, dass der Gedanke des politischen Versagens der Arbeitgeberseite und damit des Liberalis-

978 Vgl. Pfarr/Ullmann, WSI Mitteilungen 2003, 207, (208).

979 Vgl. hierzu auch Stöckli, ArbR 1997, 9, (26).

mus sogar die konservative Christlich Demokratische Union (CDU) Deutschlands bis in die fünfziger Jahre noch stark beeinflusste[980].

Der Geist des englischen und des schweizerischen Kündigungsschutzsystems ist ein ganz anderer. Auch hier muss definiert werden, was als ungerechtfertigt zu gelten hat, aber der jeweilige Gesetzgeber wollte oder konnte sich nicht dazu entscheiden, die Norm schlussendlich zwingend mit Fortsetzung zu sanktionieren[981]. Beide Gesetzgeber waren offenbar der Ansicht, dass dem Interesse des Arbeitnehmers nach Schutz vor Willkür im Zusammenhang mit ungerechtfertigter Kündigung durch einen Schutz *bei* derselben am besten Genüge getan wird. Das Unrecht der ungerechtfertigten Kündigung wird nicht verhindert, es wird dem Arbeitnehmer zugemutet. Der Gesetzgeber schlägt einen „deal" vor, durch den der Arbeitnehmer für die ungerechtfertigte Kündigung entschädigt werden soll.

Das Bestandsschutzsystem hat die Reinheit des Ideals und die Geschlossenheit der Logik auf seiner Seite, während man vom Entschädigungssystem vermuten darf, dass es sich um etwas aus dem praktischen Wirtschaftsleben Hervorgegangenes handelt und dass dem Arbeitnehmer mehr zugemutet wird. Aus dogmatischer Sicht erscheint das englische Entschädigungssystem als widersprüchlich, ja doppelzüngig, da es doch die Fortsetzung primär anordnet, sie jedoch schlussendlich der Verdrängung durch den Arbeitgeber preisgibt. Dem reinen Entschädigungssystem der Schweiz wird die Brutalität des „hire and fire" und einseitige Arbeitgeberfreundlichkeit vorgeworfen[982].

Von der reinen Lehre soll nun aber der notwendige Schritt in die Praxis gemacht werden.

---

980 Vgl. sog. Ahlener Programm der CDU vom 03.02.1947, online abrufbar unter: http://www.lsg.musin.de/Geschichte/Quellen/ahlener_programm_cdu.htm.

981 Vgl. hierzu: C, III, 1 am Anfang.

982 Vgl. Berner Kommentar / Rehbinder, Art. 336 OR, N 1.

2. *Praxis*

Die Gerichtspraxis bezüglich der Sanktionsart bei ungerechtfertigter Kündigung ist in Deutschland näher an derjenigen Englands und derjenigen der Schweiz als dies zunächst bei Betrachtung der gesetzlichen Intention den Anschein macht. Auch in Deutschland endet, wie dies in England und der Schweiz die Regel ist, unstrittig ein beträchtlicher Anteil der gerichtlich angefochtenen Kündigungen mit der Beendigung des Arbeitsverhältnisses unter Auszahlung einer Abfindung[983]. Die statistischen Untersuchungen des Anteils der gerichtlich angefochtenen Kündigung, der mit einer Fortsetzung des Arbeitsverhältnisses nach ungerechtfertigter Kündigung endet, sprechen eine noch deutlichere Sprache und legen nahe, dass dieser Anteil bei unter 5% liegt[984]. Damit steht die forensische Praxis im eklatanten Gegensatz zur gesetzlichen Intention.

Auch in England ist durch den Gesetzgeber die Fortsetzung des Arbeitsverhältnisses als primäre Rechtsfolge vorgesehen. Trotzdem kommt es lediglich in ca. 2 – 5% der angefochtenen Kündigungen zur Fortsetzung[985], wobei das englische Kündigungsschutzsystem jedoch im Gegensatz zum deutschen System nach dem Gesetzestext die Entschädigung nicht lediglich als Ausnahmeregelung vorsieht. Die Seltenheit der Fortsetzung als Sanktion im englischen Recht erklärt sich durch die relativ hohen rechtlichen Anforderungen, die an sie gestellt sind. Dazu kommt das oben erwähnte de-facto-Wahlrecht

983 Vgl. Bielenski/Hartmann/Pfarr/Seifert, AuR 2003, 81, (88). Diese Untersuchung kam zum Ergebnis, dass 46% aller gerichtlich angefochtenen Kündigungen mit der Auszahlung einer Abfindung enden. Andere Einschätzung dieses Prozentsatzes liegen wesentlich höher; vgl. hierzu oben: C, II, 2, b), (4).

984 Vgl. hierzu oben: C, II, 1, b, (3).

985 Vgl. hierzu oben: C, II, 1, a), (4).

des Arbeitgebers bezüglich der Sanktionsart. Die Bemühungen der deutschen und englischen Gesetzgeber um Bestandsschutz haben sich also in der Praxis nicht durchgesetzt.

Selbst die vorläufige Fortsetzung des Arbeitsverhältnisses während des Verfahrens, die als Sicherungsmechanismus der Arbeitnehmerrechte bei ungerechtfertigter Kündigung dienen soll, findet übereinstimmend in allen drei betrachteten Ländern nur sehr selten statt[986]. Es scheint für die relative Häufigkeit der Inanspruchnahme nicht ausschlaggebend zu sein, ob dieses Recht lediglich in bestimmten Sparten des Kündigungsschutzes, wie im englischen und schweizerischen Recht, oder generell, wie im deutschen Recht, gesetzlich vorgesehen ist.

In allen drei betrachteten Ländern hat sich im Zusammenhang mit der Weiterbeschäftigung nach ungerechtfertigter Kündigung eine Diskrepanz zwischen Gesetzesintention und Praxis gezeigt, wobei sie in Deutschland am stärksten und in der Schweiz am schwächsten ist. Die durchweg geringe Anzahl der – trotz unterschiedlicher gesetzlicher Regelungen – fortgesetzten Arbeitsverhältnisse deutet darauf hin, dass der „normale" Wirkungsgrad solcher Regelungen sehr gering ist[987]. Das Interesse des Arbeitgebers, sich auch ungerechtfertigt von Arbeitnehmern trennen zu können, liess sich in allen drei betrachteten Ländern auch durch den Gesetzgeber nicht unterdrücken. Es setzte sich in allen drei Ländern die Kompromisslösung der beendigenden Wirkung einer ungerechtfertigten Kündigung gegen Entschädigung durch.

986 Vgl. hierzu oben: C, I, 4, e.

987 Sowohl in England wie in Deutschland errangen bereits vor ca. 25 Jahren lediglich unter zwei Prozent der wegen unfairer Kündigung Klagenden die tatsächliche Rückkehr an den Arbeitsplatz; vgl. Dickens/Hart/Jones/Weekes, The Industrial Law Journal 1981, 160, (161); Höland, Arbeitsrechtliches Gespräch, S. 21. In der Schweiz existiert das (eingeschränkte) Recht auf Fortsetzung erst seit dem Jahre 1996, so dass ein derartiger Rückblick auf den Wirkungsgrad nicht möglich ist.

Die „Umgehung“ einer gesetzlich vorgesehenen Fortsetzung des Arbeitsverhältnisses in den betrachteten Ländern ist EU-weit keine Ausnahme. Die überwiegende Anzahl der Rechtsordnungen der EU sehen sowohl Weiterbeschäftigung wie auch Entschädigung vor. Es wird davon gesprochen, dass die Länder unterschiedliche „Techniken“ entwickelt haben, die alle darauf hinauslaufen, dass das Arbeitsverhältnis schlussendlich gegen eine Entschädigung gelöst wird[988]. Entweder besteht die Umgehungsmöglichkeit bereits im Gesetz, oder aber sie ergibt sich spätestens in der Praxis.

Einzig im öffentlichen Dienst hat der Bestandsschutz im repressiven Sinne aus historischen Gründen einen höheren Wirkungsgrad. Dort kehren klagende Arbeitnehmer in grösserem Ausmass an ihren Arbeitsplatz zurück[989]. Der öffentliche Arbeitgeber wird, zumindest bislang, nicht als „normaler“ Arbeitgeber betrachtet. Er wird an höheren moralischen Standards als die der Gewinnmaximierung und Existenzsicherung gemessen und als Versorger und Beschützer in Anspruch genommen. Der öffentliche Arbeitgeber kann bis heute das Erbe des feudalen Verwaltungsapparates mit seinem Versorgungsgedanken nicht verleugnen. Die Bestrebungen, den Charakter des öffentlichen Arbeitgebers demjenigen der privaten Arbeitgeber anzupassen, sind jedoch vielfältig und lautstark.

---

988 Vgl. Zachert, WSI Mitteilungen 2004, 132, (133).

989 Vgl. Eggler, NZZ 14. 04. 2004, 63; Stein, Bestandsschutz und Agenda 2010, S. 8. Gerade im schweizerischen Recht gilt der Kündigungsschutz des GlG grundsätzlich ausschliesslich für private Arbeitsverhältnisse was jedoch nicht bedeutet, dass kantonale oder eidgenössische Beamte weniger Kündigungsschutz hätten. Im Gegenteil kann nach öffentlichem Recht jede Kündigung oder Nichtwiederwahl durch entsprechende Geltendmachung aufgehoben werden. Soll das GlG auch für öffentlich-rechtliche Arbeitsverhältnisse gelten, so findet sich eine entsprechende Bestimmung im Einführungsgesetz zum GlG des jeweiligen Kantons; vgl. Bigler-Eggenberger/Kaufmann/Barone, Art. 10 GlG, N 1; Bigler-Eggenberger/Kaufmann/Steiger-Sackmann, Anhang, Einführungsgesetze zum GlG der Kantone, S. 421 ff.

Wenn man also die forensische Praxis in die Beurteilung der Effizienz der Sanktionssysteme mit einbezieht, so wandelt sich das Bild gegenüber der rein theoretischen Diskussion radikal. Die Sanktion der Fortsetzung erweist sich als nahezu wirkungslos und wird zum Schluss des Gerichtsverfahrens regelmässig abgelöst von einem Vergleichsverfahren, einem „deal“, bei welchem die Entschädigung die Hauptrolle spielt. Das deutsche Fortsetzungssystem ist zum Entschädigungssystem mutiert und ist als solches in seiner Effizienz von originären Entschädigungssystemen nicht zu unterscheiden.

In allen tatsächlichen Systemen kommt das Bedürfnis des Arbeitnehmers nach Schutz *gegen* ungerechtfertigte Kündigung lediglich in präventiver Form zum Tragen, während seinem Bedürfnis nach Gerechtigkeit in Form von Schutz *bei* ungerechtfertigter Kündigung gezielt Rechnung getragen wird. Auch den Interessen des Arbeitgebers wird in allen Systemen etwa gleichermassen Rechnung getragen, indem die ungerechtfertigte Kündigung in allen drei betrachteten Rechtsordnungen das Arbeitsverhältnis beendet, dies jedoch unter Ableistung einer Entschädigung. Weshalb hat sich in allen drei Ländern dieses Prinzip unabhängig von der rechtlichen Regelung in der Praxis durchgesetzt?

Wenn zunächst die Motivation des Arbeitgebers beleuchtet wird, so muss man sich fragen, weshalb er auf der beendigenden Wirkung der *ungerechtfertigten* Kündigung beharrt und sie sich etwas kosten lässt, da er doch mit unbedeutenden Ausnahmen aus betriebs-, personen- und verhaltensbedingten Gründen ohne Entschädigung künden kann? In Deutschland hat man als Antwort auf diese Frage nur Negatives vermutet und die ungerechtfertigte Kündigung verboten. Das impliziert, dass sich der Gesetzgeber zutraut, den Komplex der ungerechtfertigten Kündigung vollumfassend und endgültig einzuschätzen. Dies scheinen sich der englische und der schweizerische Gesetzgeber – vielleicht klugerweise – nicht zuzutrauen. Es wird a priori ein Spielraum eingeräumt. Die „kluge Zurückhaltung“ könnte jedoch auch ein vornehmer Ausdruck für die Tatsache sein, dass sich der Arbeitgeber im Vorfeld der Gesetzgebung seiner Interessen versichert hat[990]. Über die oben erwähnten Motive des Arbeitgebers, über ihre Verwerflichkeit oder Legitimität lassen sich Vermutungen anstellen. Sind es prinzipielle, erzieherische Gründe? Ist es die Macht der Gewohnheit, alles in handelbare Ware zu verwandeln? Liegen die Gründe in der Kalkulierbarkeit?

Es wird hierzu auch angeführt, dass eine erfolgreiche Zusammenarbeit zwischen Arbeitgeber und Arbeitnehmer – gleich ob vorläufig oder dauerhaft – nach einer Kündigung und eventueller rechtlicher Auseinandersetzung aufgrund des zerstörten Vertrauens nicht mehr möglich sei. Die Kündigung würde aus biologisch-psychologischen Gründen zum „point of no return", nach welchem beiden Parteien die Fortführung des Arbeitsverhältnisses nicht mehr möglich und nicht mehr zuzumuten sei[991]. Juristisch könnte man den gleichen Sachverhalt dahingehend ausdrücken, dass die *gedeihliche* abhängige Beschäftigung nicht vollstreckbar ist. Im englischen Rechtssystem ist die Vollstreckung der an sich gesetzlich vorgesehenen Weiterbeschäftigung nach ungerechtfertigter Kündigung daher sinnvoller Weise von vorne herein rechtlich ausgeschlossen[992]. Sollte es nämlich aufgrund staatlicher Zwangsmassnahmen zu einer Fortführung des Arbeitsverhältnisses kommen, so ist davon auszugehen, dass das für ein Arbeitsverhältnis unverzichtbare Vertrauensverhältnis der Vertragsparteien zerstört wurde. Wer unter Zwang jemanden beschäftigen muss, wird das Mögliche tun, diesen bei nächster Gelegenheit wieder loszubekommen.

Den gleichen Sachverhalt etwas tiefer beleuchtend, könnte auch folgendermassen argumentiert werden. Es gibt das Phänomen der nach der Probezeit zu Tage tretenden personen- und verhaltensbe-

990 Vgl. Berner Kommentar / Rehbinder, Art. 336 OR, N 1.

991 Vgl. Deakin/Morris, S. 494 ff; Rebhahn, ZfA 2002, 272, (282).

992 Pflichten aus dem Arbeitsverhältnis sind von der Durchsetzungsmöglichkeit der specific performance ausgeschlossen, vgl. oben: C, I, 1.

dingten Gründe, die schwer *definier- und vermittelbar* sind. Man muss bedenken, dass viele Arbeitgeber ihre Betriebe „aus dem Bauch" heraus führen. Es besteht bei Ihnen eine aus langjähriger Erfahrung akkumulierte Gefühlsvorstellung, „wie es laufen muss", was der Arbeitnehmer tun kann und muss. Wenn solche Forderungen nicht erfüllt werden, kann dies an Gründen liegen, die in der Person des Arbeitnehmers zu finden sind, die der Gesetzgeber aber nicht zulässt[993] und/oder an solchen, die in der Person des Arbeitgebers verborgen liegen; es heisst dann „die Chemie stimmt nicht". Eine Heilung ist weder beim Arbeitnehmer noch beim Arbeitgeber möglich. Der Arbeitgeber kündigt und kann keinen gerechtfertigten Grund vorweisen. Soll der Gesetzgeber nun die Fortsetzung verlangen oder ist es klüger, die ungerechtfertigte Kündigung unter Entschädigung zuzulassen?

Die Praxis hat diese Frage deutlich entschieden. Die Zeit scheint für das ethisch bessere Sanktionierungssystem nicht reif zu sein. Ob darin eine dem „common law" und dem schweizerischen Konservatismus eigene kluge Vorsicht steckt, die das Bestmögliche unter Abwägung der Interessen und Eigenheiten beider Parteien realisiert oder nur „the brutal hand of commerce" zum Ausdruck kommt, ist nicht zu entscheiden.

993 Kulturzugehörigkeit, Herkunft, Psyche etc. des Arbeitnehmers.

D. Folgerungen für die Schweiz

Im schweizerischen Recht hat der Kündigungsschutz keine tief verwurzelte Tradition[994]. Der Rechtsvergleich in Teil B hat folgerichtig gezeigt, dass die Definitionsmenge der ungerechtfertigten Kündigung des schweizerischen Rechts hinter derjenigen der beiden anderen betrachteten Rechtsordnungen zurückbleibt, worauf schon der Mangel einer Generalklausel hindeutet. Auch die im schweizerischen Recht festgelegte Beweislast der Missbräuchlichkeit der Kündigung zulasten des Arbeitnehmers bedeutet eine Erschwerung im Prozess, die in den anderen zwei betrachteten Rechtsordnungen nicht gegeben ist.

Ein Effizienzdefizit des schweizerischen Entschädigungssystems ergibt sich im Übrigen bei Betrachtung des Art. 336a OR. Der dort vorgegebene Rahmen der Entschädigungshöhe mit maximal sechs Monatslöhnen ist bescheiden[995]. Die tatsächliche Höhe liegt im Durchschnitt nicht einmal bei der Hälfte des Maximalwerts[996] und damit unter dem entsprechenden Wert Deutschlands, welcher wiederum unter dem Wert zahlreicher anderer europäischer Rechtsordnungen liegt[997].

---

994 Vgl. Stöckli, ArbR 1997, 9, (25).

995 Vgl. Tschudi, ArbR 1997, 29, (43).

996 Vgl. hierzu oben: C, II, 2, d, (3).

997 Vgl. Zachert, WSI Mitteilungen 2004, 132, (133); Jahn, Ökonomische Theorie, S. 313 ff.

Diese komparativen Defizite des schweizerischen Kündigungsschutzes sind zwar vor dem Hintergrund eines besser als in den Vergleichsländern funktionierenden Arbeitsmarktes zu sehen. Aber es besteht durchaus Anlass, sich zu fragen, ob und wie sie ausgeglichen werden sollen.

Namhafte Stimmen aus der schweizerischen Fachliteratur[998] fordern, dass der bestehende Kündigungsschutz dahingehend erweitert werden sollte, dass die Fortsetzung des Arbeitsverhältnisses als Sanktion der ungerechtfertigten Kündigung im schweizerischen Recht auf den allgemeinen Kündigungsschutz erweitert werden sollte.

Die Schweiz würde dadurch sicherlich besser dastehen im OECD-Ranking betreffend der auf den Wortlaut des Gesetzestextes ausgerichteten Stringenz von Kündigungsschutznormen eines Landes[999].

Man könnte zugunsten der Erweiterung des Bestandsschutzes den aus der gleichen Statistik gefolgerten Tatbestand anführen, dass sich die Stringenz des Kündigungsschutzes nicht mit der Arbeitslosigkeit korrelieren liess[1000]. Dieser empirische Befund wird von juristisch-ökonomischer Seite bestätigt[1001]. Man kann also zumindest

998 Vgl. Rehbinder, Arbeitsrecht, S. 163; eingeschränkt auch Stöckli, ArbR 1997, 9, (26).

999 Der Durchschnittswert zur Stringenz des regulären Kündigungsschutzes zahlreicher Rechtsordnungen wurde im Jahre 1999 durch die OECD berechnet. Der EU-Durchschnittswert beträgt: 2,4; der OECD- Durchschnittswert beträgt: 2,2; der Wert der Schweiz beträgt: 1,2, vgl. gut aufgearbeitete Tabelle zum Überblick bei Jahn, Ökonomische Theorie, S. 70.

1000 Vgl. OECD Employment Outlook 1999, S. 49. Allerdings stellt der in der vorliegenden Arbeit festgestellte Befund der praktischen Wirkungslosigkeit des Bestandsschutzes die Aussagekraft dieser Statistik in Frage.

1001 Vgl Eger, International Review of Law and Economics 2004, 383 ff.

sagen, dass sich bis heute die These der Neutralität des Kündigungsschutzes in Bezug auf die aggregierte Beschäftigung weder empirisch noch mit ökonomischer Modelltheorie widerlegen lässt[1002].

Es sollen hier nicht weitere theoretische Argumente, die für Bestandsschutz sprechen oder zumindest nicht gegen ihn sprechen (aus Teil C, III) wiederholt werden. Wir haben festgestellt, dass sie den Bestandsschutz nicht vor Wirkungslosigkeit respektive vor seiner Mutation in Entschädigung bewahrt haben. Vor diesem Hintergrund scheint die Umwandlung eines Entschädigungssystems zu einem Bestandsschutzsystem nicht gerade die Massnahme der besten Wahl. Weshalb sollte man mit grossem Aufwand ein System einführen, dass sich dann doch zu einem System mutiert, das man bereits hat?

In einigen europäischen Ländern hat es in den letzten zehn Jahren Novellierungen des Kündigungsschutzes gegeben. In all diesen Ländern bedeutete die Novellierung eine moderate „Liberalisierung" der Kündigungsschutzrechte[1003]. In Deutschland wird die Diskussion um eine Abschaffung des Bestandsschutzes seit Jahren intensiv geführt[1004]. Zwar sind Regelungen, die den Ruf nach Deregulierung begründen würden, im schweizerischen Kündigungsschutzrecht nicht vorhanden[1005]. Trotzdem erscheint in Anbetracht der generellen Richtung der Reformbewegung die Forderung nach Erweiterung des Bestandsschutzes in der Schweiz als recht gewagt.

Es gibt zudem von juristisch-ökonomischer Seite ernstzunehmende Überlegungen[1006], die gegen die Einführung weiterer rechtlicher Rigiditäten sprechen. Es handelt sich um eine Betrachtungsweise, die nicht ausschliesslich den Schutz der bereits in einem

1002 Vgl. Jahn, Ökonomische Theorie, S. 295.

1003 Beispielsweise in Spanien, Portugal und den Niederlanden, vgl. hierzu Zachert, WSI Mitteilungen 2004, 132; Überblick zu allen EU-Rechtsordnungen bei Jahn, Ökonomische Theorie, S. 310.

1004 Vgl. hierzu oben: C, II, 2, b, (4).

1005 Vgl. Tschudi, ArbR 1999, 9, (17).

1006 Vgl. hierzu Jahn, Ökonomische Theorie, S. 296 ff.

Arbeitsverhältnis stehenden Arbeitnehmer im Blickfeld hat, sondern vielmehr die Wirkung, die ein Kündigungsschutzsystem auf die Kosten der Gesamtheit der Akteure einer ökonomischen Gemeinschaft hat. Insbesondere kommt dadurch auch die Wirkung ins Blickfeld, die ein Kündigungsschutzsystem auf Nutzen und Schaden der Arbeitslosen, auf die Länge ihrer Arbeitslosigkeit und auf ihre Reintegrierungschancen hat. Unter diesem Blickwinkel bekommt das Bestandsschutzsystem schlechte Noten, denn es behindert die Minimierung der summierten Kosten aller ökonomischen Akteure und hat insbesondere einen erhöhenden Einfluss auf den *Anteil* der Langzeitarbeitslosen und auf die *Dauer* der Arbeitslosigkeit.

Aus den gleichen ökonomischen Überlegungen resultieren noch weitere Forderungen an ein Kündigungsschutzsystem[1007], die dazu beitragen sollen, dass die Summe der Kosten beider Vertragsparteien minimiert wird:

- Das Gesetz soll wegen der Macht- und Informationsasymmetrie für eine faire Verteilung der Informations- und Beweispflicht sorgen.
- Das Gesetz soll keine Vorschriften über die Höhe der Kompensation machen; diese muss das Resultat von ex-post-Verhandlungen sein[1008]. Unter bestimmten Umständen sind Begrenzungen nach unten sinnvoll.

Diese Forderungen sind kompatibel mit Forderungen, die aus den oben erwähnten komparativen Defiziten des schweizerischen Kündigungsschutzsystems resultieren. Für eine Reformarbeit des Kündigungsschutzes könnte als Synthese folgendes angeführt werden:

1007 Vgl. hierzu Jahn, Ökonomische Theorie, S. 304 ff.

1008 Das Haftungsrecht schreibt sinnvollerweise auch nicht vor, dass der Schädigende den Geschädigten mit einem Betrag zu entschädigen habe, der gesetzlich definierte Minimal- und Maximalgrenzen hat.

Die Macht- und Informationsasymmetrie, die darin besteht, dass die Begründungspflicht der Kündigung kein Wirksamkeitserfordernis sondern lediglich eine Ordnungsvorschrift ist, soll dadurch ausgeglichen werden, dass der Kündigende selbst die Beweislast der Nichtmissbräuchlichkeit der Kündigung trägt.

Eine Erhöhung der Entschädigung, respektive die Abschaffung der Begrenzung nach oben bei missbräuchlicher Kündigung, soll in Erwägung gezogen werden. Nach unten soll die Entschädigung durch einen vom Gesetzgeber sporadisch anzupassenden Sockelbetrag für den Regelfall begrenzt werden, soll aber in nicht schwerwiegenden Fällen der missbräuchlichen Kündigung unter Beweispflicht zulasten des Arbeitgebers unterschritten werden können.

Damit würde die präventive Bestandsschutzfunktion des schweizerischen Sanktionierungssystems erhöht. Die Höhe der Entschädigung würde durch den Richter für jeden Einzelfall festgelegt und damit wäre die von verschiedener Seite[1009] dem Bestandsschutz zugute gehaltene Individualabwägung auch in der Schweiz gesichert. Die Verhandlungsposition des Arbeitnehmers würde durch den Sockelbetrag leicht gestärkt. Das Phänomen der Tarifbildung würde gemildert.

Es wird nicht leicht sein, solche Reformen einer dem Druck der beschleunigten Globalisierung ausgesetzten Arbeitgeberseite schmackhaft zu machen, deren Verhandlungsstärke gegenüber der Arbeitnehmerseite im regionalen Bereich gerade durch die Globalisierung eher steigt. Globalisierung bedeutet notwendigerweise eine Tendenz zur weltweiten Angleichung des gesamten Produktionsumfeldes und bedeutet von daher für die Schweiz eine Gefährdung des Arbeitsrechts, der aus Gründen der sozialen Vernunft gegengesteuert werden sollte[1010].

1009 Vgl. beispielsweise Höland, Arbeitsrechtliches Gespräch, S. 21 ff.

1010 Vgl. Eger/Weise, Entstehung Arbeitsrecht, S. 303.

Zu akzeptieren wären die oben erwähnten Reformen von der Arbeitgeberseite, wenn sie mittels überstaatlicher Abkommen zu einem weltweiten Standard erhoben werden könnten, wodurch der Hauptablehnungsgrund, nämlich der Konkurrenznachteil, entfiele. Das heisst, dass die auf nationaler Ebene begonnene Evolutionsarbeit auf internationaler Ebene weiter gehen könnte.

Anhang

Auswertung der eigenen Umfrage bei deutschen Arbeitsgerichten und Rechtsanwälten zur tatsächlichen Weiterbeschäftigung in Deutschland; vgl. auch Fussnote 639.

FRAGE 1: ARBEITSGERICHTE und RECHTSANWÄLTE:

In ca. wie viel Prozent der Kündigungsschutzklagen wird die Weiterbeschäftigung während des Prozesses (nach § 102 BetrVG und nach dem sog. Allgemeinen Weiterbeschäftigungsanspruch) gerichtlich geltend gemacht?

DURCHSCHNITT ARBEITSGERICHTE und RECHTSANWÄLTE: 64,4%

ARBEITSGERICHTE:

1	Baden-Württemberg	ArbG 1	90%	
2		ArbG 2	80%	
3		ArbG 3	80%	
4		ArbG 4	80%	
5		ArbG 5	55%	
6	Bayern	ArbG 1	25%	

7		ArbG 2	70%	
8		ArbG 3	50%	
9		ArbG 4	50%	
10	Brandenburg	ArbG 1	90%	Nur wegen des Gebühreninteresses der Anwälte. Geltendmachen des Weiterbeschäftigungsanspruchs bringt für den Streitwert zwei Bruttomonatsverdienste!
11	Hamburg	ArbG 1	75%	
12	Hessen	ArbG 1	5%	
13		ArbG 2	80%	
14		ArbG 3	70%	
15		ArbG 4	90%	
16		ArbG 5	70%	
17		ArbG 6	60%	
18		ArbG 7	65%	
19	Mecklenburg-Vorpommern	ArbG 1	60%	
20		ArbG 2	99%	
21	Niedersachen	ArbG	75%	

		1		
22		ArbG 2	67%	In der Mehrzahl der Fälle wird der Weiterbeschäftigungsantrag nicht auf Initiative des Arbeitnehmers gestellt, sondern auf die des Rechtsanwalts, da dieser Antrag bei der Streitwertfestsetzung für das Anwaltshonorar mit 1 Bruttomonatsverdienst zusätzlich bewertet wird, §12, Abs. 7 ArbGG.
23		ArbG 3	10%	
24		ArbG 4	40%	
25	Nordrhein-Westfalen	ArbG 1	77,5%	
26		ArbG 2	60%	
27		ArbG 3	50%	
28		ArbG 4	50%	
29		ArbG 5	60%	
30		ArbG 6	75%	
31		ArbG 7	70%	
32		ArbG 8	55%	
33		ArbG 9	50%	

34		ArbG 10	80%	
35	Rheinland-Pfalz	ArbG 1	50%	Wohl eher um den Gebührenstreitwert zu erhöhen
36		ArbG 2	70%	
37		ArbG 3	33%	
38	Saarland	ArbG 1	33%	
39		ArbG 2	33%	
40	Sachsen	ArbG 1	80%	
41	Sachsen-Anhalt	ArbG 1	60%	
42		ArbG 2	55%	
43		ArbG 3	50%	
44		ArbG 4	50%	
45		ArbG 5	50%	
46		ArbG 6	70%	
47	Schleswig-Holstein	ArbG 1	30%	
48		ArbG 2	80%	
49		ArbG 3	50%	

50	Thüringen	ArbG 1	82,5%	
51		ArbG 2	90%	
52		ArbG 3	80%	
53		ArbG 4	40%	Teilweise wird der allgemeine Weiterbeschäftigungsantrag standardmäßig geltend gemacht. Meines Erachtens durchaus aus anwaltlichem Gebühreninteresse.
54		ArbG 5	95%	
	DURCHSCHNITT:		61,94%	

RECHTSANWÄLTE:

Rechtsanwalt 1	10%	
Rechtsanwalt 2	90%	
Rechtsanwalt 3	30%	Entwickelt sich – langsam – zum Standard neben dem üblichen Unwirksamkeitsantrag und dem sog. Schleppnetzantrag.
Rechtsanwalt 4	95%	
Rechtsanwalt 5	75%	Nach meinem Eindruck beruht die Geltendmachung oder Nichtgeltendmachung zumeist nicht auf einer entsprechenden Willensentscheidung des Arbeitnehmers, sondern ist darauf zurückzuführen, ob der Arbeitnehmervertreter Erfahrung in Kündi-

		gungsschutzsachen hat – dann wird er den Weiterbeschäftigungsantrag zumeist als Druckmittel stellen – oder nicht – dann wird er die Möglichkeit der Stellung eines Weiterbeschäftigungsantrages häufig „übersehen“.
Rechtsanwalt 6	100%	In 100% der von uns erhobenen Kündigungsschutzklagen – allerdings nur aus taktischen Gründen zum Aufbau einer Drohkulisse. Kollegen stellen diesen Antrag – teilweise aus Unkenntnis – oftmals, d.h. in ungefähr 50% der Klagen, nicht, was wir für einen schweren Kunstfehler halten.
Rechtsanwalt 7	95%	Fast immer.
Rechtsanwalt 8	60%	
Rechtsanwalt 9	55%	
Rechtsanwalt 10	96%	
Rechtsanwalt 11	66%	
Rechtsanwalt 12	100%	Ohne Weiterbeschäftigungsantrag Kunstfehler – das bloße Feststellungsurteil ist nicht vollstreckbar; überwiegend handelt es sich um den allgemeinen Weiterbeschäftigungsanspruch
Rechtsanwalt 13	55%	
Rechtsanwalt 14	10%	
DURCHSCHNITT:	66,93%	

FRAGE 2: ARBEITSGERICHTE und RECHTSANWÄLTE:

In wie viel Prozent der Fälle kommt es während des laufenden Kündigungsschutzverfahrens tatsächlich zu einer Weiterbeschäftigung aufgrund eines arbeitnehmerseitigen Verlangens?

DURCHSCHNITT: ARBEITSGERICHTE und RECHTSANWÄLTE: 3,83 %

ARBEITSGERICHTE:

1	Baden-Württemberg	ArbG 1	1%	
2		ArbG 2	2%	
3		ArbG 3	3%	
4		ArbG 4	5%	
5		ArbG 5	9%	
6	Bayern	ArbG 1	3%	
7		ArbG 2	3%	
8		ArbG 3	1%	
9	Brandenburg	ArbG 1	10%	Zur Vermeidung des Annahmeverzugsrisikos.
10	Hamburg	ArbG 1	10%	
11	Hessen	ArbG 1	0,5%	
12		ArbG 2	1%	
13		ArbG 3	2%	
14		ArbG 4	3,5%	
15		ArbG 5	2,5%	In den letzten Jahren gehen die Arbeitgeber vermehrt auf das Verlangen ein.
16		ArbG 6	0,5%	
17		ArbG 7	5%	
18		ArbG 8	10%	

19	Mecklenburg-Vorpommern	ArbG 1	4%	
20		ArbG 2	3%	
21	Niedersachsen	ArbG 1	1%	
22		ArbG 2	0,5%	
23		ArbG 3	10%	
24		ArbG 4	2%	
25		ArbG 5	0,5%	
26		ArbG 6	2%	
27	Nordrhein-Westfalen	ArbG 1	5%	
28		ArbG 2	9%	
29		ArbG 3	5%	
30		ArbG 4	0,5%	
31		ArbG 5	15%	
32		ArbG 6	5%	
33		ArbG 7	3,5%	
34		ArbG 8	2%	
35		ArbG 9	5%	
36		ArbG 10	5%	
37	Rheinland-Pfalz	ArbG 1	0,5%	
38		ArbG 2	5%	
39	Saarland	ArbG 1	3%	
40		ArbG 2	0,5%	
41	Sachsen	ArbG 1	5%	
42		ArbG 2	5%	
43	Sachsen-Anhalt	ArbG 1	5%	
44		ArbG 2	1%	
45		ArbG 3	7%	
46		ArbG 4	2%	

47		ArbG 5	7%	
48	Schleswig-Holstein	ArbG 1	2%	
49		ArbG 2	2,5%	Aufgrund der hohen Vergleichsquote im Gütetermin stellt sich die Frage der Weiterbeschäftigung äußerst selten.
50		ArbG 3	1%	
51	Thüringen	ArbG 1	2,5%	
52		ArbG 2	5%	
53		ArbG 3	4%	
54		ArbG 4	5%	
	DURCHSCHNITT		3,94%	

RECHTSANWÄLTE:

Rechtsanwalt 1	3,5%	Regelmäßige Einigung vorher
Rechtsanwalt 2	2%	
Rechtsanwalt 3	1%	
Rechtsanwalt 4	2%	
Rechtsanwalt 5	10%	
Rechtsanwalt 6	1,5%	
Rechtsanwalt 7	5%	
Rechtsanwalt 8	5%	
Rechtsanwalt 9	2%	
Rechtsanwalt 10	10%	
Rechtsanwalt 11	3%	
Rechtsanwalt 12	1%	
Rechtsanwalt 13	0%	
Rechtsanwalt 14	6%	

Rechtsanwalt 15	2,5%	
Rechtsanwalt 16	5%	Allenfalls aus §102 Abs. 5 BetrVG oder aus taktischen Gründen der Prozessführung beider Seiten.
DURCHSCHNITT:	3,72%	

FRAGE 3: ARBEITSGERICHTE und RECHTSANWÄLTE:

Wie viel Prozent aller Kläger einer Kündigungsschutzklage erreichen durch das Gerichtsverfahren die Rückkehr an den Arbeitsplatz?

DURCHSCHNITT VON ARBEITSGERICHTEN und RECHTSANWÄLTEN: 3,07%

ARBEITSGERICHTE:

1	Baden-Württemberg	ArbG 1	1,5%	
2		ArbG 2	1%	
3		ArbG 3	1%	
4		ArbG 4	0,5%	
5		ArbG 5	4%	
6	Bayern	ArbG 1	10%	
7		ArbG 2	3%	
8		ArbG 3	0%	
9	Brandenburg	ArbG 1	7%	
10	Hamburg	ArbG 1	2%	
11	Hessen	ArbG 1	2%	
12		ArbG 2	5%	
13		ArbG 3	3%	
14		ArbG 4	5%	
15		ArbG 5	0,5%	
16		ArbG 6	0%	
17	Mecklenburg-Vorpommern	ArbG 1	1%	
18		ArbG 2	3%	
19	Niedersachsen	ArbG 1	5%	Kündigungsrechtsstreitigkeiten werden ganz überwiegend nicht

				durch Urteil entschieden (ca.10%). In etwa 5% aller Kündigungsrechtsstreitigkeiten dürfte ein der Kündigungsschutzklage und einem Weiterbeschäftigungsantrag stattgegebenes Urteil erster Instanz ergehen. Insoweit erfolgt aber in der Berufungsinstanz ganz überwiegend noch eine Erledigung durch Vergleich.
20		ArbG 2	0%	
21		ArbG 3	0,5%	
22		ArbG 4	2%	
23	Nordrhein-Westfalen	ArbG 1	15%	
24		ArbG 2	3%	
25		ArbG 3	5%	
26		ArbG 4	5%	
27		ArbG 5	2%	
28		ArbG 6	5%	
29		ArbG 7	5%	
30		ArbG 8	5%	
31		ArbG 9	2%	
32		ArbG 10	2%	
33	Rheinland-Pfalz	ArbG 1	5%	
34		ArbG 2	0%	
35		ArbG 3	5%	
36	Saarland	ArbG 1	0,75%	
37		ArbG 2	2%	
38	Sachsen	ArbG 1	1%	
39		ArbG 2	5%	
40		ArbG 3	2%	

41	Sachsen-Anhalt	ArbG 1	1,5%	
42		ArbG 2	2,5%	
43		ArbG 3	3%	
44		ArbG 4	5%	
45	Schleswig-Holstein	ArbG 1	0,5%	
46		ArbG 2	3%	
47		ArbG 3	3%	
48	Thüringen	ArbG 1	5%	
49		ArbG 2	0,5%	
50		ArbG 3	1%	
51		ArbG 4	2%	
52		ArbG 5	2%	
	DURCHSCHNITT		3,00%	

RECHTSANWÄLTE:

Rechtsanwalt 1	4%	
Rechtsanwalt 2	3%	
Rechtsanwalt 3	5%	
Rechtsanwalt 4	2%	
Rechtsanwalt 5	5%	
Rechtsanwalt 6	1%	
Rechtsanwalt 7	10%	
Rechtsanwalt 8	1%	Vielleicht in den ersten Monaten, aber nach zwölf Monaten ist das auch vorbei. Eine längere Weiterbeschäftigung nach Obsiegen im Prozess ist – wenn überhaupt – nur in großen Firmen oder Behörden denkbar, wo in Vergessenheit geraten kann, dass es einen für den Ar-

		beitgeber verlorenen Prozess gegeben hat.
Rechtsanwalt 9	0,25%	
Rechtsanwalt 10	0%	
Rechtsanwalt 11	5%	
Rechtsanwalt 12	2%	
Rechtsanwalt 13	3%	
DURCHSCHNITT:	3,17%	

FRAGE 4: ARBEITSGERICHTE und RECHTSANWÄLTE:

Kommt es nach ihrer Erfahrung häufig zu einer dauerhaften Weiterbeschäftigung aufgrund gütlicher Verhandlungen bzw. eines Vergleichs?

ARBEITSGERICHTE und RECHTSANWÄLTE: 63 mal NEIN und 2 mal JA

ARBEITSGERICHTE:

1	Baden-Württemberg	ArbG 1	Nein	
2		ArbG 2	Nein	
3		ArbG 3	Nein	
4		ArbG 4	Nein	Sehr selten.
5		ArbG 5	Nein	Häufig nein, gelegentlich durchaus.
6		ArbG 6	Nein	
7	Bayern	ArbG 1	Nein	
8		ArbG 2	Nein	
9		ArbG 3	Nein	
10		ArbG 4	Nein	
11		ArbG 5	Nein	Eher sehr selten
12		ArbG 6	Nein	10% der Verfahren
13	Brandenburg	ArbG 1	Nein	
14	Hamburg	ArbG 1	Nein	
15	Hessen	ArbG 1	Ja	
16		ArbG 2	Nein	
17		ArbG 3	Nein	Ganz überwiegend wird das Arbeitsverhältnis durch Vergleich aufgelöst gegen Zahlung einer

				Abfindung. Höchstens 10% der Vergleiche führen zur Weiterbeschäftigung.
18		ArbG 4	Nein	
19		ArbG 5	Nein	
20		ArbG 6	Nein	Ab und zu. Unter 5%
21		ArbG 7	Nein	
22		ArbG 8	Nein	
23	Mecklenburg-Vorpommern	ArbG 1	Nein	
24	Niedersachsen	ArbG 1	Nein	
25		ArbG 2	Nein	
26		ArbG 3	Nein	Nein, nicht häufig, nur in ca. 2% der Fälle
27		ArbG 4	Nein	
28	Nordrhein-Westfalen	ArbG 1	Nein	Nur gelegentlich
29		ArbG 2	Nein	
30		ArbG 3	Nein	
31		ArbG 4	Nein	
32		ArbG 5	Nein	
33		ArbG 6	Nein	Äußerst selten
34		ArbG 7	Nein	
35		ArbG 8	Nein	Mäßig
36		ArbG 9	Nein	
37	Rheinland-Pfalz	ArbG 1	Nein	
38		ArbG 2	Nein	
39		ArbG 3	Nein	Selten
40	Saarland	ArbG 1	Nein	
41		ArbG 2	Nein	Nein. Die Prozentquote dürfte sich zwischen 0–5% bewegen.

42	Sachsen	ArbG 1	Nein	
43		ArbG 2	Nein	
44	Sachsen-Anhalt	ArbG 1	Nein	
45		ArbG 2	Nein	
46		ArbG 3	Nein	
47		ArbG 4	Nein	
48		ArbG 5	Nein	
49	Schleswig-Holstein	ArbG 1	Nein	
50		ArbG 2	Nein	So gut wie nie
51		ArbG 3	Nein	
52	Thüringen	ArbG 1	Nein	Zu einer Weiterbeschäftigung aufgrund eines Vergleichs kommt es nur in Ausnahmefällen, die speziell gelagert sind. Ganz überwiegend enden die Kündigungsschutzverfahren mit einem Beendigungsvergleich (gegen Abfindung, zu einem anderen Zeitpunkt, ordentliche statt außerordentliche Kündigung, entsprechende Zeugnisformulierungen o.ä.)
53		ArbG 2	Nein	Die Meinung der Kollegen hier ist geteilt, es überwiegt jedoch das „nein". Zu bemerken ist, dass nur ein Teil der Verfahren durch Vergleich erledigt und dann meistens mit dem Inhalt der Beendigung Arbeitsverhältnisses, so dass eine Weiterbeschäftigung nach gütlicher Einigung nur selten sein dürfte.
54		ArbG 3	Nein	

55		ArbG 4	Nein	>10%. Die wenigsten Kündigungsschutzkläger wollen tatsächlich in den Betrieb zurück.
56		ArbG 5	Nein	
	JA: 1 mal / NEIN: 55 mal			

RECHTSANWÄLTE:

Rechtsanwalt 1	Nein	
Rechtsanwalt 2	Nein	
Rechtsanwalt 3	Nein	
Rechtsanwalt 4	Nein	Nein. Allerdings werden z.T. bereits im Gütetermin offensichtliche Unwirksamkeitsgründe angesprochen – dann wird die Kündigung oftmals „zurückgenommen" und das Arbeitsverhältnis fortgesetzt. Nicht selten wird aber eine Folgekündigung erklärt, wenn z.B. ein formeller Mangel behoben oder ein etwaiger Sonderkündigungsschutz beseitigt oder entfallen ist.
Rechtsanwalt 5	Nein	
Rechtsanwalt 6	Nein	Äußerst selten – Ist mir in 12 Jahren erst 1–2 mal passiert
Rechtsanwalt 7	Nein	
Rechtsanwalt 8	Ja	Ja, das schon eher, weil es zum Beispiel um geänderte Tätigkeit, anderen Arbeitsort oder während des Prozesses zufällig frei gewordene Stelle gehen kann.
Rechtsanwalt 9	Nein	Nein, ich betreibe das Geschäft schon 21 Jahre.
JA: 1 mal / NEIN: 8 mal		

FRAGE 5: ARBEITSGERICHTE und RECHTSANWÄLTE:

Kann der Trend bestätigt werden, dass seit dem Jahre 2001 wesentlich häufiger die tatsächliche Fortsetzung des Arbeitsverhältnisses anstatt einer Abfindung durch den Arbeitnehmer gewünscht wird bzw. die Arbeitgeberseite aufgrund eines Urteils den (zunächst) Gekündigten weiterbeschäftigen muss?

ARBEITSGERICHTE und REACHTSANWÄLTE: 32 mal JA und 39 mal NEIN

AREIBEITSGERICHTE:

1	Baden-Württemberg	ArbG 1	Ja	
2		ArbG 2	Ja	
3		ArbG 3	Ja	
4		ArbG 4	Ja	
5		ArbG 5	Nein	
6		ArbG 6	Nein	
7	Bayern	ArbG 1	Nein	
8		ArbG 2	Ja	
9		ArbG 3	Ja	
10		ArbG 4	Ja	
11		ArbG 5	Nein	
12		ArbG 6	Nein	
13	Brandenburg	ArbG 1	Ja	
14	Hamburg	ArbG 1	Ja	
15	Hessen	ArbG 1	Ja	
16		ArbG 2	Ja	
17		ArbG 3	Ja	
18		ArbG 4	Nein	

19		ArbG 5	Ja	
20		ArbG 6	Nein	
21		ArbG 7	Ja	
22		ArbG 8	Ja	
23	Mecklenburg-Vorpommern	ArbG 1		Zu Beginn eines Kündigungsschutzverfahrens ist der Wunsch des Arbeitnehmers nach Weiterbeschäftigung deutlich höher. Mit Fortschreiten des Verfahrens, insbesondere dann, wenn der Arbeitnehmer tatsächlich aus dem Betrieb ausgeschieden ist, lässt dieser Wunsch erheblich nach, sodass es in den streitigen Verhandlungen vermehrt zu Abfindungsvergleichen kommt.
24		ArbG 2	Nein	
25	Niedersachsen	ArbG 1	Ja	
26		ArbG 2	Ja	
27		ArbG 3	Ja	
28		ArbG 4	Nein	
29	Nordrhein-Westfalen	ArbG 1	Ja	
30		ArbG 2	Nein	
31		ArbG 3	Nein	
32		ArbG 4	Ja	
33		ArbG 5	Nein	
34		ArbG 6	Ja	
35		ArbG 7	Nein	
36		ArbG 8	Nein	
37		ArbG 9	Nein	
38		ArbG 10	Nein	

39		ArbG 11	Nein	
40		ArbG 12	Nein	
41	Rheinland-Pfalz	ArbG 1	Nein	
42		ArbG 2	Nein	
43		ArbG 3	Ja	
44		ArbG 4	Nein	
45	Saarland	ArbG 1	Ja	
46		ArbG 2	Nein	
47	Sachsen	ArbG 1	Ja	
48		ArbG 2	Nein	
49	Sachsen-Anhalt	ArbG 1	Nein!	
50		ArbG 2	Ja	
51		ArbG 3	Ja	
52		ArbG 4	Nein	
53		ArbG 5	Nein	
54	Schleswig-Holstein	ArbG 1	Nein	
55		ArbG 2	Nein	
56		ArbG 3	Nein	
57	Thüringen	ArbG 1	Ja	
58		ArbG 2	Ja	
59		ArbG 3	Nein	
60		ArbG 4	Ja	
61		ArbG 5	Nein	
	JA: 29 mal / NEIN: 31 mal / ANDERE: 1 mal			

RECHTSANWÄLTE:

Rechtsanwalt 1	Ja	
Rechtsanwalt 2	Nein	
Rechtsanwalt 3	Nein	
Rechtsanwalt 4	Nein	
Rechtsanwalt 5	Ja	Ja. Je schwieriger das Finden einer Anschlussbeschäftigung ist, desto stärker wird am Bestandsschutz festgehalten. Hinzu kommt, dass m.E. auch der finanzielle Spielraum für Abfindungen, deren Höhe sich unmittelbar auf den Wunsch des Arbeitnehmers auswirkt, geringer geworden ist.
Rechtsanwalt 6	Nein	
Rechtsanwalt 7	Nein	
Rechtsanwalt 8	Ja	Ja, eindeutig. Die Menschen sind immer mehr auf den Arbeitsplatz angewiesen und vergleichen sich nicht mehr so schnell mit Geld. Dadurch sinkt auch die Vergleichsquote vor Gericht. Die Fallzahlen steigen seit zwei Jahren kontinuierlich an. Alle ArbGe in Deutschland sind in den letzten Monaten auf die höchsten Eingangszahlen ihrer Geschichte gekommen.
Rechtsanwalt 9	Nein	Ich vermag keinen Trend zu erkennen, jedenfalls nicht ab 2001.
Rechtsanwalt 10	Nein	Nur vordergründig. Am Ende kommt es immer zu einem Abfindungsvergleich, oft erst nach Abschluss des gerichtlichen Verfahrens.
Rechtsanwalt 11	Nein	Nein, aber da die Abfindungen nicht

		mehr so attraktiv sind und die Firmen oft nicht mehr zahlen können/wollen, wird länger gepokert.
JA: 3 mal / NEIN: 8 mal		

FRAGE 6: NUR RECHTSANWÄLTE:

In wie viel Prozent der Kündigungsschutzklagen wird die Weiterbeschäftigung während des Kündigungsschutzprozesses durch den Arbeitnehmer tatsächlich gewünscht?

DURCHSCHNITT: 13,73%

Rechtsanwalt 1	10%	
Rechtsanwalt 2	10%	
Rechtsanwalt 3	10%	
Rechtsanwalt 4	30%.	Mittelwert – die Zahl sinkt mit Verfahrensdauer, so dass auch regionale Unterschiede auftreten, da die Arbeitsgerichtsbarkeit unterschiedlich schnell ist; je länger das Verfahren über den Ablauf der Kündigungsfrist hinaus andauert, desto mehr Arbeitnehmer wollen letztlich keine Weiterbeschäftigung mehr.
Rechtsanwalt 5	7%	Da unser Büro keine Arbeitnehmer vertritt, könnte ich nur schätzen. Ich vermute aber, dass nur ein geringer Anteil der Arbeitnehmer tatsächlich noch an einer weiteren Zusammenarbeit mit dem Arbeitgeber interessiert ist, der sein Arbeitsverhältnis gekündigt hat.
Rechtsanwalt 6	3%	
Rechtsanwalt 7	10%	
Rechtsanwalt 8	30%.	Der Wert liegt deutlich höher als bei 1. Der Wunsch besteht im Grunde in Fällen, in denen die Güteverhandlung scheitert, also ca. 50% der Fälle. Das Interesse ist dann auch ablesbar an der Antragstellung im Prozess, die den Feststellungsantrag mit einem

		(allgemeinen!) Weiterbeschäftigungsanspruch kombiniert.
Rechtsanwalt 9	0,5%	Nach unserer Aufklärung aus taktischen Gründen sind alle mit einem derartigen Antrag einverstanden. Tatsächlich will aber nur eine verschwindend geringe Anzahl wirklich weiterbeschäftigt werden.
Rechtsanwalt 10	1%	
Rechtsanwalt 11	25%	
Rechtsanwalt 12	33%	
Rechtsanwalt 13	9%	
DURCHSCHNITT:	13,73%	

FRAGE 7 NUR RECHTSANWÄLTE:

Falls die Antwort auf Frage 2 *„In wie viel Prozent der Fälle kommt es während des laufenden Kündigungsschutzverfahrens tatsächlich zu einer Weiterbeschäftigung aufgrund eines arbeitnehmerseitigen Verlangens?“* zwischen 1% und 20% liegt, was ist der Grund (die Gründe) für die seltene Inanspruchnahme dieses Rechts?

Rechtsanwalt 1	Der Wille zur Weiterbeschäftigung fehlt auf beiden Seiten. Ein Weiterbeschäftigungsantrag wird durchweg nur gestellt, um die Verhandlungspositionen des Arbeitnehmers zu verbessern und die Abfindung zu erhöhen.
Rechtsanwalt 2	– es gibt Lohn auch ohne Arbeit (§ 615 BGB) – der Arbeitnehmer fürchtet Mobbing
Rechtsanwalt 3	– Nicht ordnungsgemäßer Widerspruch des Betriebsrates – Keine tatsächliche Geltendmachung
Rechtsanwalt 4	Wenn eine unbedingte arbeitgeberseitige Trennungsabsicht vorhanden ist, werden die erstinstanzlichen Weiterbeschäftigungstitel meist nicht freiwillig beachtet. Im Rahmen der Zwangsvollstreckung (Beschäftigung – unvertretbare Handlung) steigen häufig die Vergleichsangebote, so dass z.T. nach erstinstanzlichen Obsiegen ein Vergleich zustande kommt. Viele Verfahren werden schon erstinstanzlich verglichen, so dass der Weiterbeschäftigungsanspruch, über den dann noch kein Titel vorliegt, nicht zum Tragen kommt. Zahlreiche Arbeitsverträge enthalten inzwischen einen Freistellungsvorbehalt für den Fall einer Kündigung.
Rechtsanwalt 5	Die meisten Kündigungsschutzverfahren werden mit Abfindungsvergleich beendet.

Rechtsanwalt 6	M. E. wird der Weiterbeschäftigungsantrag häufig nur als Druckmittel benutzt, ohne dass der Arbeitnehmer tatsächlich an einer Weiterbeschäftigung interessiert ist. Die Weiterbeschäftigung wird dann entweder nicht durchgesetzt oder es kommt nicht zu einer Beschäftigung, weil sich Arbeitgeber und Arbeitnehmer nach einem für den Arbeitnehmer günstigen erstinstanzlichen Urteil doch noch auf eine einvernehmliche Aufhebung des Arbeitsverhältnisses einigen. Nicht selten gelingt es auch, durch Rechtsbehelfe im Rahmen der Zwangsvollstreckung eine Durchsetzung des Weiterbeschäftigungsanspruchs jedenfalls solange hinauszuzögern, bis die Berufung durchgeführt ist.
Rechtsanwalt 7	Annahmeverzugsrisiko des Arbeitgebers.
Rechtsanwalt 8	Es wird doch ein gehöriger Druck auf den Arbeitnehmer ausgeübt, dem er sich nur selten aussetzen will, solange er Geld bekommt.
Rechtsanwalt 9	Angst vor Schikane im Betrieb durch Vorgesetzte oder Kollegen, denn möglicherweise muss einer von denen gehen.
Rechtsanwalt 10	Abfindungsinteresse steht im Vordergrund.
Rechtsanwalt 11	– Zerrüttete Beziehungen – Aufnahme eines anderen Arbeitsverhältnisses – Tatsächlicher Wegfall des Arbeitsplatzes und fehlende Beschäftigungsmöglichkeit
Rechtsanwalt 12	Arbeitnehmer merken, dass man sie nicht mehr „will" und wollen dann auch nicht mehr – Psychologie siegt über Vernunft
Rechtsanwalt 13	Die psychologische Entwicklung im Kopf des Arbeitnehmers und Geld.

FRAGE 8 NUR RECHTSANWÄLTE:

Falls die Antwort auf Frage 3 *„Wie viel Prozent aller Kläger einer Kündigungsschutzklage erreichen durch das Gerichtsverfahren die Rückkehr an den Arbeitsplatz"?* zwischen 1% und 20% liegt, was ist der Grund (die Gründe) für die seltene dauerhafte Weiterführung eines Arbeitsverhältnisses nach einer entsprechenden gerichtlichen Anordnung?

Rechtsanwalt 1	Meist hat der Arbeitnehmer einen Job gefunden oder ist ohnehin arbeitsunfähig (oft auch nicht wirklich). Meist werden diese Fallkonstelationen dann jedoch (für den Arbeitgeber) billig verglichen, so dass sie nicht mehr unter ihre Fragestellung fallen.
Rechtsanwalt 2	Parteien schließen einen Vergleich.
Rechtsanwalt 3	Nach Durchführung eines Kündigungsschutzverfahrens ist das Vertrauensverhältnis zwischen Arbeitnehmer und Arbeitgeber zumeist so zerrüttet, dass beide Seiten sich eine Fortsetzung des Arbeitsverhältnisses nicht mehr vorstellen können. Zudem haben Arbeitnehmer, die während der Dauer des Prozesses nicht gearbeitet haben, häufig große tatsächliche und/oder psychologische Schwierigkeiten, wieder in ihren Beruf zurückzu finden. Dies spricht m.E. jedoch nicht dafür, den Weiterbeschäftigungsanspruch auszudehnen, sondern sollte vielmehr Anlass sein, zu überdenken, ob der vom Kündigungsschutz in den Vordergrund gestellte Bestandsschutz tatsächlich den Interessen der Beteiligten gerecht wird.
Rechtsanwalt 4	In aller Regel wird die Pflicht zur Weiterbeschäftigung nur als Druckmittel benutzt, um eine höhere Abfindung zu erhalten.
Rechtsanwalt 5	Nervliche Belastung des Arbeitnehmers und Rachegelüste des Arbeitgebers wegen des erlittenen Gesichtsverlustes.

Rechtsanwalt 6	–Zerrüttete Beziehungen – Aufnahme eines anderen Arbeitsverhältnisses –Tatsächlicher Wegfall des Arbeitsplatzes und fehlende Beschäftigungsmöglichkeit. – Entfremdung aufgrund des Kündigungsschutzprozesses.
Rechtsanwalt 7	Die psychologische Entwicklung im Kopf des Arbeitnehmers.

FRAGE 9 NUR RECHTSANWÄLTE:

Verlangen vor allem ältere Gekündigte die tatsächliche Weiterbeschäftigung? Wenn ja, ab welchem Alter ist dies zu beobachten?

Rechtsanwalt 1	Mehr ältere, aber nicht vor allem. Sie müssen auch höheren Druck auf den Arbeitgeber ausüben, denn regelmäßig sind die absoluten Summen höher.
Rechtsanwalt 2	Ältere (meist ab 50 oder 55 J. gem. Tarifvertrag) haben tariflichen Kündigungsschutz; es gelten gewisse Ausnahmen für die fristlose Kündigung und Sozialplanfälle. Insoweit ist die Frage eher theoretisch.
Rechtsanwalt 3	Nein, eher im Gegenteil.
Rechtsanwalt 4	Ab 45 verstärkt.
Rechtsanwalt 5	Ja. Etwa ab einem Alter Ende Vierzig / Anfang Fünfzig. Bei einem um zehn Jahre höheren Lebensalter wendet sich das Blatt wieder; dann geht es meist um die finanziell Ausgestaltung des endgültigen Ausscheidens aus dem Erwerbsleben.
Rechtsanwalt 6	Nach meiner Erfahrung kämpfen ältere Arbeitnehmer stärker um ihren Arbeitsplatz, als jüngere. Es ist daher schwieriger sich mit ihnen zu vergleichen. Diese Tendenz fängt nach meiner Erfahrung ab ca. 50 Jahren an.
Rechtsanwalt 7	Tendenziell ja, aber im Ergebnis gibt es praktisch keinen Unterschied zu den jüngeren Arbeitnehmern.
Rechtsanwalt 8	Bis Ende 2003 haben ältere Mitarbeiter (ab 55) tendenziell

	noch am meisten Abfindungsregelungen mitgemacht, weil sie noch mit 60 in Rente konnten. Jetzt wird Rentenzugang auf 63 angehoben. Ab 2006 wird die Bezugsdauer von Arbeitslosengeld stark absinken.
Rechtsanwalt 9	Nein
Rechtsanwalt 10	Nein
Rechtsanwalt 11	Nein, ich sehe keine Schwerpunkte bei Altersgruppen. Entscheidend ist der individuelle Fall. (Jobmöglichkeiten, Vermögen, Einkommen des Ehepartners).